Martin Guan Djien Chan

Korea

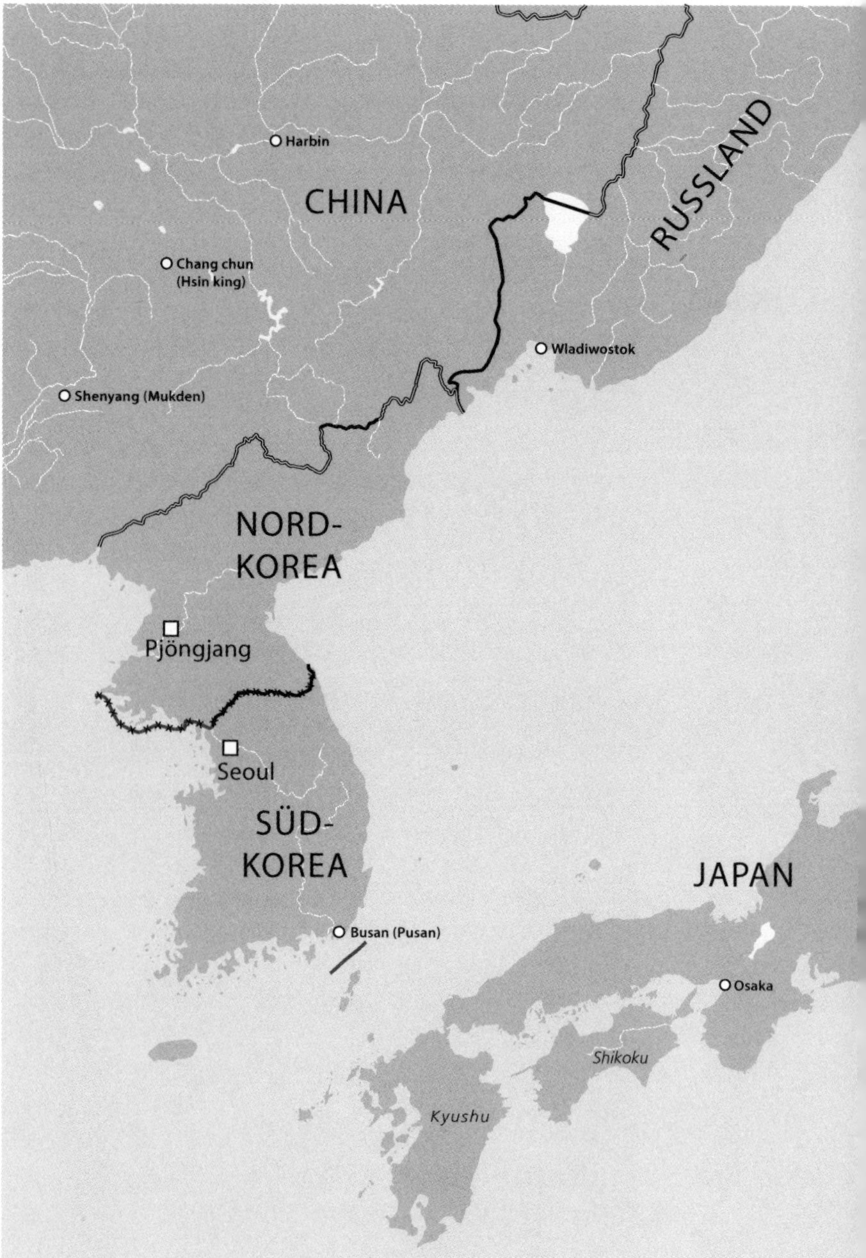
Harbin
CHINA
RUSSLAND
Chang chun
(Hsin king)
Wladiwostok
Shenyang (Mukden)
NORD-
KOREA
Pjöngjang
Seoul
SÜD-
KOREA
JAPAN
Busan (Pusan)
Osaka
Shikoku
Kyushu

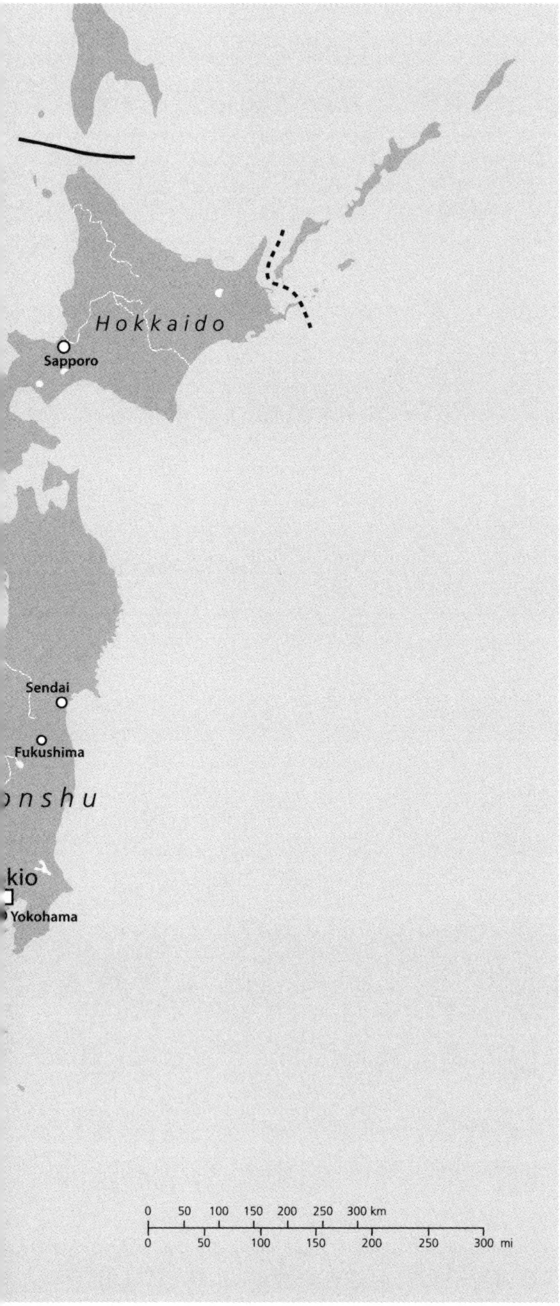
Hokkaido
Sapporo
Sendai
Fukushima
nshu
kio
Yokohama
0 50 100 150 200 250 300 km
0 50 100 150 200 250 300 mi

Martin Guan Djien Chan

KOREA

Gegenwart und Zukunft eines geteilten Landes

Die Deutsche Nationalbibliothek verzeichnet diese Publikation
in der Deutschen Nationalbibliografie;
detaillierte bibliografische Daten sind im Internet über
http://dnb.d-nb.de abrufbar.

Die Herausgabe des Werkes wurde
durch die Vereinsmitglieder der WBG ermöglicht.
Satz: Janß GmbH, Pfungstadt
Einbandabbildung: DPRK-Pyonyang-Assembly © picture alliance/Photoshot
Einbandgestaltung: Finken & Bumiller, Stuttgart
Gedruckt auf säurefreiem und alterungsbeständigem Papier
Printed in Germany

Besuchen Sie uns im Internet: www.wbg-wissenverbindet.de

ISBN 978-3-534-25540-5

Elektronisch sind folgende Ausgaben erhältlich:
eBook (PDF): 978-3-534-73308-8
eBook (epub): 978-3-534-73309-5

Inhaltsverzeichnis

Vorspiel auf dem Kriegstheater

Seit 5:45 Uhr wird jetzt zurückgeschossen ...

Ein Albtraum. Stellen Sie sich vor, Sie lassen Ihren Feierabend ganz entspannt vor dem Fernseher ausklingen. Ein Tatort, eine Seifenoper oder sogar etwas Anspruchsvolleres. Es ist kurz nach elf Uhr abends. Plötzlich blendet der Sender einen Lauftext ein: „Krieg in Korea. Seoul liegt unter Beschuss!" Eventuell wird das Programm sogar für eine Sondersendung unterbrochen. Wie dem auch sei, ob Sondersendung oder ob Sie auf CNN zappen, in den ruhigen Feierabend platzen Bilder der brennenden Millionenmetropole Seoul. Kein amerikanischer Videokrieg wie in Bagdad, bei dem man die Bilder aus der Kamera des anfliegenden Marschflugkörpers bis zu seinem Einschlag mitverfolgen konnte, sondern livegeschaltete Kameras aus der Sicht des Opfers. Die Kamera, sagen wir von CNN oder einem südkoreanischen Sender, filmt von der Straße oder dem Dach eines Hochhauses das totale Chaos und Flammeninferno einer bombardierten Stadt. Das sind keine Bilder eines „modernen" Krieges, es sind Bilder wie aus Coventry oder Dresden, nur dass die Flugzeuge fehlen. Es sind Zehntausende von Artilleriegranaten, die eine der größten, modernsten und wichtigsten Metropolen der Welt innerhalb weniger Stunden in ein Flammenmeer verwandeln.

Halt! Das ist doch reine Phantasie!

Ist es das?

Kann so etwas passieren?

Ist das überhaupt möglich?

Und wenn ja, wie wahrscheinlich ist ein solches Szenario?

Fangen wir bei der letzten Frage an: Sie ist nicht zu beantworten. Um Wahrscheinlichkeiten zu berechnen, benötigt man empirische Daten, die man entsprechend statistisch auswertet und berechnet. Mit anderen Worten, es sind Vergleichswerte vonnöten. Nordkorea und sein bizarres Regime sind jedoch auf ihre Weise einzigartig – und damit nicht vergleichbar. Was festgestellt werden kann, ist nur eines: Für das nordkoreanische Regime war und ist Krieg immer eine Option. Und wenn Nordkorea einen Krieg beginnt, dann, das kann mit hoher Wahrscheinlichkeit angenommen werden, wird dieser Krieg ein totaler sein.

Doch nun zur Frage, ob es denn, rein technisch gesehen, überhaupt möglich ist, dass Nordkorea mit seiner hoffnungslos veralteten Artillerie die Hauptstadt eines der modernsten Flächenstaaten der Welt, der zudem über eine der schlagkräftigsten Streitkräfte verfügt, in Schutt und Asche legen kann?

Die Antwort ist leider: Ja! Die nördlichen Außenbezirke Seouls beginnen wenige Kilometer hinter der militärischen Waffenstillstandslinie. Das Stadtzentrum liegt im Schussbereich der schweren nordkoreanischen Artillerie und selbst Außenbezirke südlich des Stadtzentrums können von der Fern- und Raketenartillerie beschossen werden.

Kann so etwas passieren? Ja, es könnte tatsächlich passieren. Nicht zwangsläufig und es gibt genügend Grund zur Hoffnung, dass es nicht passieren wird, aber leider sprechen viele Indizien dafür, dass ein neuer Koreakrieg ausbrechen kann.

Diktatoren sind häufig unbelehrbar und weigern sich zu kapitulieren. In jüngster Zeit hatten wir Saddam Hussein, der in einem Erdloch aufgegriffen wurde, Zine el-Abidine Ben Ali, der ins saudische Exil flüchtete, Muhammad Husni Mubarak, der stur seine Niederlage bis zur Verhaftung ignorierte, und Muammar al-Gaddafi, der am Ende der Revolution gelyncht wurde. In Syrien ist die Präsidentenfamilie gewillt, alle auch noch so blutigen Mittel einzusetzen, um an der Macht zu bleiben. Warum sollte ausgerechnet das nordkoreanische Regime besonnener und humaner reagieren als die genannten gefallenen Diktatoren, deren Systeme im Vergleich zu Nordkorea geradezu liberal und menschlich wirkten?

Damit ist auch die erste Frage beantwortet: Nein, bei dem Szenario handelt es sich um keine Fantastik, Utopie oder Science-Fiction. Es ist schlichtweg das Worst-Case-Szenario einer real existierenden Situation. Dem letzen Überbleibsel des Kalten Krieges, der an dieser Stelle doch noch zu einem heißen und sogar atomaren werden könnte.

Und was bedeutet das für uns Europäer? Für den friedlich eingeläuteten Feierabend und den Morgen danach? Spielen wir das Horrorszenario doch einmal durch. Zunächst: Was geschah, wie konnte es dazu kommen?

Sie kennen wahrscheinlich den Film „Der Untergang". Die nordkoreanische Führung sitzt seit zwei Jahrzehnten im mentalen Führerbunker, nur dass dieser aus mehreren luxuriösen Palastanlagen besteht. Psychologisch gesehen ist die Situation aber durchaus vergleichbar. Es ist offensichtlich, dass der (kalte) Krieg verloren ist. Im Gegensatz zu Hitler verläuft die Zeit für Kim Jong-il und heute für Kim Jong-un jedoch nicht in Stunden, sondern in Jahren. Ergo, wenn schon untergehen, dann richtig. Im Gegensatz zu Hitler verfügen die Nordkoreaner aber noch über militärische Mittel, die Millionen von Feinden vernichten können.

Diese Untergangs-Psychose des Regimes ist, wie wir später sehen werden, ein ganz entscheidender Faktor. Langfristig kann das Regime nicht überleben, Reformen sind nicht möglich, ohne die Macht zu verlieren, und ein politischer Umsturz würde zwangsläufig zum Tod der Herrschenden führen. Auch Hitler und seine wichtigsten Getreuen waren sich dessen bewusst. Der Kampf bis zur letzten Patrone, die Opferung der Hitlerjugend und des Volkssturms, die Flutung der Berliner U-Bahn – all dies lässt sich nur aus diesem Untergangsgefühl heraus erklären. Und genau aus diesem Grunde besteht im Fall Nordkoreas die durchaus realistische Gefahr, dass auch dieses Terrorregime kurz vor dem endgültigen Zusammenbruch noch einmal alle Kräfte bündelt, einen letzten Ausbruchsversuch unternimmt, um doch noch Seoul im Sturm zu erobern. Trotz der letztendlichen Erfolglosigkeit einer solchen Verzweiflungstat wäre sie aus der Sicht der Herrschenden eine bessere Option, als sang- und klanglos im Chaos eines staatlichen Zusammenbruchs unterzugehen: Im Lichte der eigenen militaristischen Ideologie wäre eine solche Tat heroisch. Das einsame Nordkorea im verzweifelten Kampf gegen die überlegenen imperialistischen Mächte!

Ganz abgesehen davon kann man im Chaos eines totalen Krieges eher fliehen und untertauchen als bei einem einfachen Regimezusammenbruch. Auch dies wäre ein plausibler Grund für eine solche Wahnsinnstat.

Wie würde der Krieg beginnen, gäbe es Vorzeichen, wer wäre involviert?

Die zweite Frage dieses Abschnittes ist einfach zu beantworten: Es würde keine Vorzeichen geben. Wenn überhaupt, dann eine diplomatische Friedensoffensive, welche die Welt von den wahren Absichten ablenken soll. In den dreißiger Jahren gab es eine Karikatur mit der Bildunterschrift: „Es riecht nach Krieg, Hitler hat wieder eine Friedensrede gehalten." Diese Karikatur lässt sich problemlos auf Korea übertragen.

Die nordkoreanische Militärdoktrin kennt nur den Überraschungsangriff. Wie bei dem Überfall auf Polen würde irgendein Grund erfunden, damit ab 5:45 Uhr zurückgeschossen werden kann. Auf einen Schlag würden fast zehntausend Geschützrohre aller Kaliber die südkoreanische Hauptstadt beschießen. In der ersten Kriegsstunde würden über eine Million Granaten und Raketen Seoul „in ein Flammenmeer verwandeln", wie es die nordkoreanische Propaganda regelmäßig androht. Hunderttausende von Soldaten, Reservisten, Milizionären würden erbarmungslos von ihren Offizieren auf die feindlichen Stellungen getrieben werden, um einen schnellen Durchbruch zu erlangen. Verluste, und mögen sie in die Millionen gehen, wären für das nordkoreanische Regime belanglos. Wer Millionen von Landeskindern verhungern lässt, während die Armee aufgerüstet, die Atombombe entwickelt wird und neue Paläste für den Geliebten Führer gebaut werden, der schreckt auch vor einem solchen Gemetzel nicht zurück.

Ganz gleich, ob die nordkoreanischen Angreifer den Verteidigungsring um Seoul durchbrechen oder nicht, die Metropole am Han-Fluss wird verwüstet, Hunderttausende von Zivilisten würden Opfer des erbarmungslosen Bombardements. Aber ebenso sicher ist, dass die 670 000 Mann starke südkoreanische Armee, nachdem sie acht Millionen gut ausgebildete und modern ausgerüstete Reservisten mobilisiert hat und damit zu einem der kampfstärksten Heere der Welt geworden ist, letztendlich den Sieg davontragen wird. Allerdings zu einem fürchterlichen Preis.

Und nun zur letzten Frage, wer involviert wäre: Im Prinzip die ganze Welt. Zwar kann der Koreakrieg der fünfziger Jahre auch als Bürgerkrieg betrachtet werden, völkerrechtlich jedoch ist er ein Krieg der Vereinten Nationen gegen Nordkorea gewesen. Der einzige Krieg übrigens, der jemals im Namen der UNO geführt wurde und, da offiziell nicht beendet, noch geführt wird. Inwieweit sich auch alle ihre Mitgliedsstaaten im Kriegszustand mit Nordkorea befinden, ist ungeklärt. Sollte dies so sein, würde sich Nordkorea, welches 1991 zusammen mit Südkorea aufgenommen wurde, mit sich selbst im Kriege befinden. Ein weites Feld für juristische Theoretiker. Fakt ist jedoch, dass die Vereinten Nationen in New York offiziell die prinzipiellen Entscheidungen treffen, selbst wenn die UN-Truppen auf dem Kriegsschauplatz fast ausschließlich von den USA und Südkorea gestellt werden. Der UN-Generalsekretär ist der oberste Befehlshaber, der Sicherheitsrat und die Generalversammlung sind die entscheidenden politischen Gremien und das militärische Hauptquartier der Vereinten Nationen in Korea UNC ist für die taktische Kriegsführung verantwortlich. In diesem Sinne wäre ein erneuter Koreakrieg ein Weltkrieg, da die UNO als Vertretung der Welt und der Menschheit in ihrer Gesamtheit die Verantwortung trägt.

Direkt involviert wären natürlich neben den beiden Koreas in erster Linie die USA, die nicht nur 28 000 Soldaten auf der Halbinsel stationiert haben, sondern auch als atomare Schutzmacht für Südkorea und Japan auftreten. Japan ist, entgegen landläufiger Meinung, in diesem Konflikt nicht neutral, denn es beherbergt sieben Militärbasen der Vereinten Nationen, von denen aus Nordkorea im Kriegsfall bombardiert werden würde. Die Volksrepublik China unterhält offiziell immer noch ein Militärbündnis mit Nordkorea und fungiert als Schutzmacht. Allerdings ist es mehr als fraglich, ob es diesen Verpflichtungen im Fall eines erneuten Krieges nachkommen würde. Russland ist das einzige

Nachbarland Koreas, welches seine Interessen in Nordkorea weitgehend aufgegeben hat und sich im Kriegsfalle höchstwahrscheinlich im Hintergrund halten würde. Abgesehen davon sind die russischen Streitkräfte in Fernost in einem dermaßen erbärmlichen Zustand, dass militärische Interventionen eher in einem blamablen Fiasko denn in einem gloriosen Sieg enden würden.

Zieht man einen Kreis mit einem Radius von fünfhundert Kilometern um die koreanische Halbinsel, erfasst also das geographische Gebiet, das in direkter Nachbarschaft zum Kriegsschauplatz läge, so kann man feststellen, dass in dieser Region über eine halbe Milliarde Menschen leben: die gesamte wirtschaftliche Supermacht Japan, die chinesische Mandschurei, welche das schwerindustrielle Herz des Reiches der Mitte ist, die Metropole Peking und wichtige Kernprovinzen wie Shandong, die als Heimatprovinz des Konfuzius als zivilisatorische Seele Ostasiens angesehen werden kann. Die beiden wichtigen Häfen Dalian (ehemals Port Arthur) und Tianjin, die den gesamten Norden Chinas einschließlich Peking versorgen, würden im Fall von Kriegshandlungen nur noch eingeschränkt, wenn überhaupt, von zivilen Handelsschiffen angelaufen werden können. Diese Häfen sind die Lebensadern der nordchinesischen Industrie. Der südkoreanische Hafen Pusan wäre für die zivile Schifffahrt gesperrt, was einem Ausfall Rotterdams oder Antwerpens gleichkäme (nicht Hamburg, denn dieser Hafen ist im Vergleich zu Pusan klein und bedeutungslos). Auch Yokohama, Lebensader Tokyos, würde unter Einschränkungen leiden. Der zivile Luftraum um Korea wäre aus Sicherheitsgründen nicht mehr passierbar. Sowohl Tokyo als auch Peking, beides Knotenpunkte höchster Bedeutung, würden nur eingeschränkt operieren können. Selbst die ehemals deutsche Kolonie Tsingtau an der Südküste Shandongs, die sich gerade anschickt der fünftgrößte Hafen der Welt zu werden und den ehemalig britischen Rivalen Hongkong hinter sich zu lassen, könnte betroffen werden. Tsingtau ist der Hafen für die chinesische strategische Erdölreserve.

Im Gegensatz zu Bürgerkriegen auf dem Balkan oder in Zentralafrika und zu militärischen Interventionen in Afghanistan oder im Irak würde ein erneuter Koreakrieg mitten in einem der wichtigsten globalen Wirtschaftszentren und nicht an der ökonomischen Peripherie stattfinden. Auf europäische Verhältnisse übertragen, mit ähnlichen Bevölkerungszahlen, würde dies bedeuten, dass ein atomar bewaffnetes Belgien mit mehreren Millionen Soldaten und 16 000 Geschützen das Ruhrgebiet überfällt und Frankreich droht, sollte es den Deutschen zu Hilfe eilen, Paris und ein weiteres halbes Dutzend Städte atomar einzuäschern. In Europa ist ein solches Szenario eine groteske Vorstellung, in Ostasien leider nicht. Ein Krieg, der eine Mischung aus Verdun, Blitzkrieg und atomarem Holocaust darstellen würde, inmitten einer dicht besiedelten Region, die zu den wichtigsten ökonomischen, politischen und kulturellen Gebieten der Welt gehört, der die Hauptstädte der zweit- und drittwichtigsten Wirtschaftsmacht der Welt direkt bedrohen würde, der mit Südkorea eine der wichtigsten Industrienationen zu einem großen Teil verwüsten wird – ein solcher Krieg träfe direkt ins Herz der menschlichen Zivilisation.

Führen wir das Szenario weiter. Als die al-Qaida-Selbstmordbomber in die Zwillingstürme des World Trade Centers rasten, töteten sie ungefähr dreitausend Menschen und zerstörten Gebäude im Wert von zehn Milliarden US-Dollar. Die Kursverluste an den Börsen vernichteten ein Vielfaches an Werten und bescherten der Welt eine kleine Wirtschaftskrise. Der Gesamtschaden wird auf vierzig Milliarden US-Dollar geschätzt. Der Tsunami, der große Teile Nordjapans verwüstete, legte auch einen Teil der Weltproduktion lahm, weil spezialisierte Fabriken nicht mehr liefern konnten. Die globale Automobilindustrie wurde von einem immensen Nachschubproblem heimgesucht. In kleinerem Maße führten 2011 die Überschwemmungen in Thailand zu einem ernst zu nehmenden Engpass bei Computerfestplatten. Nicht nur Japan, sondern auch Südkorea und Nordchina sind zentrale Produktionsstandorte der Weltwirtschaft. Südkorea hat sich an die Spitze der Hightech Nationen vorgearbeitet. Fällt Südkorea aus, so stehen auch in Deutschland viele Bänder still. Nordchina ist, global betrachtet, nicht ganz so wichtig, aber wenn Dalian und Tianjin von den zivilen Handelsflotten nicht mehr angesteuert werden können, wird auch das beträchtliche Auswirkungen haben. Aber diese Auswirkungen werden erst einige Wochen nach Kriegsbeginn zum Tragen kommen.

Bleiben wir in der Chronologie des Szenarios. Seit 5:45 Uhr wird also zurückgeschossen. Die asiatischen Börsen haben noch nicht geöffnet, in Europa ist es kurz vor Mitternacht. Die Wall Street bereitet sich gerade auf den Feierabend vor. Es bleibt nur zu hoffen, dass die Börsenaufsichten einen Notfallplan für einen Koreakrieg haben und sämtlichen Handel innerhalb von Minuten auf unbestimmte Zeit aussetzen könnten. Insbesondere der elektronische, computerisierte automatische Handel müsste sofort unterbrochen werden. Keine Aktie, keine Devise dürfte mehr gehandelt werden. Ansonsten erschiene der Zusammenbruch der Lehman Brothers geradezu wie eine lustige Anekdote aus einem goldenen Zeitalter.

Im Vergleich zu einem Bombardement von Seoul mag dies nichtig sein, denn es werden bei einem Börsenzusammenbruch ja keine Menschen direkt getötet. Wenn man aber die Auswirkungen auf Länder der Dritten Welt betrachtet ... Wie werden die Nahrungsmittelspekulanten reagieren? Wo brechen ganze Volkswirtschaften zusammen? Wie viele verarmte und hoch verschuldete Bauern im Punjab werden sich das Leben nehmen, weil die Kreditzinsen erneut steigen? Sicher, es werden nicht so viele Menschen an der Wirtschaftskrise sterben wie in der Hölle von Seoul, aber es wird ganze Länder ins Elend stürzen, die den Auswirkungen der internationalen Märkte hilflos ausgesetzt sind. Statistisch wird man diese Opfer nie erfassen können, aber es ist sicher, dass ein neuer Koreakrieg auch in Afrika und Südamerika seine Opfer fordern wird.

Aber es würden nicht nur die Börsen zusammenbrechen, sondern auch das Vertrauen in die internationale Ordnung, die eigene Regierung, die Verbündeten etc. Am wenigsten in Südkorea, denn dort wird man mit dem eigenen Überleben beschäftigt sein. Solange der Krieg tobt, wird diese Nation zusammenstehen, die Probleme kommen später. Aber was ist mit Japan und China? In beiden Ländern, die zunächst nicht direkt in den Krieg verwickelt sind, werden Fragen über Fragen aufgeworfen werden. In Japan: Können wir uns wirklich auf die Amerikaner verlassen? Ist unser Nachkriegspazifismus richtig? Sollten wir nicht lieber doch eine eigene Atombombe entwickeln? In China wird es noch komplexer: Auf welcher Seite sind wir? Sind wir nicht Verbündete?

Finden wir Südkorea nicht eines der tollsten Länder und kennen wir nicht alle Popstars, Computerspiele und Seifenopern? Und letztendlich: Haben wir vielleicht 1950 die falsche Seite unterstützt? Die letzte Frage tangiert direkt den Herrschaftsanspruch der Kommunistischen Partei. Das witzige – oder besser tragikomische – an der chinesischen Position ist, dass die Volksrepublik als Staat eigentlich keine wirklichen „Freunde" hat. Das einzige Land auf der Welt, mit dem sich über die letzten Jahrzehnte eine bilaterale freundschaftliche Beziehung entwickelt hat, die über das übliche ökonomische und politische Kalkül hinausgeht, ist – Südkorea. Mit keinem anderen Land ist der kulturelle Austausch Chinas so tief und intensiv wie mit Südkorea. Aber auch diese Fragen werden erst langsam nach dem ersten Schock gestellt werden.

Wie würde es weitergehen nach Blitzkrieg und wahrscheinlichem Börsenzusammenbruch der ersten Stunden?

Der ursprüngliche Grund, warum Nordkorea ein unverantwortlich großes Maß seiner geringen Ressourcen in die Entwicklung der Atombombe steckt, war der, in einem erneuten Krieg eine ausländische Intervention von Seiten des Südens zu verhindern. Mit der Bombe soll Japan erpresst werden, die Militärbasen der Vereinten Nationen zu schließen, und Amerika zum Rückzug bewegt werden. Ob dieser Plan überhaupt realistisch ist, sei dahingestellt, in Nordkorea spekuliert man jedenfalls darauf, dass Japan und die USA nicht bereit wären für die Verteidigung des Südens das Risiko eines Atomkrieges einzugehen. Der Norden hätte überhaupt nur eine Chance, nennenswerte militärische Erfolge zu erlangen, wenn eine ausländische Intervention ausbliebe. Ein Ultimatum an UNO, USA und eben auch Japan, den neuen Krieg als rein innerkoreanische Angelegenheit zu betrachten, wäre die logische Konsequenz. Doch dieses Ultimatum müsste entsprechend untermauert werden. Und genau dies ist der Grund, warum ein erneuter Koreakrieg so leicht in einen atomaren Krieg ausarten könnte. Nur wenn der Norden seinen unerbittlichen Willen zeigt, den totalen Krieg zu entfachen, hätte er überhaupt eine Chance, diesen Krieg zu gewinnen. Die Atombomben des Kalten Krieges wurden gebaut, um nicht eingesetzt zu werden. Sie dienten der Abschreckung, der Kriegsverhinderung. Die nordkoreanischen Bomben werden gebaut, um eingesetzt zu werden. Sie dienen der Kriegsermöglichung.

All das soeben geschilderte würde natürlich nur im schlimmsten Fall eintreffen. Natürlich hoffen wir, dass es nie zu der geschilderten Katastrophe kommen wird. Oder wenn tatsächlich ein Krieg ausbricht, dieser doch nicht so katastrophal wird wie geschildert. Doch wie stehen die Chancen auf eine friedliche Entwicklung wirklich?

Das Hauptproblem bei dem Versuch, die Koreakrise zu analysieren, besteht darin, dass der Hauptakteur, Nordkorea, nach einer völlig eigenen Logik und Ratio handelt. Um die Handlungen des nordkoreanischen Regimes zu verstehen, muss man sich in diese interne Logik hineinversetzen und versuchen, die Welt aus der Sichtweise des Herrschers bzw. der Herrscherfamilie zu betrachten. Auf diese Weise kann erkannt werden, dass bestimmte Optionen, die aus europäischer Sicht naheliegend wären, für das Regime in Pjöngjang überhaupt nicht zur Debatte stehen.

Für den europäischen Betrachter stellen aber auch die anderen fünf involvierten Staaten eine Herausforderung dar. Die amerikanische Weltsicht unterscheidet sich zwar sehr stark von der europäischen, sie ist aber zumindest gut bekannt und nachvollziehbar. China, Japan und Südkorea gehören jedoch einem völlig anderen Kulturkreis an. Das außenpolitische Verständnis, die politische und diplomatische Etikette und die Geschichte der zwischenstaatlichen Beziehungen dieser Länder sind den meisten Europäern unbekannt. Auch hier macht es Sinn, die Koreakrise aus den Blickwinkeln der verschiedenen Länder zu betrachten, um die unterschiedlichen Interessenlagen herauszuarbeiten.

Der erste einleitende Teil dieses Buches gibt einen kurzgehaltenen Überblick über die Geschichte Koreas, den koreanischen Kommunismus, den Koreakrieg und die Teilung des Landes. Der Hauptteil des Buches beschäftigt sich mit den beteiligten sechs Ländern und stellt deren Blickwinkel in den Mittelpunkt. Im abschließenden Teil werden die Widersprüche und Gemeinsamkeiten und die Wahrscheinlichkeit von möglichen Entwicklungen diskutiert. Zu guter Letzt wird auf die Auswirkungen dieser verschiedenen Möglichkeiten eingegangen.

KAPITEL 1

Das unbekannte Land

Als das Unternehmen Daewoo in den neunziger Jahren beschlossen hatte, seine Autos auf dem europäischen Markt einzuführen, wurde in Deutschland eine originelle Plakatwerbung geschaltet: Ein Paar Lippen vor weißem Hintergrund formten das Wort Daewoo und als einziger Text begleitete die phonetische Lautschrift dieses Bild. Diese Werbung veranschaulicht geradezu den Bekanntheitsgrad Koreas in Europa – so gut wie nichts war damals, und ist weitgehend auch heute noch, über dieses Land bekannt. Neben dem Koreakrieg fiel den meisten Deutschen zum Thema Korea, wenn es hoch kam, gerade noch ein, dass die Hauptstadt Seoul hieß und 1988 Gastgeberin der Olympischen Sommerspiele gewesen ist. Heute sind noch ein paar weitere Firmennamen bekannt und der ein oder andere hat schon einmal koreanische Tütensuppen gegessen. Aber generell stellt Korea für die Mehrheit ein weitgehend unbekanntes Land dar.

Brave und zurückhaltende Menschen fallen wenig auf, herumpolternde Rabauken dagegen schon. Ähnlich verhält es sich mit Staaten und Völkern. Friedliche Nationen werden weniger wahrgenommen als kriegslüsterne Eroberer. In der ganzen koreanischen Geschichte gibt es keinen einzigen Fall, in welchem ein koreanischer Staat versucht hätte, Ländereien außerhalb der Halbinsel zu unterwerfen. Wenn Kriege geführt wurden, so waren es Verteidigungskriege gegen zentralasiatische Reiterheere oder japanische Invasionsflotten. Interne Machtkämpfe kamen natürlich auch vor und zu verschiedenen Anlässen mussten koreanische Seeleute in fremden Kriegsmarinen dienen. Geschichtsschreiber waren zu allen Zeiten in erster Linie von Eroberungszügen, siegreichen Schlachten und glorreichen Triumphen fasziniert. Die Nichtexistenz koreanischer Eroberungszüge ist sicher ein Grund, warum das Land bis heute kaum bekannt ist. Ein zweiter wichtiger Grund ist die selbst gewählte Isolation, in die sich das Land seit dem siebzehnten Jahrhundert begeben hatte.

Dieser geringe Bekanntheitsgrad ist nicht ganz gerechtfertigt, handelt es sich bei Korea doch um eine sehr alte Kulturnation, welche der Welt im Laufe ihrer Geschichte eine Reihe von bedeutenden Erfindungen geschenkt hat. So stammt der Druck mit Metalllettern weder aus China noch aus Deutschland, sondern aus Korea. Auch die moderne Meteorologie wurde im fünfzehnten Jahrhundert in Form standardisierter landesweiter Niederschlagsmessung eingeführt und das gepanzerte, mit Kanonen versehene Schlachtschiff ist nicht, wie allgemein angenommen, eine Erfindung aus dem amerikanischen Bürgerkrieg. Im sechzehnten Jahrhundert versenkte Admiral Yi mit einer Flotte Panzerschiffe die japanische Invasionsflotte. Auch in den Geisteswissenschaften waren Koreaner nicht untätig. Die beiden Werke „Fünf Staatsriten" und „Buch über effizientes Regieren" gehören zu den bedeutendsten konfuzianischen Werken und damit in den Kanon der globalen Staatstheorie.

Die Ursprünge der koreanischen Zivilisation liegen in der benachbarten chinesischen Provinz Liaoning. Bereits in der Jungsteinzeit soll hier der mythische Dangung Wanggeon das Königreich Gojoseon gegründet, das nördliche Korea erobert und die Hauptstadt in die Nähe des heutigen Pjöngjangs verlegt haben. Auf der Grenze zwischen Liaoning und Nordkorea liegt auch der heilige Berg Paektusan, dem mythischen Ursprungsort des koreanischen Volkes.

Koreaner, wie auch Japaner, sind ursprünglich uralaltaischer Herkunft und damit mit Türken, Finnen, Ungarn und Mongolen verwandt. Der Schamanismus ist auch heute noch ein wichtiger Teil des koreanischen Alltagslebens. Allerdings hat der enge Kontakt zur chinesischen Zivilisation Kultur und Sprache von Koreanern und Japanern so stark beeinflusst, dass die uralaltaische Herkunft nur noch schwer zu erkennen ist.

Die historische Geschichtsschreibung setzt in Korea mit dem Kontakt zur chinesischen Kultur ein. Abkömmlinge der chinesischen Shang-Dynastie gründeten im dreizehnten Jahrhundert v. u. Z. das erste belegte Königreich auf koreanischem Boden, welches ebenfalls Gojoseon genannt wurde, nicht jedoch mit dem mythischen Gojoseon identisch ist. Im Jahr 108 v. u. Z. eroberten Truppen der chinesischen Han-Dynastie Gebiete im nördlichen Korea und errichteten vier Präfekturen. Dadurch wurde der politische und kulturelle Kontakt mit China intensiviert. In den nächsten Jahrhunderten kämpften mehrere Königreiche um die Vorherrschaft auf der koreanischen Halbinsel und auch chinesische Dynastien versuchten wiederholt, diese militärisch zu erobern.

In der Mandschurei wurde im Jahr 37 v. u. Z. das Königreich Goguryeo gegründet, dessen Expansionspolitik die Geschichte Koreas entscheidend begründete. Aus der Mandschurei heraus versuchte es, die von China kontrollierten Teile der koreanischen Halbinsel zu erobern, was es in einen jahrhundertelangen Kampf mit verschiedenen chinesischen Dynastien führte. Auf dem Höhepunkt seiner Macht kontrollierte es die Mandschurei einschließlich des heutigen russischen Fernen Ostens und die koreanische Halbinsel bis südlich von Seoul. Einen Feldzug der Sui-Dynastie, an dem über eine Million chinesische Soldaten teilnahmen, konnte Goguryeo zwar abwehren, jedoch hatten die langen Kriege die Staatsfinanzen zerrüttet.

Die neue chinesische Tang-Dynastie nahm den Kampf gegen Goguryeo wieder auf. Zunächst militärisch nicht erfolgreich, brachte ein Bündnis zwischen den Tang und dem Königreich Silla im Süden der koreanischen Halbinsel die Wende. 668 wurde mit der Einnahme seiner Hauptstadt Pjöngjang das Königreich Goguryeo vernichtet und zwischen der Tang-Dynastie und dem Königreich Silla aufgeteilt.

Im siebten Jahrhundert war das Königreich Silla zur vorherrschenden Macht Koreas geworden. Das Bündnis mit den Tang hatte keinen Bestand, denn in Silla trachtete man danach, auch den Rest der Halbinsel zu erobern. Aus einem sechsjährigen Krieg gegen die Tang ging das Königreich siegreich hervor und beherrschte nun einen Großteil des Landes.

Im Sieg des Königreichs Silla kann man den Beginn der koreanischen Nation sehen. Die politische Einheit führte zu einer kulturellen und wirtschaftlichen Blüte, welche die Grundlagen der koreanischen Hochkultur legte. Der in dieser Zeit aus China kommende Buddhismus begann das religiöse Leben umzugestalten und zu vereinheitlichen. Des Weiteren wurde auch der Konfuzianismus als Moral- und Staatsphilosophie übernommen.

Im späten neunten Jahrhundert begann die Macht Sillas zu wanken und die Königreiche Hubaekje und Taebong konnten ihren Einfluss ausbreiten. Beide sahen sich dabei als Erben früherer Königreiche. 936 gelang es Taebong schließlich, Korea erneut zu einen. Das neue Reich wurde in Goryeo (Koryŏ) umbenannt, was versinnbildlichen sollte, dass das neue Reich in der Tradition des alten Goguryeos stand. Aus diesem Landesnamen ist später der europäische Begriff „Korea" hervorgegangen.

Der Goryeo-Dynastie gelang es, fast die gesamte koreanische Halbinsel zu erobern. Die Grenze ähnelte der heutigen Landesgrenze. Das Königreich Silla legte die Grundlagen zur koreanischen Nation, unter Goryeo bildeten sich der koreanische Nationalstaat und das koreanische Volk als geschlossene Ethnie heraus.

Ende des zehnten Jahrhunderts nahm der militärische Druck aus Zentralasien stetig zu. Kara-Kitai und Jurchen drangen wiederholt nach Korea ein, konnten jedoch zurückgeschlagen werden. Dem Mongolensturm war aber auch das Königreich Goryeo nicht gewachsen. 28 Jahre, von 1231 bis 1259, verteidigten sich die Koreaner gegen die Mongolen, bis sie letztendlich kapitulieren mussten. Teile des Landes fielen an die mongolische Yuan-Dynastie in Peking, der Rest des Landes wurde zum Vasallenstaat degradiert. Mit dem Sturz der Mongolenherrschaft über China 1368 konnte sich auch Korea seine Unabhängigkeit und die verlorenen Territorien zurückerobern. Die Dynastie selber überlebte jedoch die Unabhängigkeit nicht lange, 1388 wurde sie durch einen Militärputsch des Generals Yi Seong-gye gestürzt und 1393 offiziell beendet, indem Land und Dynastie in Joseon umbenannt wurden.

In der Goryeo-Zeit bildete sich nicht nur der koreanische Nationalstaat klar heraus, das Land rückte auch unter die führenden Kulturnationen der Welt auf. In den Bereichen Buchdruck, Schiffbau und Waffentechnik gehörte Korea zur technologischen Avantgarde.

Auch die neue Joseon-Dynastie benannte sich nach einem historischen Vorgänger. Diesmal wurde auf das bronzezeitliche

Gojoseon zurückgegriffen, welches von 2333 bis 108 v. u. Z. existierte. Zunächst ging die zivilisatorische Entwicklung Koreas weiter. Eine Reihe von Verwaltungsreformen stärkten die Wirtschaft und das allgemeine Lebensniveau. Die neokonfuzianische Schule entwickelte in Korea eine eigene landesspezifische Ausrichtung. Kämpfe um die Thronfolge und konservative Gegenströmungen bildeten Kontrapunkte zu dieser positiven Entwicklung.

Seit jeher stellten japanische Piraten eine Bedrohung der koreanischen Küste dar und im fünfzehnten Jahrhundert stieg diese Bedrohung weiter an. Gegen Ende des sechzehnten Jahrhunderts kamen in Japan jedoch auch die ersten Eroberungspläne, Korea betreffend, auf. 1592 überraschte eine japanische Invasionsarmee Korea und überrannte das Land. Nur durch die Entsendung chinesischer Armeen konnten die Invasoren in langen und verlustreichen Kämpfen zurückgedrängt werden. Ein zweiter Invasionsversuch von 1597 scheiterte nicht zuletzt an den besser vorbereiteten Koreanern. Ihre Flotte aus gepanzerten Schlachtschiffen versenkte einen Teil der Invasionsflotte und behinderte den Nachschub der japanischen Truppen.

Aufgrund dieser Invasionsversuche näherte sich Korea weiter dem chinesischen Reich an. China stieg zur Schutzmacht des Landes auf, bis es 1895 von Japan besiegt wurde. Zunächst jedoch zog eine andere Gefahr am Himmel auf. Die Ming-Dynastie schwächelte und wurde von inneren Krisen heimgesucht. Die Korruption blühte und Rebellionen griffen um sich. Ende des sechzehnten Jahrhunderts war der Niedergang der Ming nicht mehr aufzuhalten. Gleichzeitig hatte der Jurchenfürst Nurhaci die Nomadenstämme Nordostasiens unter dem neuen Namen Mandschuren vereint. Die erste Hälfte des siebzehnten Jahrhunderts war von mandschurischen Angriffen auf Korea und Nordchina geprägt. 1644 marschierten die Mandschuren in Peking ein. Der letzte Ming-Kaiser beging Selbstmord und der Drachenthron ging erneut in die Hände eines nomadischen Eroberers über.

Der Widerstand gegen die neue mandschurische Qing-Dynastie setzte sich noch drei Jahrzehnte fort und endete erst 1683 mit der Eroberung Formosas, dem heutigen Taiwan. Dorthin hatten sich die letzten Ming-Loyalisten zurückgezogen. Der kulturelle Widerstand gegen die mandschurische Fremdherrschaft blieb jedoch bis zum Ende der Kaiserzeit bestehen und einige der heute aktiven großen chinesischen Triaden haben ihre Ursprünge im verdeckten Kampf gegen die Qing-Dynastie. Auch Korea musste sich als Vasall den Qing unterordnen, lehnte diese jedoch auf dem chinesischen Thron ab.

Bereits die chinesischen Ming hatten in Ostasien das Zeitalter der Isolation und Stagnation eingeläutet. 1421 hatte China seine bis dahin expansionistische Außenpolitik aufgegeben. Entdeckungsreisen wurden eingestellt und der Außenhandel zurückgefahren. Innenpolitisch setzte sich ein konservatives Denken durch, das Innovationen wenig Raum bot. China hörte auf, Motor der zivilisatorischen Entwicklung zu sein und stagnierte auf hohem Niveau. Japan und Korea waren von dieser Entwicklung zunächst nicht betroffen, doch schlugen auch diese Länder ab dem siebzehnten Jahrhundert den Weg der Isolation ein. In Japan hatte dies politische Gründe. Die nach heftigen Kriegen an die Macht gelangte Familie Tokugawa sah in der Isolation eine Möglichkeit, ihre Macht zu festigen und zu bewahren. Die Kriege der Reichseinigung hatten mit Musketen bewaffnete Massenheere hervorgebracht, welche in dieser Größe in Europa erst in den napoleonischen Kriegen erscheinen sollten. In Japan erkannten die neuen Machthaber die soziale Gefahr, die von dem Masseneinsatz von Feuerwaffen ausging. Schusswaffen wurden daher verboten und der Samurai hatte sein Comeback als monopolistischer Krieger.

Die Qing in Peking setzten die isolationistische und konservative Politik ihrer Vorgänger weitgehend fort. Kontakte mit Ausländern blieben streng limitiert. Korea passte sich diesem allgemein isolationistischen Umfeld immer mehr an und war am Ende des Jahrhunderts ein weitgehend abgeschottetes Land, das nur zur Qing-Dynastie und Japan einige wenige Kontakte unterhielt.

Im achtzehnten Jahrhundert war ganz Ostasien in eine alles lähmende Stagnation verfallen. Dabei muss der Begriff Stagnation auf hohem Niveau genauer erklärt werden. Oberflächlich betrachtet kann man diese Stagnation zunächst nicht feststellen.

In vielen Bereichen sind die ostasiatischen Zivilisationen den europäischen noch bis ins neunzehnte Jahrhundert überlegen. Dies bezieht sich auf die unterschiedlichsten Bereiche wie Kunsthandwerk, vorindustrielle Produktion, Verwaltung, Poesie, Geschichtsschreibung und Medizin. Der Unterschied zu früheren Epochen und zum damaligen Europa ist der, dass keine neuen, revolutionären Ideen mehr entwickelt wurden. Vorhandene Techniken wurden verfeinert. Der Kunsthandwerker ersetzte zunehmend den Künstler. In der Philosophie und den Naturwissenschaften, den Trägern des Fortschritts, wurden kaum noch Neuerungen erdacht. Als die Jesuiten in der späten Ming-Zeit an den Hof zu Peking kamen, beeindruckten sie in erster Linie durch ihre astronomischen Kenntnisse, einem Fach, in welchem China zwei Jahrtausende lang führend gewesen war.

Portugiesen und Holländer waren in Ostasien schon seit längerem bekannt. Ihre Schiffe und Kanonen waren zwar den ostasiatischen überlegen, aber die geringe Anzahl und die langen Versorgungswege verhinderten, dass diese beiden Nationen eine militärische Bedrohung darstellten. Erst im neunzehnten Jahrhundert änderte sich diese Situation. Die napoleonischen Kriege hatten eine technische Revolution im Rüstungswesen ausgelöst, waren aber auch ein „Weltkrieg". England baute in dieser Zeit seine Macht in Übersee aus. Der französische Einfluss in Indien wurde minimiert und von dieser Basis aus setzte Albion zur Erkundung Ostasiens an. Bereits in diesem Krieg suchten englische Schiffe japanische Gewässer nach niederländischen Handelsfahrern ab.

Japan und Korea blieben vorläufig noch weitgehend verschont von der abendländischen Expansion. Russlands militärische Stärke im Fernen Osten war noch relativ unbedeutend, die USA hatten erst seit 1848, nach der Abtretung Kaliforniens durch Mexiko, Zugang zum Pazifischen Ozean. Richtig in Schwung kam die englische Expansion jedoch erst mit dem Ersten Opiumkrieg von 1839 bis1842, der unter anderem auch Hongkong als britische Kolonie etablierte.

In Nordostasien war das einschneidende Ereignis das Bombardement der Hafenbefestigungen von Edo durch den amerikanischen Kommodore Matthew C. Perry im Sommer 1853. Die direkte Folge war die erzwungene Öffnung Japans für den amerikanischen Handel. Dieses Ereignis löste jedoch die Meiji-Restauration aus, welche das Tokugawa-Shogunat stürzte und die Modernisierung des Landes einleitete. Japan war das einzige Land der Welt, welches auf den westlichen Imperialismus mit einer eigenen gesellschaftlichen Revolution antwortete, welche es kompatibel mit der Moderne machte. Innerhalb eines halben Jahrhunderts hatte Japan seinen Rückstand gegenüber dem Westen aufgeholt und wurde selber zu einer der führenden imperialistischen Mächte.

Korea beschritt jedoch nicht den Weg der Reformen. 1866 kam es nach einem Massaker an französischen Missionaren und koreanischen Konvertiten zu einer französischen Strafexpedition gegen Korea. 1871 intervenierten die USA als Antwort auf die Zerstörung des bewaffneten Handelsschiffes General Sherman. Beide Militärinterventionen offenbarten die absolute Unterlegenheit der koreanischen Armee und Marine gegenüber westlichen Streitkräften. Mit dem Vertrag von Ganghwa von 1876 wurde Korea schließlich gezwungen, seine Isolation aufzugeben. Diese Öffnung bewirkte zwar auch ein Eindringen modernen westlichen Gedankenguts, konnte jedoch keine Reformbewegung wie in Japan hervorrufen.

Die ökonomische Situation des Landes und die soziale Lage der Bauern verschlechterten sich im neunzehnten Jahrhundert zudem zunehmend. Missernten führten zu Hungersnöten und diese wiederum zu Bauernrebellionen. Seit den sechziger Jahren entstand die Donghak-Bewegung. Die Donghak-Lehre vereinte klassische konfuzianische und buddhistische Elemente mit universellen humanistischen und sozialistischen Vorstellungen. Als nationalpatriotische Bewegung wollte sie durch Reformen sowohl Ungerechtigkeit beseitigen als auch die koreanische Nation stärken, um sich gegen den wachsenden ausländischen Einfluss wehren zu können.

1894 brach eine Bauernrevolte aus, die sich schnell als Revolution über das ganze Land verbreitete. Die Regierungstruppen waren nicht in der Lage, die Revolution niederzuschlagen, und baten die kaiserliche Regierung in Peking um militärische Unterstützung. Peking gewährte diese und entsandte 3000 Soldaten, ohne jedoch Japan davon zu informieren, was nach der Konvention von Tianjin vorgeschrieben war. Japan, das zu diesem Zeitpunkt schon feste Eroberungspläne hinsichtlich Nordostasiens hatte, nahm dieses Versäumnis zum Anlass, China den Krieg zu erklären.

Nach seiner Niederlage 1895 wurde die Qing-Dynastie mit dem Vertrag von Shimonoseki gezwungen, Koreas Vasallenverhältnis zu lösen und das Land in die Unabhängigkeit zu entlassen. Diese traf die Joseon-Dynastie völlig unvorbereitet.

Als Antwort auf die Revolution wurden die sogenannten Gabo-Reformen durchgeführt, die auf japanischen Vorschlägen basierten und sich an der Meiji-Restauration orientierten. Starke konservative Opposition und im wörtlichen Sinne mörderische Palastintrigen standen ihrem Erfolg jedoch entgegen und die Reformbewegung stand 1896 vor dem Aus. Der Vorgang ähnelte den gleichfalls gescheiterten Hundert-Tage-Reformen von 1898 durch Kang You-wei in China. Dennoch wurden die Grundlagen einer Modernisierung gelegt. Eisenbahnen wurden gebaut, ein Postsystem errichtet und dergleichen mehr. Um die nationale Unabhängigkeit zu betonen, wurde Korea 1897 zum Kaiserreich erklärt.

Die Reformen kamen jedoch zu spät, um erfolgreich zu sein. Mit dem Sieg Japans über Russland von 1905 stand einer direkten Eroberung Koreas nichts mehr im Wege. 1910 leiteten die Annexion und Umwandlung in eine Kolonie ein neues, schmerzhaftes Kapitel in der koreanischen Geschichte ein.

Im Unterschied zu den europäischen Kolonialmächten nutzte Japan seine Kolonien nicht nur als Quelle für billige Rohstoffe und landwirtschaftliche Produkte, sondern auch, um seine eigene industrielle Basis zu erweitern. Das Vorgehen dabei war jedoch sehr unterschiedlich. Auf Taiwan profitierte die Bevölkerung sogar von der japanischen Besatzung. Eine moderne Infrastruktur wurde aufgebaut, die Landwirtschaft entwickelt und die Grundlagen für eine Leichtindustrie gelegt. Der Lebensstandard stieg und die Taiwanesen genossen ein bedeutend besseres Leben als die Menschen auf dem chinesischen Festland. Im von Japan kontrollierten Marionettenstaat Mandschukuo wiederum mangelte es an Arbeitskräften, wodurch die japanische Kolonialpolitik gezwungen war, das Land attraktiv genug für chinesische Einwanderer zu machen, da sonst die hochgesteckten Entwicklungsziele nicht hätten erreicht werden können. In Korea jedoch wurde ein Kolonialregime errichtet, das an die Brutalität europäischer Herrschaftssysteme heranreichte.

Zum Zeitpunkt der Annexion war Korea ein unterentwickeltes und von Feudalstrukturen geprägtes Land. Hungersnöte waren häufig, das allgemeine Bildungsniveau niedrig und die Lebenserwartung gering. Die Modernisierung hatte gerade erst begonnen. Die wenigen Reformen konnten noch kaum Wirkung entfalten und entsprechend gab es nur wenige Ansätze eines modernen politischen Diskurses. Japan hatte den Anschluss an die Moderne geschafft, in China gab es insbesondere in den Städten mit ausländischen Konzessionen wie Schanghai, Tianjin und Hongkong bereits eine chinesische Bourgeoisie, die moderne Konzepte diskutierte und die in den kommenden Jahrzehnten zum Träger des republikanischen Gedankens werden sollte. Diese war in Korea so gut wie nicht vorhanden.

Die von Japan eingeleitete Modernisierung traf damit eine völlig vorindustrielle Feudalgesellschaft. Hauptsächlich im Norden wurden Kohle- und Erzvorkommen erschlossen und weiterverarbeitende Industrien angesiedelt. Der Süden blieb vornehmlich landwirtschaftlich geprägt. Die Ertragssteigerungen der Landwirtschaft kamen jedoch nicht der koreanischen Bevölkerung zugute, denn diese Erträge wurden nach Japan ausgeführt, um den dort stetig steigenden Bedarf decken zu helfen. Trotz Modernisierung verbesserte sich die Lage der Bevölkerung kaum und auch weiterhin mussten große Teile der Bevölkerung regelmäßig hungern.

Auch an den gewachsenen Sozialstrukturen wurde nur wenig geändert. Die Großgrundbesitzer zogen in aller Regel eine Kollaboration mit dem Besatzer dem nationalen Widerstand vor. Da die japanische Kolonialverwaltung in erster Linie an gehorsamen Untertanen interessiert war, wurden die bestehenden hierarchischen Strukturen der Gesellschaft nicht angetastet.

Der chinesische Kaiserhof zu Peking war bereits 1895 aus der politischen Kosmologie verdrängt worden, nun nahm der japanische Kaiserhof zu Tokyo diese Stellung ein. Zusätzlich entwickelte sich in Japan eine von Europa inspirierte rassistische Herrenmenschenideologie, welche das Japanertum mythisch überhöhte und die Koreaner entsprechend als minderwertig herabstufte. Damit hatte Korea nicht nur seine Eigenstaatlichkeit verloren, sondern den Koreanern wurde zusätzlich noch die Existenz als Kulturnation abgesprochen. Die japanische Herrschaft zeichnete sich dadurch nicht nur durch ökonomische Ausbeutung und politische Unterdrückung, sondern zusätzlich durch kulturelle Erniedrigung aus.

Bis 1945 dominierte nun Japan die Geschicke Koreas. Um die Jahrhundertwende, als man sich in Japan als Speerspitze der asiatischen Befreiung vom europäischen Joch sah, unterschied sich der japanische Imperialismus noch positiv vom europäischen. Tokyo war das Zentrum der politischen Flüchtlinge Chinas. Reformer und Revolutionäre trafen sich hier mit den japanischen Reformern der Meiji-Restauration. 1905 wurde der japanische Sieg über Russland nicht nur in ganz Asien, sondern sogar noch in Afrika euphorisch gefeiert. Mit diesem Sieg aber veränderte sich auch das japanische Nationalbewusstsein und an die Stelle der antieuropäischen Solidarität rückte der nationale Imperialismus. Im Gegenzug wird Japan nicht mehr als Verbündeter, sondern als ärgster Feind gesehen.

Dieser Übergang war ein langsam aber stetig voranschreitender Prozess gewesen. Die Annexion Koreas 1910 war der erste offensichtliche Bruch mit der panasiatischen Solidarität, die 21 Forderungen an China von 1915 brachen endgültig die Bande zwischen Japan auf der einen und China und Korea auf der anderen Seite. In den innenpolitischen Wirren der zwanziger Jahre leisteten in Japan sozialistische und liberale Kräfte dem erstarkenden Militarismus und Imperialismus noch Widerstand, spätestens mit dem Einmarsch in die Mandschurei 1931 und der Gründung des Marionettenstaates Mandschukuo war dieser jedoch gebrochen und Japan fest entschlossen, sein Kolonialreich auf dem asiatischen Kontinent zu erweitern.

1937 schlitterte Japan unter bis heute ungeklärten Umständen in den Krieg mit China. Militärisch war es zwar erfolgreich, musste jedoch immer größere Mengen an Soldaten entsenden. Bald unterhielt das Kaiserreich auf dem Festland fast zwei Millionen japanische Soldaten und Polizisten. Japan wurde immer stärker zu einer De-facto-Militärdiktatur mit faschistischen Merkmalen.

Die stetig steigenden Anforderungen des Krieges ließen Korea und die Mandschurei für die japanische Rüstungsindustrie immer wichtiger werden. Daneben fehlten in Japan die Soldaten als Arbeitskräfte und Hunderttausende von Koreanern gingen, teils freiwillig, teils zwangsverschleppt, nach Japan, um dort die Lücken zu füllen.

1939 kam es zu größeren Gefechten mit mongolischen und sowjetischen Truppen. Der angloamerikanische Wirtschaftsboykott wegen des Krieges in China führte zu immer größeren Rohstoffengpässen in Japan und damit letztendlich zur Entscheidung, den pazifischen Krieg zu beginnen. Für die koreanische Bevölkerung bedeutete die Eskalation der Kriege eine immer stärker werdende Ausbeutung. Besonders grausam war die Versklavung von Zehntausenden junger Frauen, die als Sexsklavinnen die kaiserliche Truppe bei Laune halten mussten. Bis heute hat sich Japan nicht angemessen dafür entschuldigt.

Nach dem Krieg existierte der koreanische Staat zwar nicht mehr und musste mit fremder Hilfe wieder aufgebaut werden, aber die Restauration der Monarchie war keine realistische Option mehr, denn der nationale Widerstand gegen Japan hatte ein modernes politisches Bewusstsein hervorgebracht. Die Grundlagen für einen modernen Nationalstaat waren gelegt.

Fünf Sisyphusse und ein Stein

Die Welt der Diplomatie ist manchmal sehr pubertär. Mal verlassen empörte Botschafter demonstrativ die Generalversammlung der Vereinten Nationen, weil irgendein obskurer Diktator dubiose Thesen verbreitet, mal werden hinter den Kulissen verbissene Grabenkämpfe darüber ausgefochten, welcher europäische Regierungschef beim Phototermin mit dem amerikanischen Präsidenten neben ihm stehen darf. Nicht jeder Staatschef zeichnet sich durch die Kulanz eines Roman Herzogs aus, der beim Staatsbesuch in einer brasilianischen Provinzstadt der ehemaligen DDR-Hymne lauschte, ohne eine Miene zu verziehen.

In Peking steht ein ganz besonderes Exemplar diplomatischer Symbolik. Es handelt sich dabei um einen regelmäßigen hexagonalen Tisch, der bis zur äußersten Perfektion ausgerichtet ist. Der Gastgeber China sitzt mit dem Rücken zum Eingang, was erstaunlich ist, denn normalerweise sitzt der Gastgeber dem Eingang gegenüber. Im Uhrzeigersinn sind Nordkorea, Russland, die USA, Südkorea und Japan platziert. China sitzt damit den USA gegenüber, was auf eine Gleichberechtigung beider Parteien hinweist, jedoch räumt es den USA den traditionell ehrenreichsten Platz ein. Beide Koreas sitzen sich an der Seite ihres Hauptverbündeten gegenüber.

An diesem heiligen Ort wird diplomatische Symbolik bis zum Äußersten ausgereizt und genauestens einstudierte „spontane" Eklats bilden keine Ausnahme sondern die Regel. Ja, hier finden die sogenannten Sechsergespräche zur atomaren Abrüstung der Koreanischen Demokratischen Volksrepublik statt.

Als die chinesische Regierung im August 2003 das erste Mal zu dieser Runde lud, war ihr Verhältnis zu ihrem Bündnispartner noch nicht annähernd so zerrüttet wie heute. Vieles spricht dafür, dass man in China tatsächlich hoffte, Nordkorea zum Einlenken zu bringen und die Lage auf der koreanischen Halbinsel nachhaltig zu entspannen. Gleichzeitig war das Zerwürfnis zwischen Peking und Pjöngjang schon so weit fortgeschritten, dass die restlichen Teilnehmer der Runde Peking die Rolle eines ehrlichen Maklers abnahmen.

Die Gespräche begannen als großer Erfolg für die Chinesen. Sie hatten es tatsächlich geschafft, in einer globalen Frage von höchster Wichtigkeit eine verantwortungsvolle Führungsrolle zu übernehmen. Gegenüber Japan, Südkorea und den USA signalisierte Peking damit, dass es beileibe nicht mehr der bedingungslose Unterstützer des Nordens war und durchaus ähnliche Interessen wie diese hatte. In der Weltpolitik generell stieg Chinas Ansehen und die Fachwelt zollte der perfekten chinesischen Vorbereitung alle Achtung.

Im Prinzip ging es bei Verhandlungsbeginn um eine überschaubare Angelegenheit. Nordkorea betreibt ein Atomprogramm, um

Sechsergespräch über Nordkoreas Atomprogramm.

seine Energieversorgung sicherzustellen. Südkorea, Japan und die USA bezweifeln diesen friedlichen Zweck und vermuten ein Rüstungsprogramm dahinter. Die von den Chinesen in die Wege geleitete mögliche Lösung beinhaltet die Aufgabe von rüstungsrelevanten Teilen des Atomprogramms als Gegenleistung für andere Energiequellen und eine Sicherheitsgarantie. Konkret ging es in der ersten Runde der Gespräche um die Aufgabe des Reaktors Yongbyon, in dem waffenfähiges Spaltmaterial produziert werden kann, bei gleichzeitiger Lieferung eines Leichtwasserreaktors, in welchem kein waffenfähiges Material hergestellt werden kann.

2003 schien es noch so, als ob der Norden tatsächlich zu einem Kompromiss bereit sei. Die Verhandlungen zogen sich jedoch endlos in die Länge. Meist war es die nordkoreanische Seite, die durch irgendeinen Grund oder eine gezielte Provokation die Gespräche platzen ließ, manchmal war aber auch die Gegenseite schuld am Scheitern. Seit dem Verhandlungsbeginn hat Nordkorea zwei Atombombentests durchgeführt und eine dreistufige Rakete getestet, die auch als ballistische Interkontinentalrakete eingesetzt werden könnte. Mittlerweile ist es offensichtlich, dass man in Pjöngjang nicht im Traum daran denkt, auf die eigene Atommacht zu verzichten.

Doch weshalb wird überhaupt weiterverhandelt?

Für Pjöngjang stellen diese Verhandlungen eine ideale Plattform für seine Erpressungsdiplomatie dar. Die Botschaft ist einfach: Wenn Nordkorea nicht die geforderten Rohstoffe und Nahrungsmittel bekommt, dann bricht es zusammen und zieht alle anderen in den Abgrund mit. Wollt Ihr das wirklich?

Natürlich drückt man sich diplomatischer aus. Die Sechsergespräche sind ein endloses Wettrennen zwischen Hase und Igel. Nordkorea macht ein paar Zugeständnisse, erhält dafür die gewünschten Leistungen und verspricht weitere Verhandlungen. Dann findet es einen Grund, sich beleidigt zurückzuziehen, oder inszeniert wahlweise selber eine militärische Provokation, sodass die Gegenseite sich gezwungen sieht, die Verhandlungen abzubrechen. Damit können alle Inspektoren der Internationalen Atomenergie-Organisation, IAEO, des Landes verwiesen, stillgelegte Anlagen wieder in Betrieb genommen und Material für die nächsten Bomben produziert werden. Ein paar Monate später sind Öl und Getreide wieder knapp und man kehrt erneut an den Verhandlungstisch zurück, so lange, bis man die nächsten Hilfslieferungen erpresst hat.

Aus der Sicht des nordkoreanischen Regimes ist an diesem Zustand nichts auszusetzen. Die Hilfslieferungen fließen ausreichend weiter und halten das Regime an der Macht. Gleichzeitig kann man das eigene Atomarsenal ohne wirkliche Behinderung vergrößern.

Aus welchem Grund jedoch lassen sich die anderen fünf Verhandlungspartner auf dieses Spiel ein? Auch hier ist die Antwort relativ einfach: Die einzige Alternative wäre die direkte Konfrontation. Und im Fall Nordkoreas bedeutet Konfrontation unter Umständen totaler Krieg.

Die nordkoreanische Strategie funktioniert jedoch nur, wenn der Gegner davon überzeugt ist, dass Nordkorea das Risiko eines Krieges wagen würde. Bei einer nach geläufigen Maßstäben rational handelnden Regierung würde diese Rechnung nicht aufgehen. Aus diesem Grund muss das Regime in Pjöngjang regelmäßig den Eindruck erwecken, dass es tatsächlich wahnsinnig genug wäre, einen neuen Krieg zu beginnen. Der Wahnsinn hat nicht nur Methode, sondern ist Voraussetzung für den Erfolg.

Der neue Herrscher in Pjöngjang hat sich gesprächsbereit gezeigt und eine Wiederaufnahme der Sechsergespräche in Peking ist wahrscheinlich. Völlig unwahrscheinlich jedoch ist, dass diese siebte Runde zu wirklichen Ergebnissen kommt.

Karneval des Völkerrechts

Das Völkerrecht, oder der außerhalb des deutschen Sprachraums verwendete Begriff Internationale Recht, ist ein unübersichtliches Sammelsurium von Verträgen, Abkommen, Präzedenzfällen und, ganz banal, der realpolitischen Fähigkeit mächtiger Nationen, ihre Standpunkte anderen weniger mächtigen Ländern aufzudrücken. Es gibt keinen fest definierten Kodex, in welchem man Paragraph für Paragraph nachschlagen könnte, welches Verhalten rechtens ist und welches nicht. Selbst die Definition von Staaten ist nicht einfach. Wann existiert ein Staat? Sind der Kosovo, Abchasien oder der Orden der Ritter von Jerusalem und Malta souveräne Staaten oder nicht? Rein völkerrechtlich betrachtet haben sich die beiden provisorischen deutschen Staaten mit der Angliederung der DDR an die BRD (rechtlich kann nicht von einer Wiedervereinigung gesprochen werden) von selbst aufgelöst. Da sich das deutsche Volk – wie für diesen Fall vorgesehen – keine Verfassung gab, könnte argumentiert werden, dass wir derzeit in einem rechtlosen Raum leben, denn völkerrechtlich gesehen, existiert zwar das Deutsche Reich weiter, nicht aber BRD und DDR. Dies mag zwar obskur klingen, aber auch in der Koreafrage stolpern wir allenthalben über derartige völkerrechtliche Absurditäten, von denen einige eine versteckte Brisanz haben, die im Ernstfall zum Tragen kommen könnte.

Wenden wir uns zunächst einmal dem Land Korea zu. Es gibt völkerrechtlich gesehen eindeutig nur ein einziges Korea. Dessen Grenzen sind ebenfalls klar, sieht man von einigen ungeregelten Seegrenzen mit Japan ab. Im Gegensatz zu Deutschland, das seine derzeitige Form erst im zwanzigsten Jahrhundert gefunden hat und bei dem die Abtrennung Österreichs und Zugehörigkeit des Saarlands erst nach dem letzten Krieg eindeutig geklärt wurden, besteht Korea als völkerrechtlich klar definiertes Subjekt spätestens seit der Joseon-Dynastie. 1392 gegründet stellte sie 1910 bei ihrer Abschaffung durch die japanischen Eroberer eine der weltweit ältesten Dynastien überhaupt dar. Die völkerrechtlichen Grenzen Koreas sind damit die Grenzen des Königreichs der Joseon. Auch kulturell ist die Definition Koreas bedeutend einfacher als die Deutschlands, Koreaner mussten sich nie mit solchen Fragen auseinandersetzen, ob z. B. Franz Kafka, Elias Canetti oder Friedrich Dürrenmatt als Bestandteil der deutschen Kultur zu bezeichnen sind oder doch nicht.

Dafür gibt es keinen Namen für das Land. Der Norden nennt sich nach dem alten Königreich Goryeo, während der Süden sich als Land der Großen Han bezeichnet. Der Begriff „Korea" existiert im Koreanischen schlichtweg nicht. Eine wichtige völkerrechtliche Besonderheit betrifft die Souveränität. Korea war seit Jahrhunderten nicht souverän, sondern ein Vasallenstaat Chinas. Dabei sollte an dieser Stelle angemerkt werden, dass der Begriff „China" im Chinesischen und Koreanischen nicht existiert. Der Kaiser zu Peking herrschte über Tian Xia, unter dem Himmel, also über die gesamte Welt. Der Landesname Volksrepublik China lautet korrekt übersetzt „Volksrepublik der Zentralen Zivilisation". Erst durch die japanischen Siege gegen China 1895 und Russland 1905 wurde die Joseon-Dynastie von Japan gezwungen, ihr Vasallenverhältnis zu China zu lösen. Dieser Schritt brachte jedoch nicht die nationale Souveränität, sondern leitete die Annexion durch Japan 1910 ein.

Mit der Kapitulation Deutschlands im Zweiten Weltkrieg änderte sich die Lage in Fernost. Die Sowjetunion hatte sich widerwillig dazu verpflichtet, gegen Japan eine zweite Front zu errichten. Großes Interesse daran hatte Stalin zunächst nicht, denn er war auf seinen Machtausbau in Ost- und Mitteleuropa konzentriert. Amerika wollte Japan so schnell wie möglich und mit so wenig wie möglich eigenen Verlusten besiegen und den europäischen Kolonialmächten Großbritannien, Frankreich und den Niederlanden ging es in erster Linie darum, ihre Kolonien wieder unter Kontrolle zu bringen. An Korea dachte dabei so gut wie niemand. Für Präsident Franklin Roosevelt und General Douglas MacArthur stand der Sieg über Japan im Vordergrund. Erst als im Sommer 1945 die Bereitstellung der Atombombe in greifbare Nähe rückte, änderten sich unter Roosevelts Nachfolger Harry Truman die Präferenzen. Roosevelt hatte noch eine zeitlich befristete Treuhandschaft der zu gründenden Vereinten Nationen für Korea befürwortet. Die sich abzeichnende militärische Fähigkeit der Roten Armee, ganz Mandschukuo und Korea zu besetzen und kommunistische Marionettenregierungen einzusetzen, veranlasste die US-Regierung nunmehr auf eine Teilung Koreas in zwei Besatzungszonen hinzuarbeiten.

Als die Rote Armee am 8. August ohne Kriegserklärung das formal neutrale Kaiserreich Mandschukuo überfiel, stieß sie auf keinen nennenswerten militärischen Widerstand. Es war absehbar, dass die sowjetischen Streitkräfte auch die gesamte koreanische Halbinsel besetzen würden. Dies veranlasste die amerikanische Regierung zum Handeln. Nach der Kapitulation Japans wurden die japanischen Besatzungstruppen gebeten, ihre Besetzung des Südens bis zum Eintreffen amerikanischer Truppen aufrechtzuerhalten. Stalin hielt sich an das vereinbarte Abkommen über die Errichtung der beiden Besatzungszonen.

Die Einheit Koreas stand nie zur Debatte. Ebenfalls war es Konsens, allerdings kaum diskutiert, dass Korea nach dem Krieg seine Unabhängigkeit erlangen sollte. Eine Teilung des Landes war zu keinem Zeitpunkt vorgesehen. Die Einrichtung der beiden Besatzungszonen jedoch schuf eine Situation, die letztendlich auf eine Teilung hinauslaufen musste, da weder Sowjetunion noch USA geneigt waren, die eigene Besatzungszone in das ideologische Lager der Gegenseite zu entlassen.

Nachdem die Verhandlungen über die Neuerrichtung des koreanischen Staates zwischen den USA und der Sowjetunion keine Ergebnisse gebracht hatten, wendeten sich die USA an die Vereinten Nationen, welche daraufhin die UN Temporary Commission on Korea UNTCOK ins Leben riefen, welche unter anderem die Abhaltung freier Wahlen überwachen sollte. Die Sowjetunion verweigerte jedoch die Zusammenarbeit und die UNTCOK konnte daher im Sommer 1948 die ersten allgemeinen Wahlen Koreas nur im Süden verfolgen. Am 15. August 1948 wurde die Republik Korea in Seoul gegründet und von den Vereinten Nationen als rechtmäßiger Koreanischer Staat anerkannt. Als Reaktion darauf wurde am 9. September 1948 im Norden die

Koreanische Demokratische Volksrepublik ausgerufen, die jedoch nur von der Sowjetunion und ihren Verbündeten anerkannt wurde.

Beide Staatsgründungen können wie die der BRD und DDR als Provisorien gesehen werden, denn beide verfolgten von vornherein nicht das Ziel einer Wiedervereinigung, sondern einer Eingliederung des jeweils anderen Staates. Während die DDR jedoch das Ziel der Eingliederung im Laufe der Zeit aufgab und sich als eigenständiger Nationalstaat zu etablieren versuchte, erhalten in Korea beide Staaten den Alleinvertretungsanspruch bis heute aufrecht.

Der Koreakrieg brachte nun wichtige völkerrechtliche Veränderungen. Bei Kriegsausbruch boykottierten die Sowjetunion und deren Verbündete die Vereinten Nationen. Der Sitz der Sowjetunion im Sicherheitsrat blieb daher unbesetzt. Die Volksrepublik China wurde erst 1971 Mitglied der UNO, 1950 saß die Republik China als Vetomacht im Sicherheitsrat.

Nach dem Kriegsausbruch übernahmen die Vereinten Nationen die Führung der militärischen Operationen in Korea. Zu diesem Zwecke wurde das United Nations Command in Korea UNC gegründet, welches das militärische Hauptquartier der UNO darstellt. Im Prinzip hatten die Vereinten Nationen damit Nordkorea den Krieg erklärt, völkerrechtlich gesehen kann man den Koreakrieg aber nicht als Krieg bewerten, denn dieser wird ausschließlich zwischen Staaten geführt. Weder die Koreanische Demokratische Volksrepublik noch die später in den Krieg eingetretene Volksrepublik China waren jedoch als Staaten anerkannt. Der nördliche Teil Koreas war nach Ansicht der UNO Teil der Republik Korea, das Gebiet der Volksrepublik China Teil der Republik China. Die Sowjetunion griff niemals direkt in die Kämpfe ein. Sowjetische Flugzeuge mit sowjetischen Piloten flogen immer unter nordkoreanischem Hoheitszeichen.

So gesehen handelt es sich beim Koreakrieg um einen Bürgerkrieg, bei dem die UNO die offiziell anerkannte Regierung unterstützt, während die nördliche Bürgerkriegsseite Unterstützung durch Söldner (sowjetische Piloten) und eine ausländische Bürgerkriegspartei erhält, denn die chinesische Volksbefreiungsarmee ist juristisch gesehen die Parteimiliz der Kommunistischen Partei Chinas.

Obwohl die UNO die Republik Korea als einzigen legitimen koreanischen Staat anerkannte, wurde Südkorea nicht in die UNO aufgenommen. Das UNC war das militärische Oberkommando aller Truppen in Korea, aber da Südkorea nicht UN-Mitglied war, durften auch keine südkoreanischen Offiziere dort ihren Dienst ableisten. Die Truppen Südkoreas standen unter ausschließlich ausländischem Kommando. Südkorea hatte damit einen erheblichen Teil seiner gerade erst erlangten Souveränität wieder abgegeben.

De facto war Südkorea während und in den Jahren nach dem Krieg eine Art Protektorat der UNO, wobei ebenfalls de facto die USA alle nennenswerten Entscheidungen trafen, da sie das UNC personell völlig dominierten.

Mit der Unterzeichnung des Waffenstillstandsabkommens am 27. Juli 1953 ändert sich die völkerrechtliche Lage. Unterzeichner sind die Koreanische Demokratische Volksrepublik und für die UNO das UNC. Diese Unterzeichnung stellt auch eine diplomatische Anerkennung Nordkoreas dar, welche 1991 mit der zeitgleichen Aufnahme beider Koreas in die UNO ihren Abschluss findet. Die juristischen Widersprüche sind offensichtlich. Die UNO erkennt auf der einen Seite ausschließlich Südkorea als legitim an, akzeptiert aber den Norden als Mitglied. Der Norden tritt einer Organisation bei, welche mit ihm selber im Kriegszustand ist. So ungewöhnlich ist ein solches Paradoxon aber auch wieder nicht: Deutschland befindet sich schließlich offiziell auch noch mit der halben Welt im Krieg, da nie ein Friedensvertrag unterzeichnet wurde.

Als Letztes soll noch ein Blick auf die völkerrechtliche Lage Chinas geworfen werden. 1950 wurde das Land noch von der Republik repräsentiert, seit 1971 verkörpert die Volksrepublik das Land. Auch in China beharren beide Bürgerkriegsgegner auf dem Alleinvertretungsanspruch, allerdings haben sich die Beziehungen in den letzten Jahren so verbessert, dass ein erneuter Bürgerkriegsausbruch extrem unwahrscheinlich ist. Politiker beider Seiten haben auch schon Bemerkungen fallen lassen, nach denen es nicht auszuschließen wäre, wenn in absehbarer Zeit erste Gespräche über einen offiziellen Friedensschluss beginnen könnten. Der rechtlich wichtige Aspekt hinsichtlich Koreas ist, dass die Volksrepublik heute eben Mitglied der UNO ist. 1950 konnte sie ohne Probleme gegen die UNO ins Feld rücken, da ihr die UNO die Anerkennung verweigerte. Heute wäre es für China sehr viel schwieriger, sich entsprechend zu rechtfertigen. Außerdem kam es bei dem Wechsel der UN-Anerkennung von Republik zu Volksrepublik zu einer Panne: Die Republik China kündigte ihre Mitgliedschaft in den Vereinten Nationen auf, noch bevor diese den Sitz auf die Volksrepublik übertragen hatte. Bei genauer juristischer Betrachtung ist also China seit dem 21. Oktober 1971 gar kein Mitglied mehr in der UNO und damit entfällt auch das Vetorecht. Ein Verfahrensfehler, der bei einer wirklich heißen Eskalation der Koreakrise durchaus „entdeckt" werden könnte.

Was bedeuten diese völkerrechtlichen Besonderheiten heute? Im Gegensatz zu allen anderen Konfliktfällen hat hier die UNO kein Mandat erteilt, sondern ist selber Akteur. Bei einem Mandat wird interessierten Mitgliedsstaaten die Erlaubnis erteilt, in einem anderen Staat zu bestimmten Konditionen zu intervenieren, z. B. um einen Bürgerkrieg zu beenden. Im Fall des Koreakrieges forderte die UNO ihre Mitglieder auf, Truppen zu stellen. Fast alle nichtkommunistischen Länder, die über die benötigten militärischen Kapazitäten verfügten, kamen damals dieser Aufforderung nach: von Äthiopien über die Türkei bis Australien. Deutschland, Japan und Italien waren seinerzeit entmilitarisiert und ein großer Teil der heutigen Nationalstaaten noch nicht aus der kolonialen Abhängigkeit entlassen. Japan stellte sein Territorium der UNO zur Verfügung, um dort Militärbasen zu errichten.

Der Koreakrieg stärkte die Rolle der Vereinten Nationen. Die Sowjetunion musste ihre Blockade der UNO aufgeben und die Volksrepublik China setzte alles daran, die Republik China zu verdrängen. Würde diese große Solidarität heute noch funktionieren? Sehr viel mehr Länder als 1950 haben heute militärische Mittel, die sie bereitstellen könnten, Deutschland selbstverständlich eingeschlossen. Ein neuerlicher Krieg könnte über die Zukunft der Vereinten Nationen entscheiden. Eine große globale

Solidaritätswelle könnte die UNO stärken und ihr eine neue Bedeutung geben, ein Ausbleiben von Unterstützung jedoch würde das System der Vereinten Nationen nachhaltig schwächen und ihre Rolle als Friedenswächter geradezu ruinieren.

Für Deutschland würde sich die verfassungsrechtliche Frage stellen, inwieweit einer Aufforderung der UNO an die Bundesrepublik, Truppen zu stellen, nachgekommen werden kann oder sogar muss. Ist ein Angriff auf die Vereinten Nationen auch ein Angriff auf die Bundesrepublik? Für Österreich würde sich die Frage stellen, inwieweit eine solche Aufforderung der eigenen Neutralität widerspricht oder ob es sich auch auf einen Angriff auf das eigene Land handelt. Deutschland strebt nach einem ständigen Sitz im Sicherheitsrat, Wien ist nach New York und Genf der dritte UNO-Sitz. Eine Verweigerung der Unterstützung dürfte auf alle Fälle Konsequenzen haben, die den spezifischen Interessen dieser Länder zuwiderlaufen würden. Nur Schweden und die Schweiz sind offiziell neutral, sie stellen als „Neutrale" Militärbeobachter in der Entmilitarisierten Zone.

KAPITEL 2

Der Osten ist rot

Im Hafen von Sankt Petersburg kann man den Kreuzer Aurora besichtigen. Über 28 Millionen Menschen haben dies schon getan. Das Kriegsschiff aus der Zarenzeit ist eine Touristenattraktion, haben ein paar Schüsse aus ihren Kanonen doch mehr Geschichte bewirkt als sonst ganze Schlachtflotten. Ihr Geschützdonner läutete die bolschewistische Oktoberrevolution ein. Man kann in diesem Revolutionsveteranen aber auch ein Zeugnis der gemeinsamen russisch-koreanischen Geschichte sehen.

Ein Dutzend Jahre vor jener geschichtsträchtigen Salve hatte die Aurora tatsächlich an einer richtigen Seeschlacht teilgenommen, einer Seeschlacht, die in gewisser Weise ein neues Zeitalter einläutete: die Schlacht von Tsushima. Eigentlich wollte der Zar mit dieser Seeschlacht Korea seiner Macht unterordnen, herausgekommen ist dabei die kommunistische Herrschaft – in beiden Ländern.

Begonnen hatte alles als mehr oder weniger militärische Polizeiaktion gegen den „japanischen Zwerg". Diese nichtchristlichen Nichteuropäer hatten sich um die Jahrhundertwende tatsächlich angemaßt, sich ihre eigene koloniale Interessensphäre zuzulegen und das ausgerechnet in Korea und der Mandschurei, in Gebieten, welche Russland sich selber gerne einverleiben wollte. Das mandschurische Port Arthur, das heutige Dalian, war der einzige eisfreie Hafen Russlands am Pazifik. Russische Ingenieure verlegten Eisenbahnen quer durch die Mandschurei. Die Stadt Harbin wies neben mehreren orthodoxen Kirchen auch die größte Synagoge, das modernste Kaufhaus und das einzige jiddischsprachige Stadttheater Asiens auf. Ostturkestan, die Mongolei und die Mandschurei waren klare Ziele des russischen Imperialismus. Den neuen asiatischen Konkurrenten wollte man mit einem „kleinen Krieg" in die Schranken weisen. Glücklicherweise war die Transsibirische Eisenbahn gerade in diesem Jahr fertiggestellt worden und so konnte man schnell ein paar Truppen nach Fernost verlegen, die dem japanischen Asiaten Respekt vor dem europäischen Russen lehren sollten.

Es kam jedoch anders. Am 8. Februar 1904 hatte das japanische Kaiserreich dem russischen Zarenreich den Krieg erklärt, nachdem alle Verhandlungen erfolglos geblieben waren. Zunächst nahm die japanische Armee im modernen Festungskampf die Bastion Port Arthur ein. Die zum Entsatz gesendete russische Armee wurde bei Mukden, dem heutigen Shenyang, vernichtend geschlagen. Der japanische Zwerg mochte zwar rein körperlich im Durchschnitt kleiner sein als der russische Bär, aber seine Waffen waren moderner, seine Offiziere intellektueller und seine Soldaten disziplinierter. Und so kam es, dass die Baltische Flotte auf eine Weltreise geschickt wurde, um die russischen Waffen wenigstens zu Wasser siegen zu lassen. Allerdings erwiesen sich diese ebenfalls als hoffnungslos veraltet im Vergleich zur japanischen Wertarbeit, von der Qualität der Marineoffiziere ganz zu schweigen. Die Seeschlacht von Tsushima ist als eine der bedeutendsten in die Geschichte eingegangen. Alle Schiffe der russischen Flotte wurden versenkt oder kapitulierten. Nur die Aurora konnte sich retten.

Die vollständige Niederlage in Fernost löste in Russland die erste sozialistische Revolution aus. Die Besatzung eines anderen Kreuzers meuterte. Der Panzerkreuzer Potemkin wurde später von dem Filmgenie Sergej Eisenstein zum Filmstar gemacht.

1905 sorgten die Salven der Aurora für revolutionäre Dramatik. Sie schaffte es bei Eisensteins „Oktober" jedoch nur zu einer Statistenrolle. Bis heute ist dieses Schiff noch im aktiven Dienst und offiziell für die Verteidigung Sankt Petersburgs zuständig. Vielleicht schafft sie es ja doch noch einmal zu einem Besuch in Korea.

Das Schicksal der Aurora sollte aber letztendlich doch noch Auswirkungen auf Korea haben. Mit dem Sieg über Russland hatte sich Japan gegen die europäischen Mächte behauptet (wir zählen hier die USA zu den europäischen Mächten, da diese dem europäischen Kulturkreis angehören). Es setzte seine Expansion in Asien, die es mit der Eroberung Taiwans 1895 begonnen hatte, fort. Korea wurde Protektorat und fünf Jahre später annektiert. In der Mandschurei übernahm es nicht nur Port Arthur von Russland, sondern auch zahlreiche Privilegien und Konzessionen. Während Russland von Harbin aus immer noch die nördliche Mandschurei dominierte, hatten sich die Japaner in Mukden festgesetzt, von wo aus sie den Süden schrittweise unter Kontrolle brachten.

In Ostasien begann nun das Zeitalter der Revolutionen. Den Anfang machte China 1911 mit der Wuchang-Rebellion, welche 1912 zum Sturz der Qing-Dynastie führte. Aisin-Gioro Puyi dankte sowohl als chinesischer als auch mandschurischer Kaiser ab. Das Vasallenverhältnis zwischen der Mandschurei und den Ländern China, Tibet, Ostturkestan und der Mongolei war damit aufgehoben. Das bedeutete allerdings auch, dass die Mandschurei nicht mehr auf die wirtschaftliche und militärische Kraft Chinas zu ihrer eigenen Verteidigung bauen konnte.

Sowohl Japan als auch Russland versuchten, das folgende Chaos für ihre imperialistischen Ziele auszunutzen. Russland garantierte den Mongolen ihre neu gewonnene Unabhängigkeit, unternahm jedoch keinerlei Anstrengungen, diese dabei zu unterstützen, die von chinesischen Kriegsherren besetzte Südmongolei zu befreien. In der Mandschurei dagegen bauten die Japaner ihren Einfluss massiv aus.

Der Erste Weltkrieg verschob das Kräfteverhältnis weiter zugunsten Japans. Während Russland an den Kriegsanstrengungen wirtschaftlich zugrunde ging, profitierte die japanische Industrie von Lieferungen an die Alliierten und konnte nach kurzem und nicht allzu verlustreichem Festungskampf die deutsche Kolonie Tsingtau erobern und damit seine Stellung im nördlichen China bedeutend stärken.

Mit der russischen Oktoberrevolution begann eine neue Epoche in Fernost, die diese Region ins Rampenlicht der Weltöffentlichkeit zerrte. In den zwanziger und dreißiger Jahren sagten dem politisch interessierten Zeitungsleser in Europa Städte wie Mukden, Tsitsikar, Harbin und Port Arthur bedeutend mehr als seinem heutigen Pendant. Das Deutsche Reich unterhielt in Mukden ein Konsulat, das regelmäßig streng geheime politische

Berichte verfasste, welche einen nicht unerheblichen Einfluss auf die Politik des Auswärtigen Amtes hatten. Heutzutage gibt es in Shenyang nicht einmal einen deutschen Honorarkonsul.

Im russischen Bürgerkrieg vertrieb die siegreiche Rote Armee ihre weißgardistischen Gegner zuerst aus Europa. Schließlich mussten sich diese nach zähen Abwehrkämpfen aus Sibirien in Richtung Fernost und in die nördliche Mongolei zurückziehen.

Die chinesische Republik hatte nach dem Zusammenbruch der Qing-Dynastie damit begonnen, die Mongolei dem chinesischen Staatsgebiet einzuverleiben. Nach chinesischer Auffassung gehörten Tibet, Ostturkestan, die Mongolei und die Mandschurei zum chinesischen Staatsgebiet. In der Südmongolei, von den Chinesen Innere Mongolei genannt, konnten chinesische Kriegsherren im Namen der Republik die chinesische Herrschaft nachhaltig sichern. Ostturkestan und Tibet konnten sich bis zum Ende des chinesischen Bürgerkriegs zumindest teilweise die Unabhängigkeit bewahren. In der Mandschurei wiederum nutzte Japan den Zusammenbruch des Zarenreiches aus, um seine Machtposition weiter auszubauen. Ohne russischen Schutz war auch die Mongolei, von den Chinesen Äußere Mongolei genannt, nicht mehr in der Lage, ihre Unabhängigkeit zu sichern. 1919 rückten chinesische Truppen in die Hauptstadt Urga, dem heutigen Ulan-Bator, ein und beendeten die Unabhängigkeit. Diese Eroberungspläne wurden jedoch von dem weißgardistischen General Baron von Ungern-Sternberg zunichtegemacht, der das Land auf seinem Rückzug vor der Roten Armee eroberte und für die nächsten zwei Jahre eine obskure Militärdiktatur errichtete. 1921 vertrieben die Bolschewiken die weißgardistische Soldateska. Mit Suche-Bator fanden sie einen geeigneten Revolutionär, der das Land nach dem Tod des theokratischen Dschebtsundamba Khutuktu, namens Ngawang Lobsang Chökyi Nyima Tendzin Wangchug, 1924 in das zweite kommunistische Land der Welt umwandelte. Gelingen konnte dies, da der Khutuktu, der Abt des Gandang-Klosters und drittwichtigster lebender Buddha des tibetischen Lamaismus, nach seinem Tod praktischerweise nicht mehr reinkarnierte und damit der weltliche Herrschertitel Bogd Khan ebenfalls nicht mehr vergeben werden konnte.

Aber auch Japan versuchte, in der Mongolei Fuß zu fassen, und hatte dabei anfangs nicht die schlechtesten Karten. Japaner sind wie Mongolen, Mandschuren und Koreaner ein uralaltaisches Volk und haben in ihrer Kultur viele schamanistische Elemente bewahrt. Diese kulturelle Verbundenheit hatte in Japan Interesse an der mongolischen Kultur geweckt und eine eigene Mongolistik geschaffen. Im Gegensatz zu allen anderen imperialistischen Nationen verfügte Japan damit über Experten, die eine vielversprechende Propaganda entwickelten, welche die Mongolen dazu bringen sollte, sich freiwillig unter japanischen Schutz zu stellen. Wie später im Zweiten Weltkrieg in Südostasien scheiterte jedoch die propagandistische Theorie an der Praxis vor Ort. Die in der Mandschurei lebenden Mongolen hatten in erster Linie Kontakt zu japanischen Militärs und windigen Geschäftsleuten, deren Verhalten den Mongolen und der mongolischen Kultur gegenüber alles andere als tolerant und zuvorkommend war. Die Geschichten über solche unglücklichen mongolisch-japanischen Begegnungen verbreiteten sich rasch im gesamten mongolischen Siedlungsgebiet und machten die gut gemeinten Versuche der japanischen Mongolisten schnell zunichte.

Im Gegensatz dazu konnten die Bolschewisten neue Anhänger in der Mongolei gewinnen. Durch eine flächendeckende Impfkampagne, um die Syphilis auszurotten, welche unter der sehr mobilen nomadischen Bevölkerung extrem verbreitet war, gewannen sie schnell die Sympathie der Bevölkerung. Im Gegensatz zu den türkischen und iranischen Gebieten Mittelasiens, in denen die Bolschewisten den alten zaristischen Imperialismus fortführten, tasteten sie in der Mongolei die traditionelle Lebensweise zunächst nicht an. Erst in den dreißiger Jahren begann auch hier der gewaltsame Versuch, den neuen Sowjetmenschen zu erschaffen.

Die geschlagenen weißgardistischen Truppen mussten sich weiter aus der Mongolei und aus Russisch-Fernost zurückziehen. Die Mandschurei war die nächste Station. Neben den Soldaten waren dies auch Abertausende von Zivilisten, die aus politischen Gründen die Sowjetunion verlassen mussten, ebenso Adlige, Geschäftsleute, bürgerliche Politiker und auch Sozialisten unterlegener Strömungen. Ein Großteil der Truppen fand in der Mandschurei bei mandschurischen Kriegsherren oder bei den

Japanern als Söldner ein neues Auskommen, andere zogen als Söldner in den chinesischen Bürgerkrieg. Die Zivilisten versuchten, in den zahlreichen internationalen Konzessionen eine neue Existenz aufzubauen. Die Gräfin, die sich in den Straßen von Schanghai als Hure verdingte, war eine typische Genrefigur jener Zeit.

Für die neuen Machthaber in Moskau stellten diese Emigranten eine ernst zu nehmende Gefahr dar. Noch während des Ersten Weltkriegs und erst recht nach der deutschen Kapitulation versuchten die Alliierten, in den russischen Bürgerkrieg einzugreifen, um die kommunistische Machtübernahme zu verhindern. Truppen der Entente landeten im Norden in Murmansk und Archangelsk und im Süden an der Schwarzmeerküste. Freikorps und Truppen aus dem Baltikum, Deutschland und Polen drangen von Westen in die Sowjetunion vor und in Fernost landeten japanische und amerikanische Truppen.

Während es der Entente ausschließlich darum ging, den Kommunismus zu besiegen, hatten Polen und Japaner durchaus auch Territorialgewinne im Sinn. Eine Eroberung Ostsibiriens war für das rohstoffarme Japan eine wünschenswerte und durchaus realistische Option.

Bevor wir uns den Auswirkungen dieser politischen Großwetterlage auf Korea zuwenden, muss noch ein Blick auf die koreanische Diaspora geworfen werden. Das Einsiedlerkönigreich Korea stellte im neunzehnten Jahrhundert ein gesellschaftlich erstarrtes Gebilde dar. Die bäuerliche Bevölkerung lebte in großer Armut. Die Selbstisolation des Landes ließ kaum Möglichkeiten zu, durch Handel und Gewerbe zu Wohlstand zu kommen. Im Vergleich dazu stellte das Russische Reich ein liberales Land der unbegrenzten Möglichkeiten dar. Aus europäischer Perspektive betrachtet war Russland immer reaktionär und freiheitsfeindlich. Diese Sichtweise ist allerdings unvollständig. Die westlichen Imperien Großbritannien, Frankreich, Belgien, die Niederlande, Deutschland und die USA teilten Bürger- bzw. Untertanenrechte und -pflichten auf ausschließlich rassischer Grundlage zu. Für Asiaten, Indianer, Schwarzafrikaner und andere nichteuropäische Volksangehörige war es in diesen Imperien schlichtweg rechtlich unmöglich, höhere Staatsämter zu erlangen oder für die gleiche Arbeit gleichen Lohn zu erzielen. Im Gegensatz zu den westlichen Staaten beruhte das politische System Russlands nicht auf einer solch strikten Rassentrennung. In den westlichen Ländern waren ausschließlich Nichteuropäer Sklaven, in Russland waren die meisten Leibeigenen ethnische Slawen. Nichteuropäer konnten theoretisch eine Karriere im Staatsdienst machen, auch wenn dies nicht allzu oft vorkam. Einige der wichtigsten Adelsfamilien hatten tatarische Wurzeln. Nur das Osmanische und das Habsburger Reich waren in dieser Hinsicht noch egalitärer.

Hunderttausende von Koreanern zog es so aus der Enge ihrer Heimat in den weiten russischen Raum. Über Sibirien erreichten sie Mittelasien, wo sich nennenswerte koreanische Gemeinden bildeten. Zum Ende der Zarenzeit lebten bis zu zweihunderttausend Koreaner in Russland. In heutiger Zeit würde man sagen, dass diese Koreaner hervorragend integriert waren. Sie betrachteten sich als russische Staatsbürger, sprachen fließend die offizielle Amtssprache und etliche von ihnen dienten sogar als Offiziere in der russischen Armee. Als Bürger Russlands nahmen sie natürlich auch teil an Revolution und Bürgerkrieg, auf beiden Seiten. Auf diese Weise verfügten die Bolschewiken über Agitatoren, Politkommissare und Truppenführer koreanischer Abstammung, die fließend koreanisch sprachen und mit der koreanischen Kultur bestens vertraut waren.

Nach dem Sieg im Bürgerkrieg versuchten die Bolschewisten ihre Revolution weiterzutragen. Nicht nur um der Weltrevolution willen, sondern auch als Verteidigung gegen die Überreste der weißgardistischen Truppen, die sich nach China und in die Mandschurei zurückgezogen und in Japan einen potentiellen Verbündeten gefunden hatten. Japan besaß den Willen, seinen Einfluss auf Kosten der Sowjets auszubauen, verfügte über die Mittel für größere militärische Operationen, und seine Rüstungsindustrie wäre in der Lage gewesen, die Weißgardisten neu und modern auszurüsten.

Um der Errichtung eines von Japan unterstützten und abhängigen Fernen Osten entgegenzuwirken, etablierte Moskau von 1920 bis 1922 einen nominell unabhängigen Staat, die sogenannte Fernost-Republik. Von moderaten Sozialisten geführt, stellte dieser einen Pufferstaat dar, dessen Territorium südlich des eigentlichen Sibiriens vom Baikalsee bis zum nördlichen Teil der Insel Sachalin reichte. Nachdem ein von Japan unterstützter Militärputsch gescheitert war, konnten die Bolschewiken ihre Position festigen. Im November 1922 wurde die Republik wieder der Sowjetunion angegliedert. Die japanischen Versuche, im russischen Fernen Osten Fuß zu fassen, waren gescheitert.

Als Verbündete der Sowjetunion gegen Japan kamen patriotische Chinesen und Koreaner in Frage. In der Mandschurei, wo die neue Sowjetunion versuchte, den alten zaristischen Einfluss wiederzugewinnen, fanden sich jedoch nur wenige antijapanische Chinesen. Erst nach dem Ersten Weltkrieg setzte hier die massive Immigration von Chinesen ein. Diese flohen in zunehmendem Maße vor dem Chaos des von Bürgerkriegen geplagten China, um unter japanischem Schutz ein neues Leben zu beginnen. Ihr chinesischer Patriotismus hielt sich in Grenzen.

Ganz anders dagegen die koreanische Minderheit. Bereits im neunzehnten Jahrhundert hatten sich immer mehr Koreaner in der Mandschurei niedergelassen, insbesondere in den Grenzgebieten zu Korea. Es waren hauptsächlich Wirtschaftsflüchtlinge, Bauern, die den brachliegenden mandschurischen Boden zu kultivieren begannen. In Korea selber kam es nach der Eroberung durch Japan zu einem zähen patriotischen Widerstand gegen die Besatzer. Der japanischen Armee gelang es jedoch nach wenigen Jahren, die schlecht ausgerüsteten Partisanen auf dem Land zu besiegen und den politischen Widerstand in den Städten zu brechen. Der verbliebene koreanische Widerstand wurde weitgehend ins Exil getrieben, hauptsächlich in die Mandschurei. Bis zur vollständigen militärischen Besetzung der Mandschurei und Gründung des Marionettenstaates Mandschukuo konnte Japan nur begrenzt gegen antijapanische Aktivitäten vorgehen. Koreanische Partisanen griffen regelmäßig japanische Einrichtungen, insbesondere Eisenbahnlinien in der Mandschurei an.

Die kommunistischen koreanischstämmigen Agitatoren, die in den zwanziger Jahren in der Mandschurei tätig wurden, stießen bei der koreanischen Bevölkerung und insbesondere bei den Exilanten auf offene Ohren. Der Kommunismus stellte die perfekte Ideologie dar. Kein Staat auf der Welt, außer der neuen

Sowjetunion, war bereit, den koreanischen Widerstand gegen Japan zu unterstützen. Das strikt antiimperialistische Programm sprach den Koreanern aus der Seele. Dazu kam, dass die koreanischen Grundbesitzer in aller Regel gemeinsame Sache mit den neuen Kolonialherren machten. Die soziale und ökonomische Revolution verband sich damit hervorragend mit dem nationalen Widerstand gegen das imperialistische Japan.

Ähnlich wie einige Jahrzehnte später in Indochina verschmolz in Korea der nationale Befreiungskampf mit der kommunistischen Revolution. Natürlich gab es auch nichtkommunistische Patrioten, deren Einfluss auf die Unabhängigkeitsbewegung jedoch gering war. Die Bolschewisten ließen zudem ihren Worten Taten folgen und unterstützten den antijapanischen Kampf auch materiell. In China, das Koreaner auch weiterhin als prinzipiell befreundete Macht ansahen, unterstützten die Bolschewisten ebenso die nationalen Kräfte. Die Gründung der Militärakademie Whampoa durch General Blücher (den sowjetischen, nicht den preußischen) trug maßgeblich zum späteren militärischen Erfolg der Kuomintang gegen die nördlichen Kriegsherren bei.

In der Mandschurei gingen die antijapanischen Partisanenaktivitäten bis in die zweite Hälfte der dreißiger Jahre weiter. Obwohl die Koreaner nur einen kleinen Teil an der Gesamtbevölkerung ausmachten, trugen sie doch einen großen, wenn nicht sogar den größten Teil dieser Aktivitäten. Mit der Errichtung des Marionettenstaates Mandschukuo 1932 nahm die Präsenz japanischer Truppen drastisch zu. Zusätzlich wurden weißgardistische und andere Söldner angeworben und mandschukuosche Truppen aufgebaut. Mitte der dreißiger Jahre war der militärische Widerstand gegen die Besatzer mehr oder weniger zerschlagen. Die kommunistischen Partisanenverbände zogen sich entweder nach China zurück, wo sie sich bis zu Maos kommunistischem Kernstaat in Yenan durchschlugen, oder nach Norden in die Sowjetunion, wo ihre Verbände in die Rote Armee eingegliedert wurden. 1936 starb der bekannte Partisanenführer Kim Il-sung im Gefecht mit den Japanern. Ein anderer Partisanenführer sollte ein Jahrzehnt später den Namen Kim Ilsung annehmen, um von dessen militärischem Ruhm zu profitieren.

Ein paar Jahre früher war es dem sehr jungen aber talentierten Partisanenhauptmann Kim Song-chu gelungen, eine japanische Kompanie in einen Hinterhalt zu locken und ihr böse Verluste beizubringen. Seine Truppe zog es nach Wjatskoje bei Chabarowsk, wo 1941 oder 1942 sein Sohn Kim Jong-il das Licht der Welt erblickte. Kurz darauf musste Vater Kim allerdings nach Europa an die Front. In der Schlacht um Stalingrad erwarb er sich den Stalinorden und wurde später zum Major befördert.

Die totalitären Diktatoren des letzten Jahrhunderts gingen sehr unterschiedlich mit ihrer militärischen Laufbahn um. Benito Mussolini liebte es, in überladenen Uniformen herumzustolzieren, Stalin ließ von der sowjetischen Geschichtsschreibung den Kampf um Zarizyn, bei dem er als Kommandeur teilnahm, zu einer Schicksalsschlacht des Bürgerkriegs umdeuten und benannte die Stadt in Stalingrad um, Hitler trug nur das Eiserne Kreuz und Mao legte die Uniform vollständig ab. Keiner dieser Diktatoren hatte jedoch seine Vita vollständig neu erfunden, wie es Kim Song-chu vollbrachte. Nach seiner Rückkehr nach Korea nahm er den Namen Kim Il-sung an und behauptete, mit seinen Partisanen bis 1945 in der Mandschurei gekämpft zu haben. In den vierziger Jahren gab es dort jedoch keine nennenswerten Partisanenaktivitäten mehr. Es ist nicht verwunderlich, dass alle Koreaner, die den echten Kim Il-sung gekannt hatten, den Säuberungen zum Opfer fielen.

Zwischen 1945 und dem Koreakrieg gab es in Korea drei Arten von Kommunisten, man könnte sie als Russen, Chinesen und Koreaner bezeichnen. Die Russen waren in den Dreißigern nach Sibirien ausgewichen und hatten zum Teil in Europa gekämpft. Die Chinesen waren in Yenan zu Mao Tse-tung gestoßen und hatten sowohl im Bürgerkrieg als auch im japanischen Krieg als Elitetruppen gekämpft. Diese Gruppen waren ideologisch entsprechend von Stalin bzw. Mao beeinflusst. Die Koreaner dagegen waren in Korea und der Mandschurei geblieben und hatten die Partei im Untergrund geführt. Sie waren am wenigsten ideologisch, dafür umso mehr patriotisch ausgerichtet.

Die sowjetischen Besatzungsbehörden mischten sich nicht direkt in die schon 1945 beginnenden Machtkämpfe ein, aber sie misstrauten den Chinesen und Koreanern. Für die Sowjets war es klar, dass nur Russen die Führung des neuen kommunistischen Koreas übernehmen konnten. Bis zum Koreakrieg wurden konsequent zuerst die koreanischen und später die aus China zurückkehrenden Kader und Offiziere liquidiert. Kim Song-chu nutzte diese Säuberungen, um sich selber an die Macht zu bringen. In dieser Zeit legte er sich auch den Namen Kim Il-sung zu und begann, seine Vita umzuschreiben. Offiziell hatte er nun die ganze Zeit bis Kriegsende als Partisanenführer in der Mandschurei verbracht und erfolgreich die Japaner bekämpft. Der Geburtsort seines Sohnes Jong-il wurde dabei praktischerweise von Wjatskoje an die Hänge des heiligen Berges Paektusan verlegt, so als ob Kim senior schon damals eine Familiendynastie im Sinn gehabt hätte.

Bis 1910 herrschte in Korea das alte Feudalsystem vor. Modernisierungen, neue ausländische Ideen gab es kaum. Die Moderne brach in Korea mit der Kolonialzeit an. Japan industrialisierte das Land, insbesondere den Norden. Korea wurde zu einem wichtigen Bestandteil der japanischen Rüstungsindustrie. Daneben musste die wenig entwickelte Landwirtschaft Getreide nach Japan liefern, was in Korea selber zu Hungersnöten führte.

Unter diesen Umständen konnte sich in Korea keine eigene politische Kultur und Zivilgesellschaft entwickeln. Die Großgrundbesitzer arrangierten sich weitgehend mit den neuen Herren. Ein Bürgertum hatte die Feudalgesellschaft wiederum nicht hervorgebracht. Die Kommunisten waren die einzige politische Kraft, die durch die Unterstützung russischer Bolschewisten eine nennenswerte Untergrundorganisation aufgebaut hatten. Allerdings war diese in Korea schwächer entwickelt als in der Mandschurei.

In Korea gab es eine extreme Linke und eine extreme Rechte, die nach der Befreiung von der japanischen Herrschaft versuchten, die Macht zu erlangen. Im Norden schalteten die sowjetischen Besatzer die Rechte aus, während im amerikanisch besetzten Süden die Linke unbarmherzig verfolgt wurde. Der von den USA ins Amt gehievte südkoreanische Rhee Syng-man baute seine Macht auf der alten Kolonialpolizei und rechtsextremistischen Todesschwadronen auf. Aufstände gegen seine Herrschaft, wie 1948 in Yŏsu und Sunch'ŏn wurden blutig niedergeschlagen. Im Süden herrschten vor dem Koreakrieg bürgerkriegsähnliche Zustände. Es wird geschätzt, dass bis zu hunderttausend Menschen vor Kriegsausbruch in Kämpfen zwischen linken und rechten Gruppierungen umgekommen oder Massakern zum Opfer gefallen waren. Bereits vor dem Krieg flohen Tausende Rechte vom Norden in den Süden und umgekehrt Tausende Linke vom Süden in den Norden.

Der Koreakrieg wird meist als Stellvertreterkrieg des Kalten Krieges dargestellt. Dies ist aber nur ein Teil der Wahrheit. Im Kern handelte es sich bei ihm um einen Bürgerkrieg, bei dem beide Seiten massive Unterstützung durch ausländische Mächte erhielten. Der Unterschied zwischen der Sowjetunion und den USA, zwischen dem Ende des Zweiten Weltkriegs und dem Beginn des Koreakriegs, lag darin, dass die Sowjetunion sofort nach ihrem Einmarsch damit begann, die kommunistische Herrschaft zu sichern und die koreanischen Kommunisten aktiv dabei zu unterstützen, politische Gegner zu vernichten bzw. zur Flucht zu zwingen. Die USA hatten dagegen zunächst keine politischen Pläne. Als Besatzungsmacht müssen sie sich allerdings vorhalten lassen, dass sie zu keinem Zeitpunkt gegen den rechten Terror eingeschritten sind. Ziel der amerikanischen Politik war, ein nicht kommunistisches Pendant zum Norden zu errichten, und nicht, die Demokratie zu etablieren. Spätestens seit der Berlinkrise 1948/49 nahm die primär antikommunistische Attitüde zu und es gibt Hinweise darauf, dass bereits vor dem Koreakrieg amerikanische Stellen in Kriegsverbrechen gegen die Zivilbevölkerung verwickelt waren.

Was an der amerikanischen Politik erstaunt, ist die Tatsache, dass man anscheinend die Möglichkeit eines kommunistischen Angriffs aus dem Norden überhaupt nicht in Betracht zog. Obwohl der Norden durch die Sowjetunion massiv aufgerüstet worden war, wurden die amerikanischen Truppen abgezogen, ohne die südkoreanischen Streitkräfte verteidigungsfähig auszurüsten. Diese Frage kann nicht isoliert von der Frage stehen, warum Stalin 1945 nicht einfach die gesamte koreanische Halbinsel besetzen ließ und Korea und Mandschukuo nicht direkt in sowjetische Vasallenstaaten umgewandelt hatte. Die außenpolitischen Ziele der sowjetischen Vorkriegspolitik wären damit erreicht und die sowjetische Position in Fernost unangreifbar abgesichert worden. Die USA hätten dagegen nur empört protestieren können, militärisch an der Situation etwas zu ändern, wären sie 1945 nicht in der Lage gewesen.

Mit der Errichtung kommunistischer Vasallenstaaten in Mandschukuo und Korea wäre die sowjetische Fernostpolitik der Vorkriegszeit zu einem siegreichen Abschluss gebracht worden. Der sowjetische Ferne Osten wäre durch insgesamt drei Satellitenstaaten nach Süden geschützt gewesen, mehrere eisfreie Pazifikhäfen und moderne schwerindustrielle Zentren und rohstoffreiche Landstriche wären dem sowjetischen Machtbereich einverleibt worden. Sogar die Wiedervereinigung der Mongolei unter kommunistischer Führung und die Schaffung eines weiteren Satellitenstaates in Ostturkestan wären eine realistische Option gewesen.

Um die Frage nach den Gründen des sowjetischen wie auch amerikanischen Verhaltens zu beantworten, muss auf die geopolitische Situation zwischen dem Ende des Krieges in Europa und dem Ausbruch des Koreakrieges eingegangen werden.

Der wichtigste Grund für Stalins Politik war wahrscheinlich der, dass durch den Zweiten Weltkrieg und die daraus resultierende Besetzung großer Teile Ost- und Mitteleuropas sich das sowjetische Augenmerk auf Europa richtete. 1945 war die sowjetische Herrschaft noch nicht fest etabliert. In Polen und der Tschechoslowakei amtierten die zurückgekehrten bürgerlichen Exilregierungen und in Jugoslawien zeigte der kommunistische Partisanenführer Tito keinerlei Anzeichen, sich Befehlen aus Moskau unterzuordnen. In Griechenland hatten britische Truppen eine kommunistische Machtübernahme verhindert und in der Türkei und Persien standen die Chancen für eine Machtübernahme durch die Kommunisten gar nicht einmal so schlecht. Außerdem hatte Stalin ein Auge auf die ehemaligen italienischen Kolonien geworfen, um einen Brückenkopf im Mittelmeerraum zu gewinnen. Die Sowjetunion hatte also Gründe, sich im August 1945 noch kooperationsbereit zu zeigen.

Daneben war die Lage in Fernost aus sowjetischer Sicht nicht so eindeutig, wie es auf den ersten Eindruck erscheinen mag.

Der wichtigste kommunistische Revolutionsführer, Mao Tsetung, hatte sich bereits in der Vergangenheit als sehr eigenwilliger Kopf erwiesen. Es war klar, dass ein kommunistisches China unter seiner Führung kein Vasall der Sowjetunion werden, sondern sich als gleichberechtigter Partner sehen würde. Abgesehen davon war das sowjetische Verhältnis zur republikanischen Kuomintang unter Tschiang Kai-schek nicht das schlechteste.

Bis zum Zweiten Weltkrieg stand der Ferne Osten im Mittelpunkt der sowjetischen Außenpolitik. Im Westen hatte die junge Sowjetrepublik lange Zeit wenig zu befürchten, da das geschlagene Deutsche Reich bis zu Hitlers Wiederaufrüstung geschwächt war und das österreichische und das türkische Reich zerschlagen worden waren. Die kommunistische Weltrevolution kam zudem in Europa nicht wirklich voran.

Im Zentrum des Geschehens und ausländischen Interesses stand das durch Bürgerkriege zerrissene China. Die Sowjetunion unterstützte zunächst die republikanische Revolutionspartei Kuomintang. Die von ihrem Gründer Sun Yat-sen entwickelten Drei Volksprinzipien beinhalteten etliche Anleihen aus dem Sozialismus und Kommunismus. Die sowjetische Hilfe wurde von der Kuomintang bereitwillig angenommen und die Partei nach sowjetischem Vorbild reorganisiert. Unter sowjetischer Vermittlung wurde die neue Kommunistische Partei Chinas KPCh schnell zu dem engsten und wichtigsten Verbündeten der Kuomintang. Dieses Bündnis währte allerdings nicht allzu lange, denn nach dem Tod Sun Yat-sens am 12. März 1925 rückte General Tschiang Kai-schek an die Spitze der Kuomintang. Dieser entpuppte sich bald als das chinesische Gegenstück zum italienischen Benito Mussolini. Die einst linksgerichtete Kuomintang wandelte er zügig in eine dem Faschismus ähnliche Partei um. Am 12. April 1927 vollzog Tschiang den Bruch mit den Kommunisten durch einen Paukenschlag: Während des sogenannten Schanghai-Massakers ließ er Tausende von Kommunisten und anderen Linken ermorden oder einkerkern.

Für den weiteren Verlauf der Geschichte und eben den Ereignissen, die zwei Jahrzehnte später zum Koreakrieg führten, spielte der Charakter Stalins eine zentrale Rolle. Es ist bekannt, dass dieser noch nach dem Ende des Zweiten Weltkriegs äußerte, es sei doch schade, dass man nicht zusammen mit den Deutschen die Welt erobert habe. Noch einige Zeit, nachdem im Kreml detaillierte Berichte über den deutschen Angriff vorlagen, weigerte sich Stalin, diesen Berichten Glauben zu schenken. Stalin glaubte schlichtweg an Hitler.

Bereits vor dem Angriff hatte er geflissentlich britische Warnungen und vor allem die Berichte verschiedener Spionageringe und die äußerst präzisen Angaben des deutschen kommunistischen Meisterspions in Tokyo, Richard Sorge, ignoriert. Sorge hatte die Sowjetunion über das genaue Angriffsdatum informiert.

1927 hatte Stalin ähnlich gehandelt. Obwohl sich die Beziehungen zwischen Kommunisten und Anhängern Tschiang Kai-scheks seit Sun Yat-sens Tod stetig verschlechtert hatten und es immer offensichtlicher wurde, dass Tschiang für die sozialistischen Ideale der Drei Volksprinzipien nichts übrighatte, sah Stalin in Tschiang den geeignetsten und verlässlichsten Partner in China. Tschiang Kai-schek war ein tyrannischer Machtmensch, so wie Stalin selber. Auch nach dem blutigen Massaker brach Stalin die Kooperation mit Tschiang nicht sofort ab, sondern setzte auf eine Wiederannäherung beider Seiten. Allerdings muss an dieser Stelle erwähnt werden, dass Stalins Entscheidung auch vom Machtkampf mit Trotzki beeinflusst wurde, da dieser dem Bündnis mit der Kuomintang ablehnend gegenüberstand.

Die Nacht der langen Messer und der daraus resultierende Lange Marsch katapultierte Mao Tse-tung an die Spitze der kommunistischen Bewegung Chinas. Und gerade mit diesem hatte Stalin seine Probleme. Maos Ideen vom bäuerlichen Volkskrieg standen völlig im Gegensatz zu Stalins Vorstellungen. Mao war für Stalin schlichtweg undurchschaubar und unverständlich. Außerdem hatte sich Mao immer wieder der Parteidisziplin widersetzt, um eigene Wege einzuschlagen. Bereits in den zwanziger Jahren musste man in Moskau befürchten, dass ein kommunistisches China unter der Führung Mao Tse-tungs nicht wirklich im Interesse der Sowjetunion lag.

Die weiteren Ereignisse sollten diese Sichtweise noch verstärken. Tschiang Kai-schek erwies sich als einer der korruptesten Politiker der Weltgeschichte. Schätzungen gehen davon aus, dass er und sein Familienclan mehr Geld veruntreut haben, als die Entwicklung der Atombombe gekostet hat. In den dreißiger Jahren war wahrscheinlich nur der Nizam von Haiderabad vermögender als Tschiang Kai-scheks Familienclan. Das bedeutete, dass sich China unter Tschiang Kai-scheks Führung nicht wirklich entwickeln konnte. Mit anderen Worten, ein solches China stellte für die Sowjetunion keinen ernsthaften Konkurrenten in Fernost dar. Der ideologische Unterschied zwischen Stalin und Trotzki bestand ja darin, dass Stalin anstatt der Weltrevolution zunächst einen Nationalbolschewismus aufbauen wollte. Er dachte in den selben geopolitischen Kategorien wie seine zaristischen Vorgänger. Die Weltrevolution war für Stalin mehr ein Mittel denn der Zweck. In Tschiang Kai-schek sah Stalin, so wie ein Jahrzehnt später in Hitler, in erster Linie einen geeigneten Partner, um die eigene Macht auszubauen und zu vermehren.

Der Krieg mit Japan brachte Kommunisten und Kuomintang erneut zusammen. Die kommunistischen Armeen wurden Teil der regulären Streitkräfte der Republik. Kaum jemand rechnete damit, dass diese Einheitsfront den Japanischen Krieg überleben würde. Bei den Kommunisten hatte sich Mao als unbestrittener Führer etablieren können. Die militärische Kampfkraft seiner Truppen war immens gestiegen. Zu seinen besten Divisionen zählten mehrere koreanische, die bereits in der Mandschurei gegen Japan gekämpft hatten.

Die nichtkommunistischen Truppen der Republik China waren ebenfalls nicht zu unterschätzen. Den Kern bildeten die dreihunderttausend Mann starken Elitedivisionen, die von deutschen Offizieren ausgebildet und nach deutschem Muster organisiert und ausgerüstet waren. Die restlichen fünf Millionen Soldaten waren zwar erheblich schlechter ausgebildet und ausgerüstet, beeindruckten aber durch ihre schiere Masse. Das chinesische Heer war eines der größten im Zweiten Weltkrieg und band über eine Million japanischer Soldaten, die Japan im Kampf gegen die USA fehlten.

Im Jahr 1945 präsentierte sich Stalin erneut ein geändertes Bild in Ostasien. Der japanische Krieg hatte mit dem Kriegsherrenwesen Schluss gemacht. Nun gab es nur noch zwei Parteien: die Kuomintang unter Tschiang und die Kommunisten unter Mao. Nach der absehbaren japanischen Niederlage würde das japanisch kontrollierte Mandschukuo von einer dieser Parteien erobert werden. Dasselbe galt für Teile der Inneren Mongolei, Ostturkestan und Tibet, die mit dem Zusammenbruch der Qing-Dynastie souverän geworden waren und nur teil- und zeitweise von chinesischen Truppen erobert worden waren. Stalin vertrat die Ansicht, und die Geschichte gab ihm Recht, dass ein wiedervereintes China automatisch zum großen Konkurrenten und eventuell sogar Gegner der Sowjetunion in Asien werden würde. Ein kommunistischer Sieg war daher nicht wirklich erstrebenswert. Stalin schwebte stattdessen ein geteiltes Land vor: der Norden kommunistisch, der Süden von der Kuomintang beherrscht. Auf diese Weise hätten sich beide Landesteile gegenseitig kontrolliert und die chinesischen Kommunisten wären in die Abhängigkeit Moskaus gedrängt worden.

Im Sommer 1945 waren die republikanischen Truppenverbände den kommunistischen in Mannschaftsstärke und Ausrüstung weit überlegen. Vor allem bei der Artillerie machte sich die amerikanische Unterstützung bemerkbar. Auch eine kleine Luftwaffe war aufgebaut worden. Tschiang war zudem ein enger persönlicher Freund von Henry Luce, dem Herausgeber des TIME Magazine, welches derzeit die öffentliche Meinung in den USA prägte. Um künftige amerikanische Unterstützung musste sich Tschiang keine Sorgen machen und ein Sieg in einem neuen Bürgerkrieg lag zum Greifen nah.

Für Stalin war diese Konstellation perfekt. Auf diese Weise hätte der Erfolg von Maos Kommunisten so gesteuert werden können, dass sie von der Kuomintang zwar nicht besiegt, jedoch gleichzeitig diese auch nicht besiegen konnten. Mit dem Kriegseintritt der Sowjetunion gegen Japan offenbarte sich diese Strategie. Die kuomintanggetreuen Truppen waren weit entfernt von Mandschukuo, dessen Schwer- und Rüstungsindustrie strategische Ziele höchster Priorität waren. Die Kommunisten wiederum hatten immer noch ihre Netzwerke in der Mandschurei und konnten ihre Truppen schneller in diese verlegen. Stalin teilte die Beute. Das Territorium Mandschukuos händigte er der

Kuomintang aus, die erbeuteten Waffen und Ausrüstung der Japaner dagegen den Kommunisten. Divide et impera in Reinform.

In all diesen Zusammenhängen spielte Korea eine untergeordnete Rolle. Stalin war trotz all seiner zum Teil kaum nachvollziehbaren Aktionen doch immer ein Realist gewesen. Er war im Gegensatz zu Hitler, der seine Macht und die Fähigkeiten von Wehrmacht und Rüstungsindustrie häufig überschätzte, kein Vabanquespieler. In den Jahren nach 1945 war die Militärmacht der Sowjetunion jener der Westalliierten um einiges überlegen. Ein Angriff der kriegserprobten Roten Armee hätte gute Chancen gehabt, auch den westlichen Teil Kontinentaleuropas zu erobern. Die amerikanische Atombombe stellte in den späten vierziger Jahren noch keine wirkliche Abschreckung dar. Aber trotzdem zögerte Stalin, gab 1949 letztendlich die direkte Konfrontation in Europa auf und beendete im Mai die Blockade Berlins.

Hätte die Sowjetunion 1945 die Absprachen mit Amerika gebrochen und ganz Korea besetzt, wären Stalins Pläne in Europa in Gefahr geraten. Die Rote Armee war zwar den westlichen Alliierten überlegen, aber die Sowjetunion als solche hatte die Hauptlast des Krieges gegen Deutschland getragen. Städte, Industrie und Infrastruktur waren zu großen Teilen zerstört. Amerikanische Strategen rechneten aus, dass der Einsatz mehrerer Atombomben gegen die Sowjetunion bedeutend weniger Schaden anrichten würde, als es die Verwüstungen der deutschen Wehrmacht getan hatten. Trotz ihrer militärischen Stärke benötigte die Sowjetunion eine Verschnaufpause.

Die Mandschurei und Korea waren zwar wichtig für die japanische Kriegswirtschaft gewesen, stellten aber im Vergleich zu Industrieregionen wie Böhmen, Sachsen und Schlesien nur eine unbedeutende Beute dar. Die Eroberungen in Europa verschoben die Grenze des sowjetischen Machtbereiches um tausend Kilometer nach Westen, was zusätzliche tausend Kilometer Verteidigungsraum im Fall eines neuen Krieges bedeutete. Von Westen aus konnte Moskau bedroht werden, nicht jedoch von Osten aus.

Die amerikanische Politik in Korea nach 1945 erklärt sich in erster Linie durch das vorherrschende Desinteresse an diesem Land. Bis zum Zweiten Weltkrieg war Amerikas Augenmerk im pazifischen Raum hauptsächlich auf China gerichtet, welches vor Ausbruch des Japanischen Krieges wirtschaftlich kräftig wuchs und zu einem immer interessanteren Absatzmarkt wurde. Der große Gegner im Pazifik war schon immer Japan gewesen, dessen wachsenden Einfluss Amerika möglichst kleinzuhalten versuchte. Dabei standen aber weniger die Mandschurei und Korea im Blickpunkt als der chinesische und südostasiatische Raum. Nordostchina gestand man den Japanern als Einflusszone durchaus zu, insbesondere da diese als Bollwerk gegen den Kommunismus dienten.

Auch für Amerika stand nach 1945 Europa im Mittelpunkt. Nur wenige Personen beschäftigten sich in Washington überhaupt mit der Frage, was eigentlich mit dieser ehemaligen japanischen Kolonie geschehen solle. Taiwan wurde wieder an die Republik China zurückgegeben, ebenso der Hafen Tsingtau. Die ehemaligen deutschen pazifischen Inseln wechselten erneut das Protektorat und wurden nun amerikanisch verwaltet, Port Arthur ging wieder in russisch-sowjetischen Besitz über. Alle anderen Kolonien sollten wieder ihren alten Herren gehorchen. Nur Korea passte nicht so recht in dieses neokoloniale Raster. Ihm wurde prinzipiell die Souveränität zugestanden. Nach einer vorübergehenden Verwaltung durch die Besatzungsmächte sollten freie Wahlen zu einer eigenen Regierung führen. Details wurden nicht weiter ausgearbeitet. Selbst die Entscheidung, den achtunddreißigsten Breitengrad als Verwaltungsgrenze zu nehmen, wurde von untergeordneten Stellen am grünen Tisch entschieden und vorgeschlagen. Koreaner wurden zu keinem Zeitpunkt bei diesen Überlegungen hinzugezogen.

Nachdem die Sowjets die aus dem Londoner Exil zurückgekehrten bürgerlichen Regierungen der mitteleuropäischen Länder durch kommunistische Regime ersetzt hatten und aus der Sowjetisch Besetzten Zone SBZ die DDR hervorgegangen war, war der offene Bruch zwischen den einstigen Verbündeten nicht mehr zu übersehen. Wenn man bedenkt, mit welchem Einsatz die USA während der Berlinblockade die Westberliner Freiheit verteidigt haben, ist es unerklärlich, warum in Korea dem kommunistischen Norden völlig freie Hand gelassen wurde.

Die einzige Erklärung ist die grenzenlose Naivität der Amerikaner hinsichtlich des nordkoreanischen Regimes. Trotz der deutlich zu erkennenden Aufrüstung des Nordens glaubte man einfach nicht an einen Angriff.

In Europa wie in Korea waren die neuen kommunistischen Machthaber durch die Sowjets an die Macht gekommen. Aber es gab einen bedeutenden Unterschied. Die europäischen Kommunisten hatten den Zweiten Weltkrieg zum größten Teil im Moskauer Exil verbracht. Es waren Politiker ohne militärische Erfahrung und ohne eigene militärische Macht. Die Rote Armee besetzte auch weiterhin ihre Länder und machte sie völlig abhängig von der Sowjetunion. Die koreanischen Kommunisten um Kim Il-sung dagegen waren Veteranen des Kampfes gegen Japan und Deutschland. Sie verfügten über eine eigene schlagkräftige Streitmacht und die Rote Armee hatte sich völlig aus ihrem Land zurückgezogen. Zusätzlich stand mit dem kommunistischen China ein zweiter mächtiger Verbündeter zur Verfügung. Im Gegensatz zu den europäischen kommunistischen Ländern war Nordkorea ein souveräner Staat.

In Europa hätte kein Satellitenstaat aus eigener Entscheidung heraus eine militärische Aktion wagen können. Das Ende der Berlinblockade hatte zwar die Teilung des Kontinents zementiert, aber gleichzeitig auch die direkte Kriegsgefahr fürs Erste gebannt. Stalin war offensichtlich nicht gewillt, einen neuen großen Krieg zu riskieren. Eines der großen Geheimnisse des Koreakrieges ist daher, ob Mao und Stalin in die Angriffspläne Kim Il-sungs eingeweiht waren. Zeitgenössische westliche Beobachter gingen natürlich davon aus, dass es sich bei dem Angriff um ein gesamtkommunistisches Komplott gehandelt habe. Aus historischer Perspektive betrachtet spricht allerdings einiges dagegen.

In China begann mit der japanischen Niederlage der Gegensatz zwischen Kommunisten und Republikanern wieder aufzubrechen und landesweit kam es zu Scharmützel zwischen beiden Seiten. Anfang 1946 war die Führung der Kuomintang noch fest davon überzeugt, einen erneuten Bürgerkrieg endgültig gewinnen zu können. Die republikanischen Truppen gingen zur Offensive über, um die „befreiten Gebiete" der Kommunisten zurückzuerobern. Im Gegensatz zu den äußerst korrupten republikanischen Truppen war die Kampfmoral und Disziplin sehr hoch. Die Bevölkerung wurde weitgehend korrekt behandelt, während die Regierungstruppen einen großen Hang zum Plündern der eigenen Bevölkerung entwickelten. Unter den Gegenoffensiven der nun Volksbefreiungsarmee genannten kommunistischen Armeen brach das Regime Tschiang Kai-scheks innerhalb von zweieinhalb Jahren zusammen.

Dieser grandiose Sieg beflügelte selbstredend insbesondere die kommunistischen Bewegungen Asiens. Von Korea bis Indochina wollte man dem chinesischen Beispiel nacheifern. In Vietnam hatte es die französische Kolonialmacht nach Kriegsende nicht geschafft, wieder die vollständige Kontrolle über das Land zu übernehmen. Im Norden kontrollierte der kommunistische Việt Minh weite Teile des Landes und 1954 sollte es ihm gelingen, nach der französischen Niederlage in Điện Biên Phủ, ein kommunistisches Nordvietnam zu errichten. Bereits 1950 begann die neugegründete Volksrepublik China den Việt Minh zu unterstützen.

Die chinesischen Kommunisten waren noch damit beschäftigt, ihre neu gewonnene Macht flächendeckend abzusichern. Große Teile des Landes waren durch den Krieg und Bürgerkrieg verwüstet und die Wirtschaft erholte sich erst langsam. Dazu kam, dass die chinesische Volksbefreiungsarmee zwar erfolgreich einen Partisanenkampf gegen Japan geführt und die demoralisierten Truppen der Kuomintang geschlagen hatte, jedoch keine wirkliche Erfahrung in einem konventionellen Großkrieg hatte. Ein Krieg gegen die USA stellte zu diesem Zeitpunkt ein großes Risiko dar.

Sowohl für China als auch die Sowjetunion kam der Koreakrieg zu einem denkbar ungünstigen Zeitpunkt. Es ist nicht auszuschließen, dass weder Stalin noch Mao in die koreanischen Pläne eingeweiht waren. Eine andere Möglichkeit ist, dass auf kommunistischer Seite nicht davon ausgegangen wurde, dass die USA dem Süden zu Hilfe eilen würden. Eine solche Fehleinschätzung wäre nicht ganz unplausibel gewesen, denn sowohl in den USA als auch in Westeuropa herrschte Kriegsmüdigkeit und es bestand der berechtigte Grund zur Annahme, dass der Westen nicht bereit war, auf einem abgelegenen asiatischen Schauplatz in den Krieg zu ziehen.

Andererseits hätten weder die Sowjetunion noch China die Möglichkeit gehabt, Kim Il-sung von seinem Vorhaben abzuhalten. Seine militärischen Mittel waren vorhanden und für die koreanischen Kommunisten war die Eroberung des Südens keine geopolitische Angelegenheit im neuen Kalten Krieg, sondern vielmehr eine innere Angelegenheit. Das Risiko war kalkulierbar. Auch ohne Unterstützung durch China oder die Sowjetunion stand einem Erfolg nichts im Wege. Militärisch hatte der Süden keinerlei Chance, sich zu verteidigen. Sollten die Amerikaner doch eingreifen, so wären China und die Sowjetunion quasi gezwungen gewesen, dem Norden zu Hilfe zu eilen.

Der Überraschungsangriff auf den Süden am 25. Juni 1950 erfolgte ausschließlich durch nordkoreanische Truppen. Sowjetische Piloten und chinesische Soldaten kamen erst nach der Gegenoffensive der Verteidiger zum Einsatz. Allerdings waren die nordkoreanischen Streitkräfte für den Angriff bestens ausgerüstet und ausgebildet. Von der Sowjetunion waren sie mit 400 T-34 Panzern und zahlreichen Geschützen ausgerüstet worden. Die Luftwaffe verfügte über Yak-9 und La-9 Kampfflugzeuge. Diese Propellerflugzeuge waren zwar den damals bereits verfügbaren Düsenjägern unterlegen, stellten aber trotzdem eine schlagkräftige Luftwaffe dar. Im Verlauf des Krieges wurden von den Sowjets MiG-9 und MiG-15 Düsenjäger geliefert, um der amerikanischen Luftüberlegenheit Paroli zu bieten.

Die südkoreanischen Streitkräfte waren nicht nur an Mannschaftsstärke unterlegen, sondern auch Ausbildung und Material betreffend. Panzer und Kampfflugzeuge fehlten völlig, Artillerie war nur in geringer Anzahl vorhanden. Dazu kam ein Mangel an Transportfahrzeugen und sonstiger militärischer Ausrüstung. Die leichtbewaffneten Truppen hatten im Gegensatz zu den nordkoreanischen Weltkriegsveteranen keinerlei Kampferfahrung und wurden von Offizieren geführt, die zum Teil als Kollaborateure in der japanischen Kolonialgendarmerie gedient hatten.

Der nordkoreanische Feldzug wurde als klassischer Blitzkrieg mit einem Panzerstoß als Speerspitze geführt. Es war sozusagen ein Feldzug nach dem Lehrbuch. Die südkoreanische Verteidigung brach innerhalb kürzester Zeit und nahezu vollständig zusammen. Ohne auf nennenswerten Widerstand zu treffen, stießen die Angriffsspitzen bis an die Südspitze der koreanischen Halbinsel vor. Nur die eilends herangeschafften amerikanischen Entsatztruppen verhinderten, dass auch die Hafenstadt Pusan im Sturm genommen werden konnte. Dieser „Pusan-Perimeter" von weniger als 200 km Durchmesser stellte die letzte Verteidigungsstellung des Südens dar und wurde gleichzeitig zum Brückenkopf für die Gegenoffensive.

Für das Verständnis sowohl der militärischen Hintergründe des Koreakrieges als auch für die später behandelten Grundlagen eines erneuten Krieges ist die Kenntnis von Geographie, Topographie und des Klimas der koreanischen Halbinsel Voraussetzung, da diese in Korea jede militärische Aktion bestimmen.

Die koreanische Halbinsel trennt das Gelbe Meer vom Japanischen Meer und hat eine Breite zwischen zwei- bis dreihundert Kilometern. Der größte Teil ist bergig und eignet sich weder für intensive Besiedlung noch für größere militärische Operationen. Flaches Land ist nur ein schmaler Küstenstreifen zum Gelben Meer hin, selten breiter als 50 km. Nur dieser Küstenstreifen bietet für die Landwirtschaft günstige Voraussetzungen. Dementsprechend konzentriert sich hier seit jeher die Bevölkerung. Der Rest des Landes ist dünner besiedelt und nur wenige bedeutende Siedlungen befinden sich im bergigen Landesinneren. Obwohl es an der Küste liegt, herrscht in Korea ein kontinentales Wetter vor. Die Sommer sind heiß und feucht, während der Winter bittere Kälte und starken Schneefall bringen kann.

Diese Bedingungen schränken auch die moderne Kriegsführung ein. Große Militäroffensiven mit Panzern und Fahrzeugkolonnen können nur in dem Küstenstreifen zum Gelben Meer durchgeführt werden. Das bewaldete Bergland ist für Kettenfahrzeuge schlecht geeignet. Im Winter behindern hier Eis und Schnee zusätzlich jede größere Offensive. Das Terrain bevorzugt grundsätzlich den Verteidiger, der sich die unzähligen Höhen zu Nutze machen kann. Der Küstenstreifen zum Japanischen Meer wiederum ist sehr schmal und lässt ebenfalls nur begrenzte Offensiven zu.

Die Geographie der Halbinsel führt dazu, dass die rückwärtigen Linien einer Kriegspartei vom jeweiligen Gegner von See her angegriffen werden können. Mit anderen Worten, eine amphibische Landung hinter der Front kann die kämpfende Truppe vom Nachschub abschneiden. Krieg in Korea zu führen bedeutet, mit einer offenen Seeflanke zu kämpfen. Der koreanische Kriegsschauplatz ist damit einer der wenigen, auf welchem die Marine direkt in die Kämpfe der Bodentruppen kriegsentscheidend eingreifen kann.

Das diesige Wetter führt häufig zu ungünstigen Bedingungen für die Fliegerei. Bewölkung, Bodennebel und Regen haben im Koreakrieg den Einsatz der Luftstreitkräfte stark eingeschränkt. Zwar sind die heutigen Luftwaffen weitaus weniger wetteranfällig als jene aus den fünfziger Jahren, aber dennoch beeinträchtigt das ungünstige Wetter den Einsatz auch weiterhin.

Der Koreakrieg zerfällt in fünf Phasen. In der ersten Phase griff die überlegene, gut ausgerüstete und ausgebildete nordkoreanische Armee nach einem ausgearbeiteten Angriffsplan an, bis die Offensive vor Pusan durch die eintreffenden Entsatzeinheiten zum Stillstand kam.

In der zweiten Phase sammelten sich im Pusan-Perimeter die verbündeten Truppen. Im Gegensatz zu den Nordkoreanern bildeten sie keinen geschlossenen Truppenkörper. Die USA schickten alle gerade verfügbaren Einheiten nach Korea. Dazu kamen Truppen aus weiteren neunzehn Ländern. Vom winzigen Luxemburg bis zum riesigen Indien beteiligte sich die internationale Staatengemeinschaft. Diese Streitmacht musste sich erst einmal organisieren. Ihre Truppenteile hatten vor ihrem Korea-Einsatz keine gemeinsamen Manöver abgehalten und es existierten keine Verteidigungspläne.

Die Gegenoffensive der Vereinten Nationen in der dritten Phase verdankt ihren Sieg der maritimen Überlegenheit der amerikanischen Flotte. Diese landete südwestlich von Seoul bei Inchon Truppen, die den nordkoreanischen Fronttruppen den Nachschub abschnitten. Die so eingekesselten Truppen waren nicht mehr in der Lage den Gegenangriff der Bodentruppen abzuwehren. Der Großteil der nordkoreanischen Kampftruppen wurde auf diese Weise zerschlagen und die Streitkräfte der Ver-

Amerikanisches Propaganda-Comic aus der Zeit des Koreakriegs.

einten Nationen konnten nun ihrerseits ohne großen Widerstand nach Norden vorrücken. Als sie Pjöngjang erreichten, war die nordkoreanische Armee weitgehend vernichtet.

Während die erste Phase beinahe mit einem vollständigen Sieg des Nordens geendet hätte, sah es gegen Ende der dritten Phase so aus, als ob Nordkorea zu existieren aufhören würde. Erst der Eintritt Chinas in den Krieg änderte die Situation erneut.

Beide Kriegsparteien hatten sich in ihrer Einschätzung der politischen Lage völlig geirrt. Die Nordkoreaner gingen nicht davon aus, dass Amerika bzw. die Vereinten Nationen bereit sein würden, in den Krieg einzutreten. Im Gegenzug lagen die Amerikaner mit ihrer Einschätzung Chinas völlig falsch. Zu keinem Zeitpunkt hielten sie es für wahrscheinlich, dass China Nordkorea retten würde. Beide Seiten waren auf die jeweilige Gegenoffensive völlig unvorbereitet.

In der vierten Kriegsphase kam der chinesische Volkskrieg zum Tragen. Mao Tse-tung setzte auf Masse statt Klasse. Die Volksbefreiungsarmee verfügte über ein schier unbegrenztes Reservoir von Infanteristen, die ohne Rücksicht auf Verluste in die Schlacht geworfen wurden. Die endlosen Infanterieangriffe überschwemmten schlichtweg die Abwehrstellungen der feindlichen Streitkräfte und drängten sie wieder zurück nach Pusan. Die ungeheuren Verluste bei den Angreifern waren in Peking nicht einmal unerwünscht: Ein großer Teil der Frontsoldaten waren ehemalige Kuomintang-Soldaten, die nach ihrer Kapitulation in die Volksbefreiungsarmee eingereiht wurden. Die Kommunisten waren indes nie von der Loyalität dieser neuen Genossen überzeugt. Ihr Tod auf dem Schlachtfeld glich gewissermaßen einer politischen Säuberung mit anderen Mitteln.

In der letzten, fünften Phase des Krieges kamen die amerikanische Feuerkraft und Luftüberlegenheit zum Tragen. Auf Korea wurden mehr Bomben abgeworfen als auf Deutschland im gesamten Zweiten Weltkrieg. Die Rückeroberung des südlichen Teils der Halbinsel war ein zähes und für beide Seiten äußerst verlustreiches Ringen. Der Waffenstillstand kam letztendlich deshalb zustande, weil beide Seiten erschöpft waren und kaum Aussichten hatten, den Krieg doch noch zu gewinnen.

Nordkoreanisches Propagandaplakat aus dem Koreakrieg.

Betrachtet man den Verlauf des Krieges, so kann man erkennen, dass große Erfolge immer nur durch die völlige Überraschung des Gegners zustande kamen. Südkorea war in keiner Weise auf den Angriff im Norden vorbereitet gewesen, Nordkorea hatte nicht mit einer amphibischen Landung gerechnet und das Oberkommando der Vereinten Nationen war nicht von einem Kriegseintritt Chinas ausgegangen. Ohne einen Überraschungseffekt sind in Korea militärische Erfolge nur unter größten Verlusten zu erringen. Die Geographie des Landes lässt nur den einen schmalen Küstenstreifen für große Offensiven zu, das Bergland dagegen ist gut zu verteidigen.

Die nach dem Koreakrieg entwickelte Militärdoktrin Nordkoreas berücksichtigt sowohl die Gegebenheiten der Geographie als auch die Erfahrungen aus dem Krieg. Prinzipiell sind die Streitkräfte auf einen Überraschungsangriff ausgelegt. Der Großteil der Kampftruppen ist in Frontnähe, das heißt nahe der entmilitarisierten Zone, stationiert. Diese Verbände sind mit ausreichend Proviant und Munition versehen, um quasi aus dem Stand heraus einen Angriff zu starten. Feindliche Spionagesatelliten würden damit keinen Aufmarsch bemerken.

Im Fall eines solchen Angriffes würden fast 17 000 Artilleriegeschütze und Raketenwerfer die feindlichen Verteidigungsstellungen mit einem Trommelfeuer belegen. Danach würden 3500 Kampfpanzer und 6000 gepanzerte Fahrzeuge zum Angriff übergehen. Kommandoeinheiten würden im feindlichen Hinterland Sabotageakte durchführen und Verwirrung stiften. In der Vergangenheit wurden in Südkorea mehrfach Tunnel entdeckt, die ganze Regimenter in voller Ausrüstung unter der Frontlinie hindurch hätten transportieren sollen.

In den siebziger und achtziger Jahren, als der Kalte Krieg noch Realität war und die südkoreanischen Streitkräfte noch nicht ihre heutige Kampfkraft erlangt hatten, stellte die nordkoreanische Armee in der Tat eine gewaltige Bedrohung dar. Ähnlich wie in Europa, wo die NATO davon ausging, dass der Warschauer Pakt bei einem konventionellen Blitzkrieg bis zum Rhein hätte vorstoßen können, ging man auch in Südkorea und in den USA von einem denkbaren Erfolg des Nordens aus. Die südkoreanischen und in Südkorea stationierten amerikanischen Streitkräfte wurden nicht unbedingt als ausreichend zur Abwehr eines konventionellen Angriffes gesehen. Ähnlich wie in Europa wurde daher über den Einsatz von taktischen Atomwaffen nachgedacht, welcher die gepanzerten Angriffsspitzen hätte vernichten sollen.

KAPITEL 3

L'État, c'est Kim

Als das nordkoreanische Volk und der Rest der Welt am 19. Dezember 2011 vom nordkoreanischen Staatsfernsehen über den Tod Kim Jong-ils informiert wurden, hielten die Sicherheitspolitiker der Welt den Atem an, während die Bevölkerung Nordkoreas in Tränen ausbrach und sich in kollektiver Trauer erging. Die Trauerbilder ähnelten denen, vom Tod Kim Il-sungs. Die Ernennung des Nachfolgers ging dagegen sehr viel schneller vonstatten.

Nach der mathematischen Definition muss eine Serie aus mindestens drei Einheiten bestehen. Eine erbmonarchische Dynastie besteht analog aus mindestens drei Herrschern in ungebrochener Folge. Kim Jong-un ist damit der erste Herrscher der Moderne, welcher als dynastischer Herrscher einer Republik bezeichnet werden kann. Aber stehen eine republikanische Staatsform und eine dynastische Erbfolge nicht im Widerspruch zueinander? Radio Eriwan würde auf diese Frage antworten: „Im Prinzip ja, aber ..." Der Titel „Imperator", auf Deutsch „Befehlshaber", war ursprünglich ein Ehrentitel der römischen Res publica, welcher besonders erfolgreichen Consules auf ein Jahr begrenzt verliehen wurde. Je zwei Konsuln stellten die Regierungschefs der Republik. So wie sich die römische Republik unter Caesar und Augustus schleichend in eine Erbmonarchie gewandelt hatte und der Imperatorentitel zu einem Herrschertitel wurde, so versuchen in vielen undemokratischen Republiken die Herrscherfamilien Dynastien zu etablieren. Der Titel „Präsident", auf Deutsch „Vorsitzender", verwandelt sich in einen monarchischen Titel. Damals wie heute würden die betreffenden Herrscher natürlich strikt bestreiten, ein „Rex", auf Deutsch „König", zu sein.

Das Besondere an Nordkorea ist damit nicht der Versuch, eine Dynastie zu etablieren, sondern der bisherige Erfolg. In Aserbaid-

Trauer um Kim Jong-il im Dezember 2011.

schan sitzt Ilham Alijew fest im Sattel und im relativ demokratischen Singapur muss Lee Hsien-loong seine Kinder wohl darauf vorbereiten, dass sie nicht automatisch Regierungschef werden. In Haiti dagegen wurde Baby Doc verjagt und in Syrien kann sich Baschar al-Assad nur mit blutigem Terror gegen sein eigenes Volk auf dem ererbten Thron behaupten. In keiner Republik des zwanzigsten und einundzwanzigsten Jahrhunderts jedoch konnte die Erbfolge an die dritte Generation übergeben werden. Damit stellt Nordkorea eine Premiere dar.

Ziehen wir noch einen weiteren Vergleich mit dem alten Rom in der Annahme, dass dem Leser die Geschichte und Kultur der griechisch-römischen Antike vertrauter ist als die Ostasiens: „Caesar starb in seinem sechsundfünfzigsten Lebensjahr und wurde nicht nur durch einen offiziellen Beschluss, sondern auch aus tiefster Überzeugung des Volkes entsprechend unter die Götter erhoben", weiß Sueton zu berichten.[1]

[1] Zit.: Gaius Suetonius Tranquillus: Leben der Caesaren. Übersetzt von André Lambert. Frankfurt a. M. 1988, S. 81.

Kim Il-sung ist dagegen „auf ewig" Staatsoberhaupt Koreas. Vom Himmel herab beschützt der „ewige Große Führer" nun das koreanische Volk gegen seine imperialistischen Feinde.

An dieser Stelle müssen wir uns die Frage stellen, was ein Gott ist. Am einfachsten zu beantworten wäre diese Frage natürlich, wenn man im Oktober ins indische Himachal Pradesh zum Kullu Dussehra-Fest fahren würde. Dort könnte man auf einen Schlag rund zweihundert Götter persönlich interviewen, bzw. durch wissenschaftliche Assistenten Fragebögen für eine repräsentative Umfrage verteilen lassen. Das Problem wäre wahrscheinlich, dass die meisten der anwesenden Götter dies als blasphemisch ansehen und dementsprechend eine Mitarbeit verweigern würden. Eine andere Variante wäre, Grundschullehrerinnen in Nepal zu befragen, die sich von Berufs wegen mit der schulischen Erziehung von heranwachsenden Göttinnen beschäftigen müssen und damit sicherlich einiges aus dem Nähkästchen plaudern können.

Die monotheistische Gottesdefinition, wie sie von Juden, Christen und Moslems vertreten wird, ist nur eine Ansicht unter vielen. Götter wandeln auf Erden und sind durchaus juristische Personen. Im indischen Bundesstaat Kerala drohte 2011 fast ein Rechtsstreit zwischen Vishnu und der Indischen Union um den größten Schatz der Welt. Die kommunistische Regierung Keralas machte allerdings deutlich, dass sie voll und ganz die Interessen des Gottes gegen das Finanzministerium in Neu Delhi verteidigen werde. Götter sind für die Mehrheit der Menschen eine Realität und nicht nur ein Abstraktum. In vielen Fällen werden sie von Regierungen verifiziert und verbeamtet. Selbst die an sich atheistisch-säkulare Volksrepublik China kommt nicht darum herum, bestimmte Götter als offizielle Realität anzuerkennen. Aber wie werden nun Menschen zu Göttern?

Um die Gottwerdung Kim Il-sungs zu verstehen, müssen wir uns genauer mit dem Gottkaisertum befassen. Nordkorea ist ein gottkaiserlich geführter Staat. Um sein politisches System zu verstehen, sind politikwissenschaftliche Methoden nur begrenzt tauglich, eine religionswissenschaftliche Betrachtung dagegen verdeutlicht die innere Logik des Systems.

Götter und Menschen standen sich in Urzeiten sehr viel näher als heute. Herrscher und Hohepriester, nicht selten in Personalunion, standen von Amts wegen in direktem Austausch mit den Göttern. Im Laufe der Zeit entwickelte sich die Person des Herrschers zu einer Art heiligem Gefäß für die göttliche Macht. Die zahlreichen Tabus, Herrscher nicht anblicken oder gar anfassen zu dürfen, gingen aus dieser Vorstellung hervor. Die göttliche Macht, die sich in der Person des Herrschers angesammelt hatte, war nach dieser Vorstellung zu stark für den gewöhnlichen Menschen. Ein Kontakt würde unvermeidlich zu Krankheit oder sogar Tod führen. Nur besonders geweihte Priester und Diener konnten mit dieser Göttlichkeit umgehen. Der Herrscher war damit Teil der Göttlichkeit.

Daneben ist der Aufstieg eines Helden in die Götterwelt ebenfalls nichts Ungewöhnliches. Es spricht einiges dafür, dass Herakles und Odin einst als sterbliche Adlige auf der Erde wandelten, bevor sie vom Volksmund in den Götterhimmel erhoben wurden. Dass Caesar nach seinem Tod zum Gott erklärt wurde, war aus damaliger Sicht ein logischer Schritt. Ihn nicht als Gott zu sehen, wäre dagegen irrational gewesen. Die Vergöttlichung zu Lebzeiten, die Caesars Nachfolger praktizierten, war nur eine logische Fortführung dieses Konzepts und war vor allem den steigenden orientalischen Einflüssen der Zeit geschuldet. Im Orient wurden die Kaiser schon immer als göttlich verehrt.

Gottkaisertum und Gottwerdung eines sterblichen Menschen sind keine historische Ausnahme, sondern eine Normalität. Selbst in monotheistischen Religionen leben diese Vorstellungen in Form von Heiligen weiter, die nach ihrem Tod eine götterähnliche Position im Himmelreich einnehmen und in der irdischen Welt bestimmte, fest definierte Aufgaben wahrnehmen. Der Heilige Nikolaus ist sogar für den Schutz der Diebe verantwortlich. Während die Göttlichkeit des Herrschers in vielen Kulturen seit der Antike abgenommen hatte, blieb sie in Ostasien bis ins zwanzigste Jahrhundert bestehen. Erst die siegreichen Amerikaner erzwangen von den Japanern, dass diese ihren Tenno offiziell zum Menschen degradierten. Bis 1945 war Kaiser Hirohito offiziell ein lebender Gott. Die kaiserliche Familie stammt in direkter Linie von der Mondgöttin Amaterasu ab.

Bei der historisch belegten Figur dieses dynastischen Mythos dürfte es sich um die theokratische Hohepriesterin Himiko, eben dieser Göttin, handeln. Die historische Priesterin und Stammmutter des Herrschergeschlechts verschmolz im Laufe der Zeit mit der eigentlichen Göttin.

Auch für Korea stellte das Gottkaisertum bis zum Ende des Zweiten Weltkrieges die politische Realität dar. Bis 1895 war das Land Teil des chinesischen Weltenkreises, in welchem der chinesische Kaiser über „alles unter dem Himmel" herrschte. Er war der Weltenherrscher. Für souveräne Nationen war in diesem Weltbild kein Platz. Es existierten allenfalls weit entfernte barbarische Regionen, in denen der Kaiser keinen Einfluss hatte. Als zivilisierte Nation erkannte Korea diesen Herrschaftsanspruch an. Hätte man dies nicht getan, so wäre man nicht mehr Teil der zivilisierten Welt gewesen und in den Zustand der Barbarei zurückgefallen. Mit der 1895 erzwungenen Unabhängigkeit von China durch den Vertrag von Shimonoseki stellte sich den Koreanern das theologische Problem, dass nun kein Gottkaiser mehr das Land direkt mit dem Himmel verband. Die Selbstkrönung des koreanischen Königs zum Kaiser war so gesehen ein notwendiger Schritt, denn nur durch die Erhebung zum Gott konnte Korea auch weiterhin auf himmlischen Beistand hoffen. Mit der Eroberung durch Japan trat nun der japanische Kaiser an die Stelle des koreanischen. Bis 1945 bildete damit das Gottkaisertum die Grundlage der politischen Ordnung Koreas. Wenn man ferner berücksichtigt, dass 1945 das allgemeine Bildungsniveau Koreas sehr niedrig, dagegen religiöse und abergläubische Vorstellungen recht stark waren, wird klar, dass der extreme Personenkult Kim Il-sungs auf einem festen historischen Fundament aufbauen konnte. Der überzogene Führerkult stellte nicht wie im Fall Hitlers oder Stalins einen Anachronismus dar, sondern die kontinuierliche Fortsetzung der traditionellen politischen Organisation.

Der große Unterschied des kimschen Gottkaisertums zum traditionellen Vorbild liegt jedoch in der Stellung des Kaisers. Der koreanische König und spätere Kaiser, wie auch der japanische Kaiser, waren immer reine religiös-symbolische Figuren. Sie wurden von der Außenwelt völlig isoliert in einem goldenen

Käfig gehalten und verfügten über keinerlei eigene Macht. Die einzige Ausnahme bildete Kaiser Meiji, der 1868 durch den Coup d'État ins Zentrum der Reformbewegung aufrückte und eine aktive Rolle einnahm. In China wiederum verhielt es sich seit zwei Jahrtausenden so, dass nach dem Sturz einer Dynastie und der Gründung einer neuen nach spätestens drei oder vier Generationen der konfuzianische Beamtenapparat, die Eunuchen oder der Hofadel die Macht an sich rissen. Der eigentliche Kaiser spielte dann kaum noch eine Rolle. Der vorletzte Kaiser der Qing-Dynastie verbrachte die letzten Tage bis zu seiner Ermordung sogar unter schwerbewachtem Hausarrest.

Ein Problem bei der Betrachtung ostasiatischer Religiosität ist die Vielfalt der parallel existierenden religiösen Systeme. Dabei verhält es sich nicht so, dass verschiedene Individuen oder Gruppen verschiedenen Systemen anhängen, sondern eine Person gleichzeitig verschiedene religiöse Systeme praktizieren kann, die sich zum Teil fundamental widersprechen. Das beste Beispiel dafür ist die Buddhastatue vor dem Ahnenschrein. Eines der ursprünglichsten aus dem chinesischen Raum stammenden Glaubenssysteme ist der Ahnenkult. Die Grundlage des Buddhismus wiederum ist die Reinkarnation. Wenn die Seele jedoch bis zu ihrer Erlösung regelmäßig in beliebigen Körpern wiedergeboren wird, spielen, rein logisch-rational, Ahnen keinerlei Rolle. Das hält die meisten Chinesen aber nicht davon ab, sich als Buddhisten zu sehen und gleichzeitig den Ahnen zu opfern. Ahnenkult, die Lehre von Yin und Yang, die konfuzianische Moralphilosophie, Taoismus, Buddhismus, Astrologie und Geomantie – all dies sind Bestandteile des ostasiatischen religiösen Eklektizismus. Bei Korea kommen noch der uralaltaische Schamanismus und ein bedeutender Einfluss des Christentums dazu. Außerdem hat auch der auf christlich-jüdischen Wurzeln basierende Marxismus-Leninismus in seiner stalinistischen Variante erheblichen Einfluss auf die Entwicklung des nordkoreanischen politischen Systems gehabt und bei den nordkoreanischen Streitkräften lässt sich hinsichtlich des Aufopferungswillens die Truppenmoral der kaiserlichen japanischen Armee aus dem Zweiten Weltkrieg als Vorbild nicht verleugnen.

Eine gewisse teuflische Genialität kann man Kim Il-sung nicht absprechen. Beim Aufbau seines extrem totalitären, ideologisch verbrämten und dogmatischen Staates scheute er sich nicht, die Mythen und Legenden von Religionen und Völkern aus aller Welt zu plündern. Ob Weihnachtsgeschichte, mongolisches Nationalepos oder taoistische Legenden – all das taucht in andere Worte gekleidet in der offiziellen Geschichtsschreibung der Koreanischen Demokratischen Volksrepublik auf.

Versuchen wir etwas tiefer in das Selbstverständnis dieser Gesellschaft einzudringen. Über den neuen Führer Kim Jong-un ist kaum etwas bekannt, außer, dass er knapp dreißig Jahre alt ist und wahrscheinlich als Kind einige Jahre eine Schweizer Schule in Bern besucht hat. Erst seit Mitte 2009 trat er als potentieller Nachfolger Kim Jong-ils in der Öffentlichkeit auf. Welche Rolle wird dieser neue Gottkaiser in dem etablierten System spielen?

An dieser Stelle erscheint es sinnvoll, erneut eine Analogie zum Römischen Reich herzustellen. Gaius Iulius Caesar begann seine politische Karriere noch zu republikanischen Zeiten. Am Ende seines Lebens hatte er die Republik de facto in ein Kaiserreich umgewandelt und dem Ehrentitel Imperator eine neue, machtpolitische Bedeutung gegeben. Caesar war sowohl der letzte republikanische Politiker als auch der erste Kaiser. Man kann ihn also als Gründer des Kaiserreichs betrachten. Kim Il-sung begründete das moderne Nordkorea, den ersten unabhängigen koreanischen Staat seit Jahrhunderten (Südkorea war zu dieser Zeit in der Tat nicht wirklich unabhängig). Beide Staatsgründer waren erfolgreiche Militärs: Caesar ein Feldherr, der ein Imperium eroberte, Kim Il-sung ein erfolgreicher Frontoffizier. Beide legten sich schon zu Lebzeiten einen göttlichen Nimbus zu und wurden nach ihrem Tod zu Göttern.

Beide Nachfolger, Gaius Iulius Caesar Octavian und Kim Jong-il, wurden von den Staatsgründern zu ihren politischen Erben auserwählt, obwohl die offizielle republikanische Staatsverfassung eine solche Erbfolge nicht vorsah. Gefühlt waren die beiden Staatsgebilde bereits zu diesem Zeitpunkt Kaiserreiche, offiziell gaben sie sich als Republiken aus. Beide Nachfolger hatten keinen militärischen Hintergrund und damit auch keine militärische Hausmacht. Bei beiden wurde zunächst die Fähigkeit zur Nachfolge angezweifelt und sie mussten sich und ihre Macht etablieren, was beiden hervorragend gelang. Beide wurden bereits zu Lebzeiten vergöttlicht. Diese zweite Generation von Gottkaisern zementierte das gottkaiserliche Prinzip und die damit einhergehende Erbfolge.

In der dritten Generation wurden aus einer Reihe von in Frage kommenden Personen die Thronerben ernannt. Die Erbfolge als solche stand nicht mehr zur Debatte. Tiberius konnte jedoch im Unterschied zu Kim Jong-un Erfahrung auf verschiedenen militärischen und zivilen Posten sammeln.

Betrachten wir die Position Kim Jong-uns innerhalb der Chronologie eines Gottkaisertums in der Frühphase. Das Prinzip der Erbfolge und der Vergöttlichung des Herrschers hat sich in Nordkorea fest etabliert. Bereits Kim Il-sung legte dazu die Grundlagen und Kim Jong-il baute sie weiter aus. Ein angeblicher Ausspruch Kim Il-sungs liefert die auf dem Ahnenkult basierende theologische Begründung. Sollte er, Il-sung, den Sieg über die Imperialisten nicht mehr selber erringen können, so werde dies eben einer seiner Nachfahren tun.

Kim Il-sung war Staatsgründer und Feldherr. Nach dem Koreakrieg entwickelte sich Nordkorea bis Mitte der siebziger Jahre recht dynamisch. Der Lebensstandard der Bevölkerung stieg kontinuierlich an und Kim Il-sung konnte sich auch als Wirtschaftslenker profilieren. In den Achtzigern war die ökonomische Stagnation zwar allgegenwärtig und der Lebensstandard ging zurück, aber der Kollaps der nordkoreanischen Volkswirtschaft wurde erst durch den Zusammenbruch der Sowjetunion eingeleitet. Nordkoreanische Überläufer berichteten übereinstimmend, dass Kim Il-sung auch heute noch aufrichtig verehrt und als Held gesehen wird.

Kim Jong-il hat bereits eine völlig andersgeartete Biographie als sein Vater. Jong-il wuchs als Prinz auf und wurde nie damit konfrontiert, etwas aus eigener Leistung heraus zu erreichen. Er wurde in dem Bewusstsein erzogen, dass der Staat Privatbesitz des Großen Führers war, und eines Tages an den Thronfolger als Erben vermacht werden würde. Seit spätestens 1973 wurde Jong-il zum Thronfolger aufgebaut und als Mitregent öffentlich an die Seite seines Vaters gestellt.

Laut seiner offiziellen Biographie wurde Jong-il an den Hängen des heiligen Berges Paektusan geboren und nicht in der sibirischen Garnisonsstadt Wjatskoje. Als sich die Mutter anschickte, den kleinen Jong-il zur Welt zu bringen, erschien über dem Paektusan ein Stern, der genau über dem Geburtsort stehen blieb. Die Vögel zwitscherten „Jong-il, Jong-il" (so wie sie bei der Geburt des Temudschin „Dschingis, Dschingis" gezwitschert hatten) und ein alter Mann mit langem weißem Bart (der taoistische Weise vom Berg) stieg vom Gipfel des heiligen Berges herab, um zu verkünden, dass ein großer Führer geboren werden würde.

Bereits mit vier Jahren komponierte der kleine Jong-il die beste und berühmteste Symphonie der Welt und vollbrachte so manch andere Wundertat. Es ist, zumindest in Nordkorea, bekannt, dass die ganze Welt das Genie des „Geliebten Führers", wie er offiziell genannt wird, bewundert und ihn als großen Philosophen betrachtet.

Während Kim Il-sung sich seinen göttlichen Status durch eigene Taten erarbeitete, wurde Jong-il bereits als lebender Gott geboren. Allerdings gibt es eine Reihe von Anzeichen, dass die Erbfolge doch nicht ganz so einfach gewesen war. So wartete Jong-il über drei Jahre ab, bis er alle Ämter mit Ausnahme des Staatsoberhauptes von seinem Vater übernommen hatte. Erst am 8. Oktober 1997 ließ er sich zum Generalsekretär der Partei der Arbeit Koreas wählen. Sein Vater bleibt Präsident auf ewig und ist quasi auch im Himmel der Göttervater der Götterfamilie Kim. Dies spiegelt durchaus die Ahnenverehrung und konfuzianische Pietät wider.

Kim Il-sung hatte zu Lebzeiten das Militär einer strikten Kontrolle durch die Partei unterworfen. Als Militär, der sich selber quasi an die Macht geputscht hatte, war ihm bewusst, welche Gefahren von einem zu starken Militär ausgehen können. Kim Jong-il rief nach seiner Machtübernahme dagegen die „Militär-zuerst-Politik" aus und Macht und Einfluss der Generäle nahmen unter seiner Regentschaft erheblich zu. Es deutet vieles darauf hin, dass Kim Jong-il, um seine Macht zu festigen, neue Bündnisse geschmiedet hat. Ob innerhalb des Machtapparates zur Zeit seiner Machtübernahme tatsächlich eine ernst zu nehmende Opposition gegen ihn vorhanden war, ist nicht bekannt. Sollte dies der Fall gewesen sein, so hat er diese auf ganzer Linie erfolgreich zerschlagen. Bei seinem Tod war er der unangefochtene Alleinherrscher.

Kim Jong-uns Erbfolge unterscheidet sich von der seines Vaters in einigen wichtigen Details. Dessen Tod wurde bereits nach zwei Tagen bekannt gegeben, was für ein solches politisches System sehr zügig ist. Die offizielle Übernahme der Ämter durch den Thronfolger erfolgte ebenfalls in kürzester Zeit und die staatlichen Medien betonten eindeutig, dass der „Junge General", der bekanntermaßen ein „Genie unter Genies" sei, als „Großer Nachfolger" die Kim-Dynastie weiterführen wird. Offensichtlich ist man in Pjöngjang bemüht, keinerlei Zweifel an der Thronfolge aufkommen zu lassen. Die Vergöttlichung des dritten Kim wird vorangetrieben. Dabei ist allerdings eine kontinuierliche Abschwächung der göttlichen Leistungen in jeder Generation zu bemerken. Von Kim Il-sung hieß es einst, dass sein Zorn über Japan ein fürchterliches Unwetter zusammengezogen hätte, welches Japan zerstörte, bei Kim Jong-il war es eine allumfassende Genialität, bei Kim Jong-un scheinen es noch kleinere Brötchen zu werden. Eine solche Abschwächung ist typisch für Dynastien, die beanspruchen, von einer Gottheit abzustammen. Mit jeder nachfolgenden Generation wird schließlich das göttliche Blut verdünnt.

Auch machtpolitisch tritt mit dem dritten Generationswechsel die Kim-Dynastie in eine neue Epoche ein. Von der pronordkoreanischen Gemeinde in Japan ist bekannt, dass es Unmut gegen die sich abzeichnende Thronfolge Kim Jong-uns gab. Sein junges Alter, seine kurze Vorbereitungszeit und sein geringes Charisma stellen mit Sicherheit ein nicht zu unterschätzendes Handicap dar. Um eine reibungslose Erbfolge zu sichern, wurden seit 2010 zuverlässige Unterstützer Kim Jong-uns in zentrale Machtpositionen gehievt. Eine Schlüsselrolle scheint dabei Kim Jong-ils Schwester Kim Kyong-hui und ihrem Gatten Jang Song-thaek zuzukommen. Kim Kyong-hui wurde zusammen mit Kim Jong-un am 27. September 2010 zum Vier-Sterne-General ernannt, Jang Song-thaek ist stellvertretender Vorsitzender der Militärkommission. Die Familie Kim hat mit diesen und anderen Beförderungen ihre Machtposition insbesondere über die Streitkräfte wieder stark ausgebaut.

Zumindest in den ersten Jahren seiner Herrschaft wird Kim Jong-un nicht auf die Hilfe dieses Unterstützerkreises verzichten können. Neben seiner eigenen schwachen Machtposition sind die äußeren Umstände der Machtübernahme bedeutend schwieriger, als sie es bei der Machtübernahme durch Kim Jong-il waren. Die nordkoreanische Wirtschaft ist heute weitgehend zusammengebrochen, 1994 stand sie vor dem Kollaps. 2008 kündete Kim Jong-il großspurig an, bis zum Jahr 2012, dem hundertsten Jubiläum von Kim Il-sungs Geburt, das Land in eine prosperierende Gesellschaft zu verwandeln. Unter anderem sollten unter der Leitung Kim Jong-uns in Pjöngjang 100 000 Wohnungen gebaut werden. In der Realität jedoch hungern dieses Jahr geschätzte drei Millionen Menschen, weitere Millionen sind chronisch unterernährt. Von den 100 000 Wohnungen wurden bislang nur fünfhundert errichtet. Erwartungsdruck auf Seiten der Bevölkerung bei gleichzeitig fortschreitender Desillusionierung bilden die Hintergrundmusik dieses Machtwechsels.

Auf dem Zeitstrahl der Dynastie befinden wir uns gegenwärtig an der Stelle, an der ein schwacher Prinz eine gesicherte Erbfolge antritt. In der Analogie zu verflossenen gottkaiserlichen Dynastien ist dies meist der Zeitpunkt, bei dem der Hofstaat an Bedeutung gewinnt und Palastintrigen die Politik bestimmen.

Um das politische System eines Landes wie Nordkorea zu verstehen, vergleichen wir dieses mit historischen gottkaiserlichen Reichen. Welche Gruppen und Institutionen sind von Bedeutung, welche Rolle spielen und welchen Einfluss haben sie?

Im Zentrum des Hofes steht der Kaiser. Als erblicher Thronfolger wird er als Prinz erzogen. In seinem Weltbild steht ihm der Thron zu. Sein Land und seine Untertanen betrachtet er als persönliches Eigentum. Er ist kein Egozentriker im psychologischen Sinne, sondern er und seine Umwelt sind sich bewusst, dass er naturgegeben das Zentrum ist. Jeder andere Gedanke erscheint aus diesem Blickwinkel geradezu lächerlich. Ein wichtiger Aspekt ist, dass der Kaiser völlig von der Außenwelt abgeschottet ist. Die Realität dringt nicht weiter zu ihm vor. Welcher Höfling wird es schon wagen, ihm eine unangenehme Nachricht zu überbringen oder gar seine Entscheidungen zu kritisieren?

Kim Jong-il war das Paradebeispiel eines solchen, von der Realität abgenabelten, Despoten. Inwieweit die Auslandserfahrung Kim Jong-uns diesen für die Realität aufgeschlossener gemacht hat, darüber kann man nur spekulieren.

Der kaiserlichen Familie kommt naturgemäß eine zentrale Rolle am Hofe zu. Aus ihr entspringen die Thronerben aber auch mögliche Konkurrenten. Vater- und Brudermord sind in Palästen nicht unüblich. Um den Tod Kim Il-sungs ranken sich eine Reihe von Gerüchten, nach denen Kim Jong-il seinen Vater entweder ermordet oder nach einem Herzanfall keine Ärzte zu ihm gelassen haben soll. Im Fall Kim Jong-uns wurde des Öfteren spekuliert, ob ihm einer seiner beiden offiziellen Brüder nicht das Erbe streitig machen könne. Sein ältester Bruder Kim Jong-nam war immerhin bis 2001 der auserwählte Thronerbe, bis er sich auf einer Japanreise nach Disneyland von den japanischen Behörden mit einem falschen Pass erwischen ließ. Mittlerweile lebt er fast nur noch im Ausland und geht der Beschäftigung als Playboy nach.

In den wenigen Interviews mit japanischen Journalisten gab er sich leicht kritisch. Er dürfte kaum noch Sympathien in Pjöngjang genießen und erweckt eher den Anschein, dass er sich auf ein (Über)leben im Exil auch nach dem Fall des Regimes vorbereitet. Der zweite Sohn Kim Jong-ils dagegen, Jong-chul, wurde von seinem Vater als zu mädchenhaft abgestempelt und nie für die Thronfolge in Betracht gezogen. Er scheint über keine eigene Machtbasis zu verfügen. Die wichtigsten Familienmitglieder sind die bereits erwähnten Kim Kyong-hui und Jang Song-thaek. Sie sorgen dafür, dass die Macht im Staate der Familie Kim erhalten bleibt.

Neben der kaiserlichen Familie kommt dem Harem eine wichtige Rolle zu. Sowohl Kim Il-sung als auch Kim Jong-il waren dafür bekannt, dass sie den Angehörigen der Tanzgruppe sehr zugeneigt waren. Wie viele Kinder die beiden tatsächlich in die Welt gesetzt haben, ist nicht bekannt. Uneheliche Kinder kommen zwar nicht als Thronerben in Frage, besetzen aber wichtige Posten im System. Die Mütter dieser Prinzlinge versuchen natürlich, damals wie heute, ihre Kinder in der Gunst des Kaisers voranzubringen, und auch anderen Familienangehörigen Karrieren zu ermöglichen. In Nordkorea ist das Liebesleben der Führer Verschlusssache.

Kim Jong-ils ältester Sohn Kim Jong-nam stammt aus der Liaison mit Song Hae-rim, einer bekannten Schauspielerin. Kim Jong-chul und Kim Jong-un dagegen sind die Söhne der Tänzerin Ko Yong-hi. Ob Kim Jong-il jemals offiziell verheiratet war, ist nicht bekannt. Song Hae-rim jedenfalls hielt sich nach der Geburt Jong-nams hauptsächlich in Moskau auf.

Von Kim Il-sung und Kim Jong-il ist außerdem bekannt, dass sie neben ihren Hauptfrauen auch weiteren jüngeren Damen zugesprochen haben. Kim senior bevorzugte schwedische Blondinen auf Vertragsbasis. Es kann nicht ausgeschlossen werden, dass neben den bekannten Kindern auch noch weitere Sprösslinge der Kims existieren, die nicht als solche in Erscheinung treten.

Über Kim Jong-un ist in dieser Hinsicht nur bekannt, dass während der Trauerfeierlichkeiten anlässlich des Todes seines Vaters eine unbekannte Frau in seiner Begleitung auftauchte. Ob er tatsächlich liiert oder verheiratet ist oder sich in einem Harem ausgiebig amüsiert, ist nicht bekannt.

Zum Hochadel kann man in Nordkorea einige Familien zählen, die von engen Kampfgefährten Kim Il-sungs abstammen. Wie beim Hochadel üblich, heiratet man untereinander.

Diese Gruppen bilden den inneren Kern der Machtelite des Landes. Ihr Schicksal ist aufs engste mit dem Überleben der Kim-Dynastie verbunden. Politische Reformen, welche die Partei oder das Militär anstelle der Familie Kim an die Macht bringen würden, sind von dieser Seite unerwünscht. Dieses gemeinsame Schicksal dürfte derzeit als Kitt ausreichen, um zumindest nach außen hin Geschlossenheit zu demonstrieren.

Das einzige klassische Element, welches an diesem Hofstaat fehlt, ist die Eunuchenschar.

Zum äußeren Kreis der Macht gehört die Beamtenschaft. Insbesondere in konfuzianischen Ländern wie Korea war sie traditionell sehr stark auch am Hofe vertreten. In Nordkorea wird diese Gruppe jedoch nicht durch die Staatsbeamten, sondern durch die Parteikader repräsentiert. In fast allen kommunistischen Staaten lag die Macht bei der Partei, beim Politbüro und teilweise beim

Zentralkomitee. Nur in wenigen Fällen wie in Rumänien spielten die Familien der Generalsekretäre eine überdurchschnittlich dominante Rolle. In Nordkorea dagegen wurde die Macht der Partei unter Kim Jong-il extrem ausgehöhlt. Es besteht durchaus ein Interessenkonflikt zwischen der Partei als Organisation und der Familie Kim als Herrscherfamilie.

Die letzte wichtige Machtgruppe stellen die Streitkräfte dar. Unter Kim Jong-il wurden sie personell und materiell verstärkt und die führenden Offiziere mit Privilegien überschüttet. Eine besondere Rolle spielen die Garde, die für den persönlichen Schutz der Führung und die Verteidigung der Hauptstadt verantwortlich ist, sowie die Kommandotruppen, die für Sabotage und Terrorakte hinter den feindlichen Linien ausgebildet sind. Garde und Kommandotruppen gelten als besonders loyal zum Herrscherhaus und würden im Fall eines Putschversuches oder Bürgerkrieges eine entscheidende Rolle spielen. Die Garde wird häufig mit den Prätorianern verglichen.

Das politische System ähnelt einem Vasallensystem. Die Führung besetzt direkt die höchsten Posten in Partei, Staat, Armee und Wirtschaft. Diese Spitzenkader erhalten regelmäßig wertvolle Geschenke, wie Rolex-Uhren, Mercedes-Limousinen und französische Edelspirituosen. Innerhalb der ihnen unterstellten Organisationen sind diese Spitzenfunktionäre wiederum die uneingeschränkten Führer, die entsprechend über die Ressourcen verfügen können. Sie besetzen die ihnen untergeordneten Kaderstellen nach demselben Prinzip, wie sie selber eingesetzt worden sind. So bildet Nordkorea eine soziale Pyramide, in der von oben nach unten Geschenke verteilt und Privilegien gewährt werden. Der jeweilige Chef baut auf die persönliche Loyalität seiner Untergebenen.

Eine parallele Welt kontrolliert diesen Aufbau. Geheimdienste haben die gesamte Gesellschaft Nordkoreas mit einem engmaschigen Spitzel- und Denunziantennetz überzogen, welches selbst kleinste freudsche Versprecher registriert und welches bis in die Ebene der Familie hineinreicht. Selbst Kinder werden dazu überredet, ihre Eltern zu denunzieren.

Die Gesellschaft ist in über fünfzig genau definierte soziale Klassen aufgeteilt. Die Zugehörigkeit zu einer solchen bestimmt maßgeblich den Werdegang eines Nordkoreaners. Vereinfacht kann man diese in Hochadel, Dienstadel und Volk unterteilen.

An oberster Stelle steht die kaiserliche Familie, welche in einem Luxus lebt, der es ohne weiteres mit dem arabischer Ölprinzen aufnehmen kann. Auch der restliche Hochadel führt ein Luxusleben, das selbst nach westlichem Standard sehr dekadent ist. Herrscherfamilie und Hochadel besetzen die wichtigsten Positionen in Staat und Gesellschaft, sowie in den diplomatischen Vertretungen des Landes.

Der Dienstadel umfasst die Funktionärs- und Offiziersschicht. Die Spitzenfunktionäre genießen ein recht luxuriöses Leben. Für nordkoreanische Verhältnisse ist dieser Luxus phantastisch, für südkoreanische oder chinesische Verhältnisse eher mäßig. Dieser Dienstadel lebt nicht in Schlössern, sondern in besseren Versionen von Wandlitz. Die mittleren Dienstränge können mit den ihnen zugeteilten Ressourcen zwar gut überleben, von Luxus ist jedoch weit und breit keine Spur. Korruption und Unterschlagung von Ressourcen sind quasi eine Notwendigkeit, um der eigenen Familie ein halbwegs erträgliches Auskommen zu sichern. Kader und Offiziere niedrigen Ranges leben unter Bedingungen, die nach unseren Maßstäben unter die Armutsgrenze fallen. Karriere, Unterschlagung oder Korruption sind die einzigen Möglichkeiten, die Lebenssituation zu verbessern.

Das Volk, einfache Parteimitglieder und Nichtmitglieder, leben unter Bedingungen, wie man sie sonst nur aus Katastrophengebieten kennt. Mangelernährung ist normal, Unterernährung weit verbreitet und regelmäßig werden mehrere Millionen Menschen von regelrechten Hungersnöten bedroht. Dieses Volk ist eine völlig rechtlose Manövriermasse für die Obrigkeit.

Einen bürgerlichen Mittelstand gibt es so gut wie nicht. Private wirtschaftliche Aktivitäten werden nur in sehr beschränktem Maße geduldet. Einzig eine kleine Händler- und Schmugglerschicht, die vorzugsweise chinesische Ware vertreibt, hat sich als eigenständige, vom Staat unabhängige Bevölkerungsgruppe etablieren können.

Das politische und ökonomische System war bis ungefähr 2010 hauptsächlich auf den Machterhalt Kim Jong-ils ausgerichtet, so wie es davor primär den Interessen seines Vaters gedient hatte. Die zweitwichtigste Aufgabe bestand in der Absicherung der Familiendynastie. Seitdem ist die Sicherung der Familieninteressen stärker in den Mittelpunkt gerückt. Solange Kim Jong-un noch nicht unanfechtbarer Alleinherrscher ist, wird diese Betonung der Familieninteressen auch beibehalten werden. Die Familien des Hochadels sind dermaßen eng mit dem Schicksal der Kims verbunden, dass aus ihren Reihen keine Rebellion zu erwarten ist. Dasselbe trifft auf die ranghöchsten Kader und Offiziere des Dienstadels zu. Bei ihnen handelt es sich um Hardliner und Reformgegner, die wegen ihrer Ansichten von Kim Jong-il gefördert wurden. Selbst mäßige Reformschritte würden ihre persönliche Stellung bedrohen, da gerade sie selbst die größten Reformhindernisse darstellen.

Für die Funktionäre und Offiziere geringeren Ranges dagegen sieht die Lage durchaus anders aus. Wirtschaftskader, insbesondere Reisekader, müssen längst erkannt haben, dass ohne tiefgreifende Reformen Nordkoreas Wirtschaft keine Zukunft hat. Für Funktionäre, die aus beruflichen Gründen Kontakte zu chinesischen Firmen und Institutionen pflegen, muss die Dynamik der chinesischen Wirtschaft atemberaubend sein. Sie haben mit kommunistisch geführten Staatsbetrieben zu tun, die durch die mannigfaltigen Reformen der letzten drei Jahrzehnte zu wettbewerbsfähigen internationalen Konzernen wurden. Gerade das Beispiel China zeigt, dass eine kommunistisch geführte Volkswirtschaft sich ohne weiteres mit den kapitalistischen Ländern messen kann.

Die Militär-zuerst-Politik hat nicht nur die Bedeutung der Partei als solche reduziert, sie beschränkt auch die persönlichen Karrieremöglichkeiten des zivilen Dienstadels. Durch die massive Aufrüstung wurde kaum in die zivile Produktion und Infrastruktur investiert, was bedeutet, dass den zivilen Funktionären erheblich weniger Ressourcen zur Unterschlagung und Zweckentfremdung zur Verfügung stehen. Eine Aufgabe der Militär-zuerst-Politik würde sowohl Ressourcen freisetzen als auch Karrieremöglichkeiten schaffen.

Offizieren wiederum, die sich von Berufs wegen mit den feindlichen Streitkräften befassen müssen, dürfte nicht entgangen sein, dass der technologische Abstand zwischen Südkorea und seinen

Verbündeten auf der einen Seite und Nordkorea auf der anderen mittlerweile so groß ist, dass die Chancen auf einen nördlichen Sieg in einem konventionellen Krieg nur noch minimal sind. Noch erhält das Offizierskorps durch die Militär-zuerst-Politik viele materielle Privilegien, aber für das Regime dürfte es künftig immer schwieriger werden, diese materiellen Vergünstigungen in ausreichendem Maße zur Verfügung zu stellen.

Unter Kim Il-sung herrschte eine allgemeine Loyalität dem Herrscher gegenüber vor, nicht nur unter Kadern und Offizieren, sondern auch unter dem Volk. In der Amtszeit von Kim Jong-il hat sich diese Loyalität abgenutzt. Zunächst einmal musste die große Hungersnot Ende der Neunziger Zweifel an dem angeblichen Genie des Geliebten Führers und der Überlegenheit des nordkoreanischen Systems aufkommen lassen. Zu diesem Zeitpunkt war das Land aber noch isoliert genug, sodass es der Propaganda weitgehend gelang, die bösen imperialistischen Mächte dafür verantwortlich zu machen. Im ersten Jahrzehnt dieses Jahrhunderts setzte jedoch eine stetige Erosion der Abschottung von außen ein. Flüchtlinge, Schmuggler und legale Händler lernten in China eine andere, bessere Welt kennen und brachten die Kunde davon zurück in ihre Heimat. Billige chinesische Transistorradios fanden und finden reißenden Absatz in Nordkorea. Diese, nicht einmal fünf Euro teuren Geräte, ermöglichen den Empfang von ausländischen Radiosendern auf UKW. Südkoreanische Experten schätzen, dass mehrere Millionen Nordkoreaner regelmäßig südkoreanisches oder chinesisches Radio hören. Für wohlhabendere Nordkoreaner werden auch DVDs und andere Medien aus China ins Land geschmuggelt. Besonders beliebt sind südkoreanische Fernsehserien und Filme.

Kim Jong-un tritt damit die Herrschaft über ein Volk an, welches in Ansätzen über die Lage außerhalb Nordkoreas informiert ist, ein Volk, das immer weniger der offiziellen Propaganda Glauben schenkt und das in erster Linie an einer Verbesserung seiner materiellen Lage interessiert ist. Noch ist es sehr unwahrscheinlich, dass eine Volkserhebung wie in der arabischen Welt das Regime zu Fall bringen wird. Zu stark sind Kontrolle und Überwachung. Der revolutionäre Druck wird aber stetig ansteigen. Der ökonomische Niedergang führte nicht nur zu einer Verelendung der Bevölkerung, er führte auch zur Erosion des internen Sicherheitsapparats. Auch diesem fehlen letztendlich die Mittel, um die lückenlose Überwachung, wie sie unter Kim Il-sung praktiziert wurde, aufrechtzuerhalten.

Um seine Macht zu etablieren, muss der neue Herrscher zunächst die Hardliner im Militär beruhigen. Direkt nach seiner Machtübernahme versicherte er, dass es zu keiner Änderung der aggressiven Außenpolitik kommen würde. Im Ausland wird zudem davon ausgegangen, dass Kim Jong-un für Planung und Durchführung der Versenkung der südkoreanischen Korvette Cheonan und für die Beschießung der südkoreanischen Insel Yeonpyeong direkt verantwortlich war. Damit dürfte er sich als erwiesener Hardliner bei der jetzigen militärischen Führungsebene abgesichert haben.

Nordkorea ist eine Gerontokratie. Kim Jong-il besetzte die meisten zentralen Führungspositionen mit Kadern aus seiner eigenen Generation. Mit anderen Worten, der größte Teil der obersten Führungsebene ist um die siebzig Jahre alt. Bereits vor Jong-ils Tod wurde mit der Verjüngung der Führung begonnen und etliche Posten mit Fünfzig- bis Sechzigjährigen besetzt. Dieser Prozess ist noch lange nicht abgeschlossen und selbst diese Generation ist immer noch doppelt so alt wie der „Junge General". In einer Gesellschaft, in welcher der konfuzianische Respekt vor dem Alter eine zentrale Rolle spielt, stellt dies ein nicht zu unterschätzendes Problem dar. Kim Jong-un wird in seiner kurzen Karriere noch nicht ausreichend ausschließlich ihm loyale Vertraute gefunden haben. Auch wird es nicht möglich sein, zu viele Posten mit Personen aus seiner eigenen Generation zu besetzen, ohne die Opposition der älteren Jahrgänge herauszufordern. Auch in dieser Frage wird er deshalb auf die Hilfe von Kim Kyong-hui und Jang Song-thaek angewiesen sein, welche damit ihre eigene Macht und die der Familie als solche ausbauen können.

Wer ist Karl Marx?

Marx – Engels – Lenin – und zu guter Letzt der jeweilige Generalsekretär der Partei des betreffenden Landes. In manchen Fällen schiebt sich noch Stalin dazwischen. Das ist die klassische kommunistische Ikonographie. Die Köpfe dieser Helden schauen geraden Blicks in eine Richtung und demonstrieren so die historische Kontinuität von Marx bis hin zum betreffenden Parteiführer.

Nicht so in Nordkorea. Natürlich sind Marx, Engels, Lenin und Stalin bekannt und werden geehrt, stellen aber nur eine historische Fußnote aus der Frühzeit des Kommunismus dar. Die wirkliche Erleuchtung hat natürlich erst Kim Il-sung der Menschheit gebracht. Seine Juche-Lehre ist der wahre Kommunismus. Juche alleine ist von ideologischer Bedeutung. Kim Il-sung ist quasi die Personifizierung des Kommunismus. Die zweitwichtigste Person im kommunistischen Universum ist sein Sohn Kim Jong-il und Nummer drei wird selbstverständlich der „Große Nachfolger" Kim Jong-un werden. Vor der Leuchtkraft dieser roten Sonnen verblassen Lenin, Marx und Engels natürlich und so macht es auch keinen Sinn, Porträts von ihnen zu bringen. Eigentlich ist es auch eine Frage der Höflichkeit, denn erschienen die drei neben den Kims, so würde ihre Unbedeutendheit und Winzigkeit erst richtig sichtbar. Es ist schon gut so, diese drei im historischen Museum zu lassen.

„Das Kapital" hat drei Bände, gespickt mit mathematischen Formeln und Fußnoten. „Das Kommunistische Manifest" ergibt gedruckt ein sehr dünnes Taschenbuch und auch Lenins „Staat und Revolution" kann man bequem an einem Tag lesen. Um sich durch Kim Il-sungs Juche-Ideologie durchzulesen, benötigt man mehrere Monate. Die Nordkoreaner kennen natürlich weite Teile davon auswendig. Das Studium der Juche-Ideologie nimmt einen großen Teil des Hochschulstudiums in Anspruch und auch am Arbeitsplatz erhält der fröhliche Werktätige die Möglichkeit, sich in vielen Studiengruppen weiter in die genialen Ergüsse des Großen Führers zu vertiefen.

Ein zentraler Punkt der Juche-Ideologie ist die Autarkie, die absolute Unabhängigkeit. Der angestrebte Idealzustand wäre ein völlig isoliertes Korea, welches sich vollständig aus eigener Kraft versorgt. Dieses Ziel macht durchaus Sinn, wenn man bedenkt, dass der Koreaner quasi per definitionem die Krone der Schöpfung darstellt und das reine und unverfälschte Koreanertum an sich die höchste überhaupt zu erlangende Form der Zivilisation ist. Wozu also Kontakte mit der Welt jenseits von Korea pflegen?

Wie so vieles in Nordkorea hat auch dieses Bestreben nach Isolation seine Wurzeln in der feudalen Vergangenheit. Seit dem siebzehnten Jahrhundert hatte die Joseon-Dynastie das Land weitgehend von der Außenwelt abgeschlossen. Abgesehen vom regelmäßigen Austausch von Tributen und Geschenken mit dem chinesischen Kaiserhof legte man keinerlei Wert auf irgendwelche äußeren Beziehungen. Korea wurde in dieser Zeit auch das Einsiedlerkönigreich genannt.

Brücken, Maschinen, Bauwerke und sonstige Errungenschaften sind offiziell vom jeweiligen Führer oder seinem Thronfolger persönlich entworfen worden oder zumindest hat er die Inspiration dazu gegeben. Ähnlich verhält es sich auf nationaler Ebene: Ein beachtlicher Teil der bahnbrechenden Erfindungen der Weltgeschichte wurden natürlich in Korea gemacht. Eine Zeit lang wurden sogar die importierten Mercedes-Limousinen der Funktionäre als aus eigener Produktion stammend ausgegeben.

Viele Kolonialvölker litten nach der Unabhängigkeit an einem nationalen Minderwertigkeitskomplex, welcher durch übertriebenen Nationalismus und das kollektive Negieren eigener Unzulänglichkeiten überspielt wurde. Mit dem eigenen wirtschaftlichen Erfolg schwindet dieser Komplex. Die maßlose Glorifizierung der koreanischen Kultur durch die Juche-Ideologie traf damit in der Nachkriegszeit auf ein natürliches Bedürfnis der Bevölkerung. Der ziemlich beeindruckende Wiederaufbau des Landes nach dem Koreakrieg, der den Nordkoreanern einen beachtlichen Anstieg des Lebensstandards bescherte, dürfte dieses neue Selbstwertgefühl weiter verstärkt haben.

Die Forderung nach absoluter Autarkie jedoch ist einer der ideologischen Schwachpunkte. Zunächst einmal beruhte das nordkoreanische Wirtschaftswunder auf massiver Hilfe aus dem sozialistischen Ausland. Die Sowjetunion und China konkurrierten nach dem chinesisch-sowjetischen Bruch um Gunst und Einfluss in Pjöngjang. Kim Il-sung war ein Meister in der Kunst, beide Seiten gegeneinander auszuspielen und das Maximum an Hilfsleistungen herauszuholen.

Mitte der siebziger Jahre begann die Wirtschaft zu stagnieren. Das Problem wurde sogar rechtzeitig erkannt und offen diskutiert. Es wurde beschlossen, dass Wirtschaftsreformen notwendig seien. Allerdings wurden keine solchen Reformen durchgeführt und die nordkoreanische Wirtschaft setzte den Weg der Stagnation fort, der ähnlich verlief wie zeitgleich in der Sowjetunion und in den osteuropäischen Volksrepubliken.

Die ersten zwei Jahrzehnte standen ganz im Zeichen des Wiederaufbaus. Brücken, Straßen, Wohnhäuser mussten gebaut und die dazu benötigten Materialien produziert werden. In einer solchen Entwicklungsperiode ist eine zentrale Planwirtschaft häufig effektiver als eine dezentrale Marktwirtschaft. In diesem Zeitraum entwickelte sich der Norden dementsprechend schneller als der Süden. Anfang der Siebziger hatte Nordkorea jedoch die Phase des direkten Wiederaufbaus weitgehend abgeschlossen. Die Industrie hätte sich nun diversifizieren müssen. Anstatt die Schwerindustrie weiter auszubauen, wäre nun mehr Leichtindustrie vonnöten gewesen, deren Produkte durch den Export das Land mit Devisen hätten versorgen können.

Eine Korrektur der Ideologie fand jedoch nicht statt. Stattdessen baute Kim Il-sung seine Alleinherrschaft in den siebziger Jahren weiter aus. Zu dieser Zeit entstand dieser weltweit einzigartige Überwachungsstaat, der so stark an George Orwells Roman „1984" erinnert. Zu Beginn der achtziger Jahre war einerseits Kim Il-sungs Macht über Nordkorea unbegrenzt, andererseits begann die Wirtschaftsleistung des Landes abzunehmen. Die Kluft zwischen der bizarren Hofhaltung des nunmehr mit göttlichen Attributen ausgestatteten Herrschers und der ökonomischen Alltagsrealität nahm stetig zu. Zu diesem Zeitpunkt vermochte es die Propaganda jedoch noch ohne Probleme, die Schuld an der Stagnation den bösen imperialistischen Mächten zuzuschreiben.

Mitte der siebziger Jahre schien es oberflächlich betrachtet nicht schlecht um die kommunistische Weltrevolution zu stehen.

In Indochina erlitten die USA ihre größte militärische Niederlage, die sie je hatten. Die Evakuierung der amerikanischen Botschaft durch Hubschrauber wurde zum Symbol der Niederlage des westlichen Imperialismus. Viele Länder in der Dritten Welt waren kommunistisch oder sympathisierten mit der Sowjetunion oder China. Kommunistische Rebellengruppen waren weltweit aktiv und konnten zum Teil beachtliche militärische Erfolge vorweisen. Der Warschauer Pakt hatte in Europa eine Streitmacht aufgebaut, die vierzigtausend Panzer und gepanzerte Fahrzeuge umfasste. In Moskau wurden Planspiele für einen Blitzkrieg gegen Westeuropa durchgeführt. Auch in Brüssel ging man davon aus, dass die roten Armeen ohne größere Verzögerung bis zum Rhein vorstoßen könnten. Die NATO-Truppen hätten einen solchen Angriff nur mit taktischen Atomwaffen stoppen können.

Aus historischer Perspektive betrachtet kann man jedoch schon zur Zeit dieses Höhepunkts kommunistischer Machtentfaltung den Keim zum Niedergang entdecken. Ökonomisch hatte das kommunistische System versagt. Der Westen war dem Osten zwar immer technologisch in den meisten Bereichen voraus gewesen, aber in den Siebzigern begann sich der Abstand immer stärker zu vergrößern. Die ungeheuren Rüstungsanstrengungen des Ostens schafften zwar eine beeindruckende Streitmacht, zogen aber zu viele Ressourcen aus der Wirtschaft ab und verhinderten ein weiteres Wachstum. Die Planwirtschaft war zudem westlich-kapitalistischen Managementmethoden hoffnungslos unterlegen.

1976 starb Mao Tse-tung. Er hinterließ nicht nur ein Land in politischem Chaos, sondern auch im wirtschaftlichen Niedergang. Die Kulturrevolution hatte alle teilweisen Erfolge zunichtegemacht. Als 1978 Deng Xiaoping in Peking an die Macht kam, war seine oberste Priorität die Reform der Wirtschaft, der sich alles andere unterzuordnen hatte. Damit bewahrte er wahrscheinlich das Land vor einer neuen Hungersnot und einer neuen Runde Revolution und Bürgerkrieg.

Deng Xiaoping forderte für die Entwicklung Chinas ein friedliches Umfeld. Nicht, dass der alte Kämpe zum Pazifisten mutiert wäre, er war einfach nur Realist genug, um zu erkennen, dass die militärische Macht Chinas völlig veraltet und damit ein Koloss auf tönernen Füßen war. Die mittelfristige Aussöhnung mit Südkorea war damit quasi vorgegeben. Eine Fortsetzung des Kalten Krieges in Nordostasien war deshalb nicht mehr im Interesse Chinas.

In Europa begann derweil die Sowjetmacht zu zerfallen. Den Anfang machten seit 1980 die Polen mit der Solidarność-Bewegung. Diese Streik- und Gewerkschaftsbewegung inspirierte die antikommunistische Opposition in ganz Mittel- und Osteuropa. 1982 stirbt der sowjetische Generalsekretär Leonid Iljitsch Breschnjew. Seine Nachfolger Juri Wladimirowitsch Andropow und Konstantin Ustinowitsch Tschernenko blieben beide kaum länger als ein Jahr im Amt. Während sich die wirtschaftliche Lage im Ostblock weiter verschlechterte, wuchs die Opposition. Gleichzeitig waren die Beziehungen zwischen NATO und Warschauer Pakt so schlecht wie nie seit der Kubakrise. Als Antwort auf den sowjetischen Einmarsch 1979 in Afghanistan boykottierte der Westen 1980 die Olympischen Spiele in Moskau. Die Aufrüstung der Roten Armee mit SS-20-Mittelstreckenraketen und der daraus resultierende NATO-Doppelbeschluss heizten die Stimmung weiter an. Erst mit der Wahl von Michail Sergejewitsch Gorbatschow zum Generalsekretär der KPdSU änderte sich der Wind in Moskau. Ähnlich wie Deng Xiaoping wollte Gorbatschow den Kommunismus durch Reformen retten. Für eine Konfrontation mit dem Westen hatte der Reformer kein Verständnis. Noch wichtiger für Nordkorea war, dass sich China und die Sowjetunion wieder annäherten und eine bilaterale Entspannung einleiteten. Damit sank in beiden Ländern die Bedeutung Nordkoreas als strategischer Partner.

In Pjöngjang negierte man diese Entwicklung weitgehend. Weder wurden wirtschaftliche Reformen eingeleitet noch der Konfrontationskurs gegenüber Südkorea und den USA aufgegeben. Das Gegenteil war der Fall. Die militärischen Anstrengungen wurden verstärkt. Die Streitkräfte wurden vergrößert und das Atomprogramm vorangetrieben. Auch die militärischen Provokationen nahmen zu: Kommandounternehmen in Südkorea, terroristische Attentate und Entführungen weltweit erlebten ihren Höhepunkt.

Die Jahre 1989 bis 1991 stellten für Nordkorea eine Zäsur dar, die enorme ökonomische und ideologische Auswirkungen hatte. Das Jahr 1989 begann mit dem Überschwappen der Perestroika auf die Volksrepublik China. In Pjöngjang sah man, dass einerseits selbst kleinste Liberalisierungen das Volk zur Rebellion ermunterten, man andererseits mit schierer Brutalität jeden Aufstand niederschießen konnte. Der Fall der Berliner Mauer war ein noch größerer Schock. Die kommunistischen Regime Europas fielen zusammen wie Kartenhäuser. Selbst in Rumänien, das der Ceauşescu-Clan fest im Griff zu haben schien, dauerten die Kämpfe nur wenige Tage, bevor der Tyrann vom Revolutionstribunal gerichtet wurde. Am schlimmsten jedoch für das Regime in Pjöngjang musste der Zusammenbruch der DDR als eigenständiger Staat empfunden worden sein. Es gab in der DDR einen Flüsterwitz: „Was ist Polen ohne Kommunismus? Polen. Was ist Ungarn ohne Kommunismus? Ungarn. Was ist die DDR ohne Kommunismus? Die BRD." Schon wenige Tage nach dem 9. November war es offensichtlich, dass sich dieser Witz bewahrheiten sollte.

Wie kann man die damalige Lage Nordkoreas einschätzen? Zunächst einmal war das Regime nicht direkt von einem Umsturz bedroht. Propaganda und Unterdrückungsapparat hatten das eigene Volk fest im Griff. Im benachbarten China war die Demokratiebewegung gründlich zerschlagen worden und es herrschte erneut ein innenpolitischer Winter. Ökonomisch war die Lage zwar schlecht, aber nicht hoffnungslos. Im Kern war Nordkorea eine Industrienation mit ausgebauter Infrastruktur, Facharbeitern und Ingenieuren. Wirtschaftsreformen nach chinesischem Vorbild hätten mit großer Wahrscheinlichkeit die Wirtschaft wieder zum Wachsen gebracht.

Auf der anderen Seite hatte Südkorea in den achtziger Jahren den Norden weit überflügelt. Waren Ende der Siebziger beide Länder noch vergleichbar entwickelt gewesen, so schnitt der Norden nun in einem direkten Vergleich in allen Bereichen sehr schlecht ab. Die Wirtschaftsreformen in China hatten ja auch eine nicht zu vermeidende Öffnung des Landes mit sich gebracht. Eine solche würde in Nordkorea unweigerlich zu einem wenig schmeichelhaften Vergleich mit dem Süden führen.

Nordkoreanische Überläufer berichteten von einem damaligen Streit innerhalb des Regimes. Angeblich war Kim Il-sung zu Reformschritten bereit, während sein Sohn und Mitregent Kim Jong-il diese vehement ablehnte. Auf diesem Gegensatz basieren auch die Gerüchte um die angebliche Verstrickung Kim Jong-ils in den Tod seines Vaters. Ob und inwieweit in diesen Berichten ein Kern Wahrheit steckt, ist ungeklärt. Festgestellt werden kann jedoch, dass nach der Machtübernahme durch Kim Jong-il Reformversuche weitgehend eingestellt wurden. Bedingt durch die Hungersnot wurde den Bauern gestattet, in sehr begrenztem Rahmen auf eigene Faust anzubauen. Auch wurden Bauernmärkte eingerichtet. Tief greifende Reformen wurden jedoch nicht durchgeführt.

Tönerner Koloss auf stählernen Füßen

Man läuft leicht Gefahr, Nordkorea ob seiner offensichtlichen Schwächen zu unterschätzen. Die Tatsache, dass die zivile Industrie darniederliegt und die Landwirtschaft nicht mehr in der Lage ist, das eigene Volk ausreichend zu ernähren, sollte nicht darüber hinwegtäuschen, dass die zentrale Planwirtschaft in den vom Regime als wichtig deklarierten Bereichen durchaus zu beachtlichen Leistungen fähig ist. Eine Einschätzung der Kapazitäten des Landes ist schwierig, da Stärken und Schwächen sehr asymmetrisch verteilt sind.

Trotz zahlreicher Boykotte und seiner generell isolierten Stellung in der Welt schaffte es Nordkorea, Atombomben und Mittelstreckenraketen zu entwickeln, und ist kurz davor, eigene Satelliten ins All zu schießen. Das Land ist zwar vom globalen Internet weitgehend abgeschottet, unterhält aber eigene Cyberwar-Streitkräfte, die im Fall eines Krieges auch das Netz in ein Schlachtfeld verwandeln sollen. Das Land ist immer für einige Überraschungen gut.

Die technologische Unterstützung im Rüstungsbereich durch China und Russland dürfte spätestens seit Mitte der neunziger Jahre eingestellt worden sein. Technologie, die dennoch aus diesen Ländern ihren Weg nach Nordkorea findet, dürfte aufgrund von Spionage, Korruption und illegalem Handel erworben sein. Auf dieselbe Art und Weise findet auch westliche und vor allem japanische Technologie ihren Weg ins Land.

Es ist bekannt, dass die wichtigsten militärischen und politischen Kommandostellen mit Glasfaserkabeln vernetzt und damit nicht durch Satelliten abgehört werden können. Das Atomprogramm ist mit modernsten ausländischen Supercomputern ausgerüstet. Das meiste dieser Technologien wird in Japan legal gekauft und dann außer Landes nach Nordkorea geschmuggelt. Es handelt sich dabei um sogenannte Dual-Use-Technologie, also Technologie, die sowohl zivil als auch militärisch verwendet werden kann.

Amerikanische, südkoreanische und japanische Geheimdienste rätseln darum, wie viele atomare Sprengköpfe Nordkorea besitzt und welche Qualität diese haben. Als gesicherte Erkenntnis kann gelten, dass das Land über solche verfügt.

Um eine einsatzfähige Atomwaffe herzustellen, müssen eine Reihe verschiedener Technologien kombiniert werden. Das größte Hindernis ist die Gewinnung des nuklearen Materials. Diese Hürde hat Nordkorea schon vor Jahren überwunden. Es ist in der Lage, sowohl waffenfähiges Uran als auch Plutonium in größeren Mengen herzustellen und ausreichend anzureichern.

Sobald man das Spaltmaterial besitzt, ist der Bau einer Atombombe im Prinzip recht einfach. Wenn zwei subkritische Massen mit ausreichenden Geschwindigkeiten aufeinander geschossen werden, wird eine Kettenreaktion ausgelöst. Eine einfache stationäre Bombe zu bauen, ist damit keine große technische Herausforderung. Allerdings wäre eine solche nur von geringem militärischem Wert, da sie sperrig und schwer wäre.

Bei einem militärischen Sprengkopf wird das Spaltmaterial von einer Lage hochexplosiven Sprengstoffs umgeben. Wird dieser gleichzeitig von allen Seiten gezündet, so entsteht ein ausreichender Druck, um die Kettenreaktion in Gang zu setzen. Der technisch knifflige Teil ist hierbei die Gleichzeitigkeit der Zündung. Es klingt zwar einfach, ist es aber nicht.

Die maximale Effizienz einer Atomwaffe richtet sich nach Sprengkraft und Detonationshöhe. Die maximale Zerstörung wird erreicht, wenn der Sprengkopf in einer Höhe detoniert, die eine maximale Ausdehnung des Feuerballs am Boden garantiert. Je größer die Sprengkraft, desto höher die effektivste Detonationshöhe. Es kommt also darauf an, den Sprengkopf zum exakten Zeitpunkt zu zünden. Eine vom Flugzeug aus abgeworfene Bombe fällt langsam und kann zusätzlich noch durch einen Fallschirm abgebremst werden. Eine Rakete dagegen bewegt sich mit mehrfacher Schallgeschwindigkeit fort. Mit anderen Worten, die Zündung muss auf den Bruchteil einer Sekunde genau erfolgen, sonst explodiert der Sprengkopf zu hoch oder zu niedrig. Diese Zündungstechnologie zu vervollkommnen, ist die große Herausforderung beim Bau eines atomaren Raketensprengkopfes. Hinzu kommt, dass eine Rakete eine begrenzte Nutzlast und ein begrenztes Volumen aufweist. Der einsatzfähige Sprengkopf muss daher sehr kompakt und leicht gebaut sein.

Flugzeuge als Trägersysteme kommen für Nordkorea nicht in Frage. Der Gegner beherrscht den Luftraum und die Luftabwehr ist sowohl in Südkorea als auch Japan gut genug, um jeden Angriffsversuch zu vereiteln. Nordkorea benötigt daher für einen Atomschlag atomar bestückte Raketen. Die Raketentechnik des Landes ist ausreichend, um Südkorea und Japan zu bedrohen, denn spaltbares Material ist für mehrere Sprengköpfe vorhanden. Die große – unbeantwortete – Frage ist, ob auch die Entwicklung der Sprengköpfe so weit gediehen ist, dass diese auf die vorgesehenen Trägersysteme gesetzt werden können.

Mit Sicherheit kann gesagt werden, dass Nordkorea mit Hochdruck an der Entwicklung oder Weiterentwicklung einsatzfähiger Sprengköpfe arbeitet. Selbst für den Fall, dass es derzeit noch nicht in der Lage sein sollte, seine Raketen mit einsatzfähigen Sprengköpfen zu bestücken, wäre es nur eine Frage der Zeit, bis die letzten technischen Probleme ausgeräumt sind. Hinsichtlich der Sprengköpfe arbeitet die Zeit für Nordkorea.

Die häufig getesteten, zur Serienreife entwickelten Rodong-Mittelstreckenraketen bedrohen ganz Nordostasien. Mit der Entwicklung der dreistufigen Taepodong-Rakete versucht Nordkorea auch eine ballistische Interkontinentalrakete zu erwerben, mit welcher die USA direkt angegriffen werden könnten. Es deutet allerdings vieles darauf hin, dass die technischen Probleme erheblich sind und das Programm schlecht vorankommt.

Neben dem Atomprogramm betreibt Nordkorea auch die Entwicklung von biologischen und chemischen Massenvernichtungswaffen. Diese werden an politischen Gefangenen auf ihre Wirkung getestet. Klein-U-Boote, militärischer Tunnelbau, Kommandotruppen und ungewöhnliche Kampftaktiken erweitern das Spektrum der militärischen Fähigkeiten des Landes um eine große Anzahl von schwer berechenbaren Einsatzmöglichkeiten. Trotz der weitgehend veralteten Ausrüstung seiner regulären Truppen verfügt das Land damit über eine militärische Macht, die nicht unterschätzt werden sollte.

Der militärisch-industrielle Komplex Nordkoreas verfügt über eine Reihe von modernen, mit ausländischer Technologie ausgestatteten Produktionsstätten. Diese meist geheimen Anlagen sind oft in Stollen unter Tage untergebracht und damit schwer auszumachen und zu zerstören. Auch die einsatzbereiten Massenvernichtungswaffen sind auf diese Weise versteckt und vor feindlichen Angriffen geschützt. Ein militärischer Erstschlag gegen Nordkorea würde daher mit großer Wahrscheinlichkeit einen Vergeltungsschlag mit Massenvernichtungswaffen nach sich ziehen.

Mit dem Rücken zur Wand

Als im Oktober 2011 Bilder vom gelynchten Muammar Al-Gaddafi über die Fernsehbildschirme flimmerten, erhoben sich in Europa viele Stimmen, die dies beklagten, da auch diesem Diktator ein fairer Prozess zuzugestehen sei. Interessanterweise verurteilte niemand dieser Kommentatoren im Nachhinein die Ermordung von Benito Mussolini, der auch einmal über Libyen geherrscht hatte. Der Tyrannenmord nach oder während einer Revolution hat eine lange Tradition. Der abgeschlagene Kopf des Königs zeigt dem Volk, dass das dunkle Zeitalter der Unterdrückung nun endgültig vorbei ist und eine bessere Zukunft beginnt.

Aber der Tyrannenmord ist nicht nur von emotionaler, sondern auch von militärischer Bedeutung. Tyrannen haben Gefolgsleute. Deren Beziehung zum Tyrannen basiert sowohl auf einer rationalen als auch emotionalen Grundlage. Rational sind die Privilegien, die der Tyrann seinen Gefolgsleuten offeriert, emotional sind Treueschwüre und andere Bande. Mit dem Tod der Zarenfamilie wurde den Monarchisten die Hoffnung auf Restauration genommen, Hitler sollte sterben, um die Wehrmachtsoffiziere von ihrem Treuegelöbnis zu befreien. Allerdings wird nicht jeder Tyrann ermordet oder exekutiert.

Als im Winter 1989 der Kommunismus in Europa innerhalb weniger Wochen zerfiel, wurde nur in einem einzigen Land der Tyrann hingerichtet: Ein revolutionäres Standgericht organisierte für Nicolae Ceauşescu und seine Frau einen kurzen Schauprozess, danach trat ein Erschießungskommando in Aktion. In allen anderen osteuropäischen Ländern wurde niemand hingerichtet. Wenn es hochkam, gab es ein paar Jahre Gefängnis, oft auf Bewährung. Worin bestand der Unterschied zwischen Rumänien und dem Rest des Kontinents?

Ob ein Diktator nur aus dem Amt getrieben, ins Exil gejagt oder hingerichtet wird, hängt von vielen Faktoren ab, drei davon sind jedoch essentiell. Zunächst einmal kommt es auf die generelle Brutalität seiner Amtsführung an. Diktaturen springen mit politischen Gegnern übel um. Das bedeutet Gefängnis, Prügel, Berufsverbote und dergleichen. Andere Diktaturen lassen foltern. Und wiederum andere bauen Konzentrationslager, in denen die Gefangenen zu Tode geschunden werden.

Ein weiterer, häufig unterschätzter Punkt ist die Qualität der Ungleichheit. Fällt für die Untertanen vom Kuchen genügend ab, ist die Wut auf den Diktator nicht allzu groß. So funktionieren die Ölscheichtümer, in denen es bedeutend weniger demokratische Rechte gibt als beispielsweise im Iran oder in der Volksrepublik China. Sind alle arm, also hält sich der Reichtum der Herrschenden in Grenzen, so ist die Wut auf die Herrscher ebenfalls geringer. Trennen Tyrann und Untertan aber Welten, so baut sich eine nicht zu bändigende Wut im Volke auf.

Der dritte wichtige Punkt betrifft die Frage, wie der Tyrann im Fall der Revolution auf diese reagiert. Wasserwerfer, Verhaftungen und Zensur sind eine Sache, schießende Panzer und Luftangriffe gegen rebellische Stadtteile eine andere.

Beurteilt man einen Erich Honecker und einen Nicolae Ceauşescu nach diesen Kriterien, wird schnell klar, warum der eine unbehelligt ins Exil gehen konnte, während der andere exekutiert wurde. In der DDR wurde denunziert und spioniert, Dissidenten kamen ins Gefängnis, erlitten Berufsverbote und wurden auch misshandelt. Übel genug. In Rumänien wurde gefoltert und ermordet. Honecker besaß in Wandlitz ein Eigenheim, welches zwar für DDR-Verhältnisse luxuriös war, jedem westdeutschen Banker dagegen vor Lachen die Tränen in die Augen getrieben hätte. Honecker ließ zwar eine gewaltsame Niederschlagung des Aufstands vorbereiten, letztendlich wurde aber kein Schießbefehl mehr erteilt. In Rumänien wütete die Securitate.

Warum zögerte das SED-Regime letztendlich doch, ihren Truppen ein Massaker zu befehlen, während Ceauşescu töten ließ? Vermutlich, weil nach dem Sturz Honeckers die Bereitschaft, die Macht mit allen Mitteln zu halten, drastisch gesunken war. Michail Gorbatschow hatte zudem deutlich gemacht, dass die Rote Armee sich nicht an der Niederschlagung eines Aufstandes beteiligen würde. Niemand musste befürchten, erschossen zu werden oder allzu lange ins Gefängnis zu wandern, was sich im Fall einer blutigen Unterdrückung der Proteste geändert hätte.

Es gab also einen Ausweg. Für die Ceauşescus in Rumänien dagegen sah die Sache völlig anders aus. Ihr brutales Regime, der persönliche Luxus, die extreme Armut der Bevölkerung – all das gab wenig Anlass zu hoffen, halbwegs ungeschoren aus der Revolution hervorzugehen. In der Fliegerei gibt es den „point of no return“, den Punkt, an dem ein Flugzeug mangels Treibstoff nicht mehr zum Ursprungsflughafen zurückkehren kann, sondern das Ziel unbedingt erreichen muss. In der Politik existieren ebenfalls solche Punkte. Wird ein solcher während einer Revolution überschritten, so hat das Regime quasi keine andere Wahl mehr, als diese blutig niederzuschlagen. Für die Herrschenden geht es dann selber um Leben und Tod.

In Nordkorea ist die Lage noch extremer, noch zugespitzter als seinerzeit in Rumänien oder in den Ländern des Arabischen Frühlings. Die Brutalität des Regimes ist unübertroffen und die materielle Kluft zwischen Herrschenden und Untertanen größer als irgendwo auf der Welt. Einen Regimewechsel würden die herrschenden Familien kaum überleben und es ist fraglich, ob sie in irgendeinem Land Exil finden würden. Aufgabe ist keine Option. Sieg oder Tod sind die einzigen Alternativen.

Das Hauptproblem für das nordkoreanische Regime ist die Teilung des Landes. Reform bedeutet automatisch auch Öffnung. Öffnung bedeutet hereinströmende Informationen. So wie die Ostdeutschen ihre Lage nie mit der in Polen oder in der Tschechoslowakei verglichen haben, sondern immer mit bundesrepublikanischen Verhältnissen, so würde in einem offeneren Nordkorea der Vergleich immer mit Südkorea angestellt werden.

Als einziger koreanischer Nationalstaat hätte Nordkorea große Chancen durch sinnvolle Reformen innerhalb kürzester Zeit zu einem weiteren ostasiatischen Tigerstaat zu werden. Die industrielle Infrastruktur ist zwar veraltet und verfällt mangels Instandhaltung, sie existiert aber. Industrielle Fachkräfte und Ingenieure sind vorhanden und die Arbeiterschaft ist an industrielle Arbeit gewöhnt.

Seit Mitte des letzten Jahrzehnts steigen die Löhne für Industriearbeiter in China kontinuierlich an. In einigen Boomregionen, wie z. B. der Provinz Kanton, herrscht ein akuter Arbeitskräftemangel. Lohn- und damit Produktionskosten sind so stark gestiegen, dass viele Unternehmen ihre Fabriken auslagern, zum Teil ins unterentwickelte Westchina, zum Teil ins Ausland. Einer der größten Nutznießer dieser Auslagerung ist Vietnam. Die Löhne liegen nur bei einem Viertel von denen in der Provinz Kanton, kulturell steht man sich nahe und das politische System ist ähnlich. Der Nationalstaat Vietnam weist allerdings weniger Einwohner auf als die Provinz Kanton. Bald schon werden auch in Vietnam die Löhne anziehen. Die Bevölkerung Nordkoreas beträgt ein Viertel der Vietnams. Eine rasche wirtschaftliche Erholung durch massive ausländische Investitionen in arbeitsintensive Industrien wäre daher rein theoretisch möglich.

Bei den Besuchen Kim Jong-ils in China wurde dieser seit den neunziger Jahren von chinesischer Seite regelmäßig durch Sonderwirtschaftszonen geführt. Man versuchte, ihn von dem Erfolg der chinesischen Wirtschaftsreformen zu überzeugen. Dem

„Geliebten Führer" wurden moderne Hightechfabriken, Hafenanlagen, Konsumtempel und Vergnügungsstätten vorgeführt. Dennoch ließ sich dieser von all diesen chinesischen Erfolgen nicht zu eigenen Reformen überzeugen.

Die ökonomischen Errungenschaften dürften den Geliebten Führer schon überzeugt haben, ihm dürfte jedoch auch etwas anderes aufgefallen sein. Ein nordkoreanischer Überläufer erklärte in Seoul in einem Interview einmal sehr aufschlussreich, was einen Nordkoreaner in China wirklich beeindruckte. Dieser Überläufer war dienstlich nach Peking gesandt worden. Dort war er in erster Linie über den „ungehemmten Zugang zu allen Informationen" erstaunt. Für westliche Ohren mag dies seltsam klingen, wo wir doch ständig über die chinesische Zensur in unseren Medien lesen. Es gibt natürlich Zensur in China, die wird aber häufig umgangen und umfasst auch nicht alle gesellschaftlichen Bereiche. Auch staatliche Medien berichten durchaus kritisch über viele Probleme, decken Korruptions- und Umweltskandale auf. Daneben muss man bedenken, dass in erster Linie chinesischsprachige Medien zensiert werden, in zweiter Linie englischsprachige. Medien in anderen Sprachen interessieren die Zensoren kaum, da diese sowieso kaum ein Chinese versteht. Es ist kein Problem, auch die chinakritischsten Artikel deutscher Tageszeitungen im Internet zu lesen. Dasselbe trifft natürlich auf koreanischsprachige Medien zu. Eine Zensur der südkoreanischen Presse würde in erster Linie südkoreanische Geschäftsleute verärgern, anstatt die Verbreitung politisch brisanter Themen unter Chinesen zu verhindern. Für den späteren nordkoreanischen Überläufer bedeutete China daher tatsächlich, ungehinderten Zugang zu Informationen aller Art zu erhalten.

Kim Il-sung wird auf seinen Chinareisen nicht entgangen sein, dass Medien aller Art aus Taiwan, Hongkong und Singapur in China offen gehandelt werden, dass selbst die staatlichen Sender solche ausländischen Produktionen verbreiten. Das große Modeangebot dürfte er weniger als progressiven ökonomischen Erfolg betrachtet haben, denn als Bedrohung der gesellschaftlichen Homogenität. Und die zweihundert Kabelkanäle, die man in Peking empfangen kann, dürften für jemanden, der seinem Volk vorsätzlich nur einen Fernsehkanal gönnt, auf dem ausschließlich Propaganda gesendet wird, ebenfalls suspekt sein. Auch in China versucht die kommerzielle Werbung die beworbenen Produkte mit dem Gefühl von Freiheit, Abenteuer und Individualität zu verbinden.

Wirtschaftliche Reformen gehen mit einer Öffnung des Landes einher. Ein international tätiges Unternehmen benötigt internationale Kommunikation. Bis in die siebziger Jahre waren die Mittel dieser Kommunikation Brief, Telex, Telefon und zum Teil noch Telegramm. Diktaturen auf der ganzen Welt kopierten geschriebene Briefe und zeichneten Telefonate auf. Dann kam das Telefax, die erste elektronische Post für reine Textnachrichten, bis schließlich die Internetrevolution die Deiche der Überwachung hinwegsprengte. Internetkontrollen können umgangen, Netzspione ausgetrickst werden und im Darknet ist sowieso alles möglich, ohne dass dies unerwünschte Behörden mitbekommen. Selbst der riesige Apparat der chinesischen Zensurbehörde schafft es nicht, eine effektive Zensur durchzusetzen. Sobald sie die „Große Mauer" erhöht, beginnen die chinesischen Hacker, die „Große Leiter" zu verlängern.

Außenhandel ohne Internetanschluss ist heute kaum noch vorstellbar. Ausländische Geschäftsleute erwarten heutzutage einen Anschluss in ihrem Hotelzimmer, so, wie sie auch CNN und BBC im Kabelfernsehen schauen wollen. Eine tief greifende Wirtschaftsreform würde der Selbstisolation den Todesstoß versetzen. Die Datenflut würde langsam aber stetig das ganze Land überschwemmen. Abgesehen davon wären radikale Reformen auch ein politisch-ideologisches Eingeständnis, dass man bisher große Fehler gemacht hat. Wie kann aber ein Genie wie der Geliebte Führer Kim Jong-il einen Fehler begangen haben? Ein unfehlbarer Gott kann keine Fehler begehen. Können Sie sich vorstellen, dass der Papst Gott vorwerfen würde, bei der Konstruktion des Menschen mit dem Blinddarm gepfuscht zu haben?

Die Isolation des Landes zeigt bereits etliche Risse. Ausländische Informationen sickern ins Land und unterminieren die Moral der Bevölkerung, strafen die Propaganda Lügen. Nach Angaben von Überläufern wenden sich immer mehr Nordkoreaner innerlich vom Regime ab. Als südkoreanische Aktivisten 2011 damit begannen, Luftballons mit Flugblättern über die Grenze fliegen zu lassen, drohte der Norden offen mit Krieg, sollten diese Aktionen nicht eingestellt werden. Anscheinend war die Wirkung dieser Ballonpropaganda sehr erfolgreich und das Regime sieht sie als ernste Bedrohung.

Um den Erfordernissen der Industrie nachzukommen und dennoch die Kontrolle zu behalten, baut Nordkorea derzeit ein eigenes Intranet auf, also ein rein nordkoreanisches Netz ohne globalen Anschluss. Internetanschlüsse bleiben weiterhin nur wenigen ausgewählten Dienststellen vorbehalten. Auch ein eigenes Mobiltelefonnetz wird aufgebaut, in erster Linie, um der Nutzung chinesischer SIM-Karten eine kontrollierbare Alternative entgegenzusetzen.

Für die führenden Familien des Landes stellen Reformen eine große Gefahr dar. Für untergeordnete Funktionäre und Offiziere, die nicht diesem engsten Machtzirkel angehören, stellt sich die Lage dagegen anders dar. Trotz der Privilegien, die sie erhalten, liegt ihr Lebensstandard weit unter dem des südkoreanischen Mittelstandes. Selbst in China ist der Mittelstand wohlhabender als ein durchschnittlicher Parteikader aus Nordkorea. Der chinesische Parteikader dagegen, der seine Position für eine Vielfalt an legalen und illegalen Tätigkeiten nutzen kann, lebt im Vergleich zu seinem nordkoreanischen Kollegen wie Gott in Frankreich. Die Wirtschaftsreformen haben die chinesischen Funktionäre reich gemacht und neue Karrieremöglichkeiten eröffnet.

Für den kommunistischen Kader aus Nordkorea muss China wie ein Paradies erscheinen: Ein Land, in dem die kommunistische Partei auch weiterhin fest im Sattel sitzt und Parteikadern zu Wohlstand oder gar Reichtum verhilft. Diese Kadermittelschicht, bestehend aus Funktionären, Managern und Offizieren, hat einen begrenzten Zugang zu Informationen und zum Teil Auslandskontakt, vornehmlich zu China. Diesen Kadern ist der reale Zustand von Verwaltung, Industrie und Militär kein Geheimnis. Als Verwalter des Mangels muss ihnen klar sein, dass das jetzige System kaum eine langfristige Überlebenschance hat. Eine Wiedervereinigung unter südkoreanischer Führung würde jedoch die nordkoreanischen Kader ihrer Stellung, Macht und Privilegien berauben.

In den letzten Jahren gab es immer wieder Gerüchte um angebliche Putsch- und Attentatsversuche gegen Kim Jong-il. Keines dieser Gerüchte konnte von unabhängiger Seite bestätigt werden, aber ihre Existenz zeigt, dass in Nordkorea zumindest an diese Möglichkeit gedacht wird. Ein Putsch durch Parteikader oder Offiziere könnte sich des Wohlwollens etlicher ausländischer Mächte sicher sein. Für Peking wäre eine reformorientierte Putschistenjunta die Ideallösung. Chaos würde weitgehend vermieden, Wirtschaftsreformen könnten nach chinesischem Vorbild durchgeführt werden und Verhandlungen über eine langfristige Wiedervereinigung beginnen. In diesem Szenario würde China seinen Einfluss nicht nur behalten, sondern sogar ausweiten und gleichzeitig versuchen, die amerikanische Präsenz in Nordostasien zurückzudrängen. Südkorea würde in diesem Szenario von einer Flüchtlingswelle verschont und die Wiedervereinigungskosten könnten erheblich gesenkt werden.

Ohne nennenswerte wirtschaftliche Erfolge wird es für das Regime immer schwerer werden, die eigenen Kader bei der Stange zu halten. Die Gefahr eines internen Umsturzes wird damit kontinuierlich anwachsen. Die Aufrechterhaltung des Kontrollapparates wird damit für das Regime zur Überlebensfrage. Eine Lockerung der Zensur oder Reformen zur Verbesserung der Verwaltung sind daher eher nicht zu erwarten.

KAPITEL 4

Die Angst vor dem Glück

Künftige Generationen, welche die deutsche Wiedervereinigung studieren wollen, werden wohl kaum darum herumkommen, Koreanisch zu lernen. In keinem anderen Land der Welt hat man nämlich diese so aufmerksam beobachtet, studiert und auseinandergepflückt wie in Korea.

Als die Berliner Mauer fiel, schickte sich Südkorea gerade an, vom Schwellenland zum Industrieland zu werden. Das Lohnniveau lag noch bedeutend unter dem Westeuropas und die Qualität vieler Industrieprodukte ließ noch arg zu wünschen übrig. Made in South Korea löste Made in Taiwan ab, so wie dieses ein Jahrzehnt zuvor Made in Japan als Begriff für Billigware abgelöst hatte. Der feindliche Bruder nördlich des Han-Flusses stagnierte zwar seit einem Jahrzehnt, die Wirtschaft war aber noch intakt und die Rüstungsindustrie produzierte Unmengen zwar veralteter aber dennoch bedrohlicher Panzer und Kanonen. Der Norden vergrößerte in dieser Zeit sein Heer von einer Dreiviertelmillion auf eineinviertel Millionen Mann. Ohne fremde Hilfe wäre zu diesem Zeitpunkt Südkorea dem Norden militärisch unterlegen gewesen.

Der Fall der Mauer löste in Südkorea eine Euphorie aus, wie sie sonst außerhalb Europas nirgends zu spüren war. Auf einmal erschien auch die koreanische Wiedervereinigung greifbar.

Heute ist diese Euphorie vollkommen verflogen. Nordkorea brach weder zusammen noch reformierte es sich. Im Gegenteil, der 1994 an die Macht gekommene Kim Jong-il führte die „Militär-zuerst-Politik" ein und vertiefte die ideologischen und militärischen Gräben. In den darauffolgenden zwei Jahrzehnten wurde Südkorea erst zu einer Industrienation, dann zu einer führenden Industrienation und zu guter Letzt zum modernsten Flächenstaat der Welt, dessen Infrastruktur die etablierten Industrienationen alt aussehen lässt. Im Norden brach die Wirtschaft vollständig zusammen, bis zu zwei Millionen Menschen verhungerten in der zweiten Hälfte der neunziger Jahre. Südkorea verfügt heute über eine der modernsten und schlagkräftigsten konventionellen Streitkräfte der Welt, Nordkorea hat die Atombombe.

Beide Länder driften immer mehr auseinander. In den siebziger Jahren waren die Lebensverhältnisse noch halbwegs vergleichbar. Heute sind die Unterschiede größer als zwischen Liechtenstein und Moldawien, Europas reichstem und ärmstem Land.

Während dieser ganzen Zeit äußerst dynamischer Entwicklung in Korea beobachtete man in Seoul in Echtzeit den deutschen Einigungsprozess. Das analytische Ergebnis war immer das Gleiche: So eine Wiedervereinigung wie bei den Deutschen können wir uns nicht leisten, denn das würde uns völlig ruinieren. Auch andere, von den Deutschen nicht gewählten Alternativen wurden durchgespielt, doch auch hier lautete das Ergebnis immer gleich: Wird nicht funktionieren.

Heute verfügt Südkorea zwar, anders als 1989, über beträchtliche finanzielle Reserven, die Staatsschulden sind minimal und die Wirtschaftsprognosen glänzend, aber ein Zusammenbruch Nordkoreas würde bedeuten, dass der Süden auf Jahre hinaus über zwanzig Millionen Nordkoreaner versorgen müsste.

Es ist nicht verwunderlich, dass mit den Jahren die südkoreanischen Verlautbarungen betreffs einer Wiedervereinigung immer vorsichtiger wurden. Heute betont man, dass es zunächst auf eine Reform und Wiederbelebung der nordkoreanischen Wirtschaft ankomme. Eine schnelle Wiedervereinigung wird schon lange nicht mehr vom Wiedervereinigungsministerium propagiert, eher das Gegenteil. Zwar wird es nicht offen zugegeben, aber gedacht schon: Die innerkoreanische Grenze sollte auch nach einem Regimewechsel noch für Jahre bestehen, damit die Nordkoreaner im Norden bleiben und nicht in den Süden auswandern.

Besonders die deutsche Binnenmigration von Ost nach West hat die politische Elite in Seoul erschreckt. Wenn schon die Ostdeutschen scharenweise ihre Heimat verließen, und das obwohl sie einen höheren Lebensstandard hatten als manch andere EU-Bürger, was würde dann in Nordkorea passieren, wo Menschen verhungern oder das Risiko auf sich nehmen, über die Grenze nach China zu flüchten? Die Vorstellung von einer apokalyptischen Flutwelle von Abermillionen nordkoreanischer Flüchtlinge, die auf einen Schlag nach einer Grenzöffnung nach Süden strömen, hält die südkoreanische Regierung in Bann. Egal, welche Partei gerade an der Macht ist.

Die Frontstadt Westberlin bot einem Betrachter Einblick in die seltsame Psyche der Menschen. Das Phänomen, eine drohende Gefahr und Unannehmlichkeit durch kollektives Ignorieren aus der Lebensrealität zu verbannen, konnte hier par excellence studiert werden. Für den Westberliner existierte der Osten nicht. Ostberlin und die DDR spielten im Alltag so gut wie keine Rolle und bildeten fast nie ein Gesprächsthema, es sei denn Besuch von außerhalb war zugegen. Nur wenn man mit der U-Bahn von Wedding nach Kreuzberg fuhr, verstummten selbst die lautesten Teenager während des Transits und eine bleierne Stille legte sich über die Wagons, wenn diese die verlassenen und abgedunkelten Ostberliner Stationen passierten.

Die Südkoreaner gehen mit dem Norden ähnlich um wie die Westberliner mit dem Osten. Seoul mag zwar im Schussbereich der nordkoreanischen Artillerie liegen, aber groß kümmern tut dies niemanden. So wie die DDR das Rote Meer war, welches die Insel Berlin vom europäischen Festland trennte, so trennt ein roter Kanal Südkorea von dem chinesischen Festland. Da es nicht einmal einen Transit gibt, durch den man von Seoul nach Dalian oder Shenyang reisen könnte, und Verwandtenbesuche über die Grenze so gut wie unmöglich sind, beschäftigt sich der durchschnittliche Südkoreaner noch weniger mit dem Norden als der durchschnittliche Westdeutsche sich mit dem Osten beschäftigt hat.

Es gibt so gut wie keine Kommunikation zwischen beiden Ländern. Post- und Telefonverkehr müssen über Drittländer laufen. Wer illegal im Norden südkoreanischen Rundfunk hört erleidet dasselbe Schicksal wie ein Untertan des Dritten Reiches, der BBC hörte. In Südkorea sind wiederum alle nordkoreanischen Medien verboten. Allerdings handelt es sich dabei um ein Relikt aus der Militärdiktatur. Die Staatsanwaltschaft prüft gerade, ob ein nordkoreanischer Überläufer, der das nordkoreanische Staatsfernsehen als Livestream ins Netz stellt, überhaupt eine strafbare Handlung begeht oder ob seine Argumentation zutreffend ist, nach dem das Programm des nordkoreanischen Fernsehens doch die allerbeste Gegenpropaganda gegen den Norden sei. Juristisch mag der gute Mann unterliegen, inhaltlich hat er Recht, eine Strafe muss er kaum befürchten und eine Aufforderung, den Sendebetrieb einzustellen, ist bislang nicht eingegangen. Das Problem ist eher, dass kaum jemand sich für sein Projekt interessiert. Die militärische Grenze, offiziell „Entmilitarisierte Zone" genannt, ist in Wirklichkeit die militarisierteste Zone der Welt. Selbst die innerdeutsche Grenze war zu keinem Zeitpunkt so waffenstarrend wie die innerkoreanische.

Im Vergleich dazu war die Mauer ein löchriger Käse. Wer wollte, konnte sich ohne größere Probleme über die Zustände im anderen Teil Deutschlands informieren. Interzonentelefonate mögen abgehört und Briefe kopiert worden sein, aber immerhin konnte man kommunizieren. Wenn ein Ostdeutscher versehentlich öffentlich zugab, Westfernsehen zu schauen, dann konnte das böse Folgen für die Karriere haben, aber eine sofortige Einweisung der gesamten Familie in ein Konzentrationslager stand nie zur Debatte. Die DDR war eine Diktatur und Deutschland geteilt. Nordkorea ist eine totalitäre Diktatur und Korea ist total geteilt. Dies ist kein kleiner, sondern ein gewaltiger Unterschied.

Für die südkoreanische Bevölkerung bedeutet diese Situation, dass sie noch stärker das Interesse am anderen Landesteil verloren hat als seinerzeit die westdeutsche. In Westdeutschland waren es vor allem die Familien, die Verwandte im Osten hatten, die sich nicht mit der Teilung abfinden wollten. Man schrieb sich, telefonierte auch hin und wieder und zu Weihnachten schickte man sich gegenseitig Päckchen. Zumindest an Heiligabend wurden auch die jüngeren Familienmitglieder beim Auspacken des Päckchens aus der Zone daran erinnert, dass es noch ein Deutschland jenseits der Elbe gab. Und zum runden Geburtstag oder, weniger schön, zur Beerdigung konnte auch der eine oder andere enge Verwandte persönlich aus dem Osten anreisen. Das alles fehlt in Korea. Selbst wenn ein Wunder die freie Kommunikation erlauben sollte, würden sich die meisten auseinandergerissenen Familien überhaupt nicht finden können, mangels Adressen. Hier müsste erst einmal das Internationale Rote Kreuz auf den Plan treten und eine Organisation zur Vermisstensuche aufbauen, so wie in Europa nach dem Zweiten Weltkrieg.

Die südkoreanische Regierung, allen voran das Wiedervereinigungsministerium, steht damit vor einer schier unlösbaren Aufgabe. Es bieten sich nur drei prinzipielle Zukunftsperspektiven:

In der ersten, der schlimmsten Variante, kommt es zu einem erneuten Krieg. Im „günstigsten" anzunehmenden Kriegsverlauf werden keine Atomwaffen eingesetzt und es gelingt der südkoreanischen Armee und den Streitkräften der Vereinten Nationen innerhalb kürzester Zeit, den Angriff abzuschlagen und den Norden zu erobern. China, Russland und Japan würden sich aktiv auf die Seite der Republik Korea stellen und sich als Mitgliedsstaaten der Vereinten Nationen am militärischen Gegenschlag beteiligen. Selbst in diesem Szenario würden große Teile Seouls verwüstet werden, die Opferzahlen sich eher im Bereich der Hunderttausenden als Zehntausenden bewegen und die materiellen Schäden eher im dreistelligen als zweistelligen Milliardenbereich liegen. Die unterlegene Koreanische Demokratische Volksrepublik würde völlig zusammenbrechen und ihre Bevölkerung müsste auf Monate von außen versorgt werden. Millionen von Flüchtlingen aus dem Norden würden zunächst in das verwüstete Seoul strömen und müssten zusammen mit den aus Seoul flüchtenden Zivilisten auf den Rest des Landes verteilt werden. Wie gesagt, dies ist der „günstigste" Kriegsverlauf. Der anzunehmend ungünstigste Verlauf würde zwar immer noch auf einen Sieg des Südens hinauslaufen, allerdings um den Preis eines völlig zerstörten Landes und einer weltweiten bodenlosen Wirtschaftskrise.

In der zweiten Variante bricht das nordkoreanische Regime „friedlich" zusammen. Der Begriff „friedlich" wird in diesem Zusammenhang verwendet, um den Kontrast zu einem totalen Krieg herauszustreichen. Dass ein solcher Zusammenbruch ohne Kämpfe und damit Opfer innerhalb Nordkoreas ablaufen wird, ist kaum vorstellbar. Im „günstigsten" Fall dieser Variante bricht die öffentliche Ordnung nicht schlagartig und vollständig zusammen, alle direkt beteiligten Nationen einigen sich innerhalb weniger Tage (wenige Stunden kann man von der Politik nicht erwarten) auf einen gemeinschaftlichen Rettungsplan und die chinesischen, russischen und japanischen Streitkräfte unterstützen die südkoreanische Armee mit Transportkapazitäten dabei, die materielle Versorgung der nordkoreanischen Bevölkerung für die ersten Monate zu sichern. Der Flüchtlingsstrom würde in diesem Fall nicht so schlagartig einsetzen und es würden insgesamt weniger Flüchtlinge in den unzerstörten Süden strömen, aber dennoch würden ein solcher Staatskollaps und die daraufhin unvermeidliche Wiedervereinigung die südkoreanische Volkswirtschaft völlig überfordern. Bei einem chaotischen Kollaps des Regimes wäre eine schlagartige Fluchtbewegung von Millionen von Nordkoreanern in den Süden unvermeidlich. Der totale Zusammenbruch der Gesellschaft und seiner Infrastruktur würde einen Wiederaufbau ungemein verzögern.

Bei der dritten Variante handelt es sich um die, bei der Nordkorea sich zunächst von innen heraus soweit reformiert, bis es überhaupt wiedervereinigungsfähig ist. Idealerweise würde sich der neue Herrscher Kim Jong-un, nachdem er seine Macht gefestigt hat, als verkappter Reformer erweisen, welcher das Land schrittweise umgestaltet. Dass der neue Herrscher ein Reformer ist, ist eher unwahrscheinlich. Eine weniger ideale Lösung wäre daher ein Staatsstreich, z. B. durch jüngere Offiziere und Parteikader. In diesem Fall würde die Grenze aufrechterhalten werden und damit auch eine Binnenmigration verhindert. Die Volksrepublik China könnte in dieser Variante wertvolle Unterstützung leisten, indem sie ihre Erfahrungen in der Reform staatlicher Schwerindustrie und Errichtung wirtschaftlicher Sonderzonen einbringt. Trotz aller Unterschiede ist das spätmaoistische China noch am ehesten vergleichbar mit dem heutigen Nordkorea. Außerdem wiesen die chinesischen Nachbarprovinzen in der Mandschurei eine ähnliche schwerindustrielle Wirtschaftsstruktur auf, die, wie in Nordkorea, auf der japanischen Industrialisierung basierte, und zudem ist die koreanische Kultur in der Mandschurei durch die zahlreiche koreanische Minderheit nicht unbekannt. Es ist nicht auszuschließen, dass im günstigsten Fall bei einer guten Zusammenarbeit zwischen China, Südkorea, Japan und einem nordkoreanischen Reformregime Nordkorea innerhalb einer Dekade einen durchschnittlichen Lebensstandard erreichen könnte, wie er derzeit in Vietnam herrscht. Eine darauf folgende sukzessive Öffnung der Grenze würde zwar eine große Binnenmigration nicht verhindern, würde aber weder die südkoreanische noch die nordkoreanische Wirtschaft völlig überfordern.

Eine vierte Variante, bei der das Regime ohne Widerstand aufgibt, sich das Land wiedervereint und „Blühende Landschaften" im Norden aus dem Boden sprießen, gehört nicht mehr in den Bereich der fundierten Spekulation, sondern in den Bereich der rein fiktionalen Phantasie.

Betrachtet man diese drei realistischen prinzipiellen Varianten, so bedarf es eigentlich keiner weiteren Erklärung, warum die südkoreanische Regierung die dritte Variante als anzustrebendes Ziel sieht, versucht auf die zweite vorbereitet zu sein und die erste unter allen Umständen verhindern muss, egal welche Partei gerade in Seoul an der Macht ist. Dabei deckt sich das Interesse der Regierung völlig mit dem der südkoreanischen Bevölkerung.

Offiziell werden natürlich vorsichtigere Worte verwendet, denn die Bevorzugung der dritten Variante bedeutet ja nichts anderes, als dass einem das eigene südliche Designerhemd näher ist als die nördliche zerschlissene Jacke. Streng objektiv nach moralischen Werten betrachtet, nach konfuzianischen allemal, ist dieses Denken verwerflich. Subjektiv betrachtet, nach gesundem Menschenverstand, hingegen verständlich und nachvollziehbar. Wäre der gesamtkoreanischen Nation damit gedient, wenn das Land an seiner eigenen Wiedervereinigung wirtschaftlich zugrunde gehen würde? In der Variante zwei würde sich das wiedervereinigte Korea höchstwahrscheinlich derart von ausländischen Mächten, seien es China, Japan, die USA oder die Weltbank, abhängig machen, dass kaum noch von einer souveränen Nation gesprochen werden könnte. Nicht nur ist Südkorea kleiner als Westdeutschland und Nordkorea größer als Ostdeutschland, Südkorea ist auch nicht Mitglied einer Solidargemeinschaft wie der Europäischen Union, die im Prozess der deutschen Wiedervereinigung eine nicht zu unterschätzende Rolle gespielt hat. Ein wiedervereintes Korea wäre letztendlich in erster Linie auf sich alleine gestellt.

Die Tragik der südkoreanischen Politik ist, dass sie trotz aller Bemühungen, zu keinem Ergebnis gelangen kann. Die strikte Konfrontationspolitik wurde 1988 unter Präsident Roh Tae-woo zugunsten der Nordpolitik aufgegeben. Diese orientierte sich an der deutschen Ostpolitik Willy Brandts und setzte auf eine Annäherung durch Dialog. Der 1998 ins Präsidentenamt gewählte Kandidat der demokratischen Opposition Kim Dae-jung verstärkte die Bemühungen einer Annäherung durch Dialog mit seiner Sonnenscheinpolitik. Neben vielen symbolischen Gesten und einigen wenigen konkreten Projekten wie der Einrichtung der Kaesong-Sonderwirtschaftszone und der Kumgang-Tourismuszone in Nordkorea kam es regelmäßig zu Rückschlägen, darunter ein kleines Seegefecht sowie Atombomben- und Raketentests durch den Norden.

Nach jahrelangen kleinen symbolischen Hoffnungsschimmern musste leider festgestellt werden, dass Kim Jong-il und seine Diplomaten begnadete Schauspieler waren, welche den Süden wie den Rest der Welt an der Nase herumgeführt hatten und keinerlei Bereitschaft zeigten, sich auch nur um einen Deut zu bewegen. Der im Februar 2008 gewählte neue konservative Präsident Lee Myung-bak erklärte die Sonnenscheinpolitik schließlich für gescheitert und schlug einen strikteren, konfrontativeren Kurs ein. Nordkorea beantwortete diesen Kurswechsel entsprechend mit einer Reihe von Provokationen, darunter die Versenkung der südkoreanischen Korvette Cheonan und die Beschießung der Insel Yeonpyeong durch die nordkoreanische Artillerie im Jahr 2010. Bei Nordkorea scheinen weder Zuckerbrot noch Peitsche Erfolg zu haben. So verharrt Südkorea in seinem Dilemma, in dem Politiker, Intellektuelle, Ministerialbürokraten und einige engagierte Bürger versuchen eine Lösung zu finden, während der größte Teil der Bevölkerung in einer Art von Resignation Südkorea immer weiter an die Spitze der führenden Industrie- und Kulturnationen führt und dabei die apokalyptische Realität des Nordens immer weiter verdrängt.

Das Land der stillstehenden Sonne

Die politische Rolle Japans steht in keinem Verhältnis zu seiner ökonomischen Größe. Seine industrielle und technologische Macht trotzt den vielen hausgemachten Problemen, Naturkatastrophen und globalen Wirtschaftskrisen. Trotz der weltweit höchsten Prokopfverschuldung ist das Vertrauen in die wirtschaftliche Stabilität des Landes so groß, dass die Regierung für weitere Anleihen nur niedrigste Zinssätze zu zahlen hat. Neben technologischen Exporten hat Nippon auch im kulturellen Bereich Boden wettgemacht. Wo noch vor einem Vierteljahrhundert den meisten Deutschen zum Thema Japan kaum mehr als Karate und Harakiri einfiel, ist der zeitgenössische Mann von Welt selbstverständlich ein Experte der Sushiküche und coole Kids lernen Mangas zeichnen. Godzilla hat King Kong geschlagen und Superman wurde von Astroboy aus dem Amt gemobbt.

Politisch jedoch ist Japan auch heute noch auf der internationalen Bühne kaum wahrnehmbar. In globalen politischen Fragen ist Japan der treueste Verbündete, den sich Amerika nur denken kann. Japan verhält sich bis auf wenige innerasiatische Themen gegenüber den USA wie ein Vasall, wie ein blinder Gefolgsmann. Außenpolitik bedeutet in Japan fast ausschließlich Außenhandelspolitik.

Ähnlich dem besiegten Deutschland konnte das besetzte Japan zunächst keine eigene Außenpolitik entwickeln. Diese wurde in Washington gemacht. In Westdeutschland bot die sich anbahnende europäische Einigung die Möglichkeit zu einer eigenständigen europäischen Außenpolitik und mit Willy Brandts Ostpolitik wurde sogar hin und wieder entgegen den amerikanischen Vorstellungen gehandelt. Weltweit konnte sich Westdeutschland im Rahmen des westlichen Bündnisses betätigen und Ostdeutschland agierte entsprechend für seine Herren in Moskau. Das wiedervereinigte Deutschland hatte also zumindest ein wenig Erfahrung mit eigenständiger Außenpolitik, und dennoch dauerte es über ein Jahrzehnt, bis es sich an seine Rolle in der Ära nach dem Kalten Krieg gewöhnt hatte.

In Japan dagegen richtete man sich vollständig in der kuscheligen amerikanischen Protektoratsecke ein. Amerika hielt schützend seinen atomaren Schirm über das Land und die Japaner widmeten sich mit allem Elan dem Wiederaufbau. Die freiwillige pazifistische Selbstbeschränkung, maximal ein Prozent des Bruttosozialprodukts für Rüstung auszugeben, erwies sich zudem als hervorragende Ausrede, nicht mehr für die gemeinsame Verteidigung zu tun. International stimmte man im Sinne Washingtons ab und hin und wieder ein wenig populistisches Säbelrasseln gegenüber China und die Abwehr südkoreanischer Entschädigungsansprüche.

Im Gegensatz zu Deutschland änderte das Ende des Kalten Krieges für Japan zunächst wenig. China war immer noch kommunistisch und Nordkorea eine Gefahr. Nur die Sowjetunion als Gegner fiel weg. Aber auch während des Kalten Krieges stellte diese für Japan nie so eine immanente Bedrohung dar, wie sie das für die Bundesrepublik Deutschland und Westeuropa getan hatte.

Die Veränderungen der globalen Lage Japans sind nicht abrupt, sondern langsam fließend. In erster Linie ist es der stetige Machtzuwachs Chinas, welcher weniger ein militärisches als ein ökonomisches Problem darstellt. Aber auch die Bedeutung der südostasiatischen Staatengemeinschaft ASEAN nimmt zu. Die wichtigsten diplomatischen Verhandlungen werden derzeit zwischen ASEAN und China geführt. Es geht um die Errichtung eines gemeinsamen Marktes und weiterführend sogar einer Zollunion. Hier muss Japan aufpassen, nicht den Anschluss zu verlieren. Ein solch gemeinsamer Markt, bei dem Japan nicht Mitglied ist, wäre für die Handelsnation Japan eine enorme ökonomische Bedrohung.

Die Koreafrage stellt die wichtigste Ausnahme in der japanischen Außenpolitik dar. Dies liegt nicht nur daran, dass die koreanische Halbinsel in direkter Nachbarschaft zu Japan liegt und ein erneuter Krieg unweigerlich negative Auswirkungen auf die japanische Wirtschaft hätte, sondern Japan auch direkt Ziel eines militärischen Angriffs werden könnte.

Japan stellte im Koreakrieg keine Truppen. Solche hätte es auch gar nicht stellen können, denn gleich Deutschland war die besiegte Nation seinerzeit noch unbewaffnet und erst der Koreakrieg war der Anlass zur Wiederaufrüstung. Dennoch war das Land in diesem Krieg beileibe nicht neutral. Seine Häfen und Flughäfen waren für die UN-Truppen in Korea überlebenswichtig. Ohne ihre Basis in Japan wäre es kaum möglich gewesen, das belagerte Pusan zu halten und später zum Gegenangriff überzugehen.

Japan hat sein Territorium den Vereinten Nationen, genauer gesagt dem United Nations Command in Korea UNC zur Verfügung gestellt. Die Vereinten Nationen betreiben sieben Militärbasen in Japan, welche häufig fälschlicherweise als amerikanische Basen gesehen werden, und haben das Recht, ohne weitere Konsultation mit Japan Truppenbewegungen durchzuführen. Die Militärbasen werden durch die japanische Infrastruktur versorgt. Angehörige der Streitkräfte der UNO genießen in Japan exterritorialen Status. Das japanische Kaiserreich hat damit wichtige Teile seiner nationalen Souveränität an die UNO abgetreten. Neutralität sieht anders aus.

Japan ist damit eindeutig als kriegführende Nation zu sehen, selbst wenn seine Truppen bislang nicht aktiv an Kämpfen mit Nordkorea teilgenommen haben. Im Fall eines Bruchs des Waffenstillstands wären nordkoreanische Raketen- und U-Boot-Angriffe gegen Japan durchaus kriegsvölkerrechtlich legitimiert.

Dass die Lage in Japan entsprechend eingeschätzt wird, kann an der Militärpolitik gesehen werden. In erster Linie sind die Streitkräfte, Selbstverteidigungskräfte genannt, darauf ausgerichtet, Angriffe aus Nordkorea abzuwehren. Vor japanischen Atomkraftwerken kreuzen ständig Kriegsschiffe, deren Aufgabe es ist, nordkoreanische Klein-U-Boote aufzuspüren. Mit solchen hat Nordkorea in der Vergangenheit regelmäßig Kommandotruppen in Südkorea an Land gesetzt, um Sabotage- und Terrorakte durchzuführen. In Japan befürchtet man Sabotageaktionen gegen seine Atomkraftwerke. Mit der Kernschmelze in Fukushima dürfte diese Angst noch weiter zugenommen haben, da nun das Ausmaß einer Reaktorkatastrophe offensichtlich ist.

Aber nicht nur durch konventionelle Angriffe auf Militärbasen und Infrastruktur sieht sich Japan bedroht, sondern auch durch einen atomaren Erstschlag. Warum Japan in der Tat als primäres und hauptsächliches Ziel eines solchen angesehen werden muss, beruht auf einer Verknüpfung verschiedener Gründe.

Zunächst einmal ist der Einsatz nordkoreanischer Atomwaffen gegen Südkorea aus ideologischen Gründen eher unwahrscheinlich. Aus Sicht der nordkoreanischen Propaganda müssen die durch den amerikanischen Imperialismus unterjochten und versklavten südkoreanischen Landsleute befreit werden. Ein Atomwaffeneinsatz wäre daher ideologisch schwierig zu rechtfertigen.

Andererseits ist bekannt, dass die USA immer ihren Anspruch auf einen Erstschlag aufrechterhalten haben und diese Option auch für einen erneuten Koreakrieg offenhalten. Für den Einsatz taktischer Atomwaffen, also Waffen mit kleinerer Sprengkraft, gibt es in Korea zwei denkbare Möglichkeiten.

Eine Möglichkeit wäre die offensive Ausschaltung von vermuteten Atomraketen vor oder während des Starts. Die nordkoreanischen Raketen sind in gebunkerten Tunnelanlagen in den Bergen stationiert. Nachdem die mobilen Abschussrampen aus den Stollen herausgefahren sind, benötigen sie nur wenige Minuten, um die geladenen Raketen abzufeuern. Diese mit konventionellen Mitteln abzufangen, ist daher sehr schwer und ein Erfolg ist nicht garantiert. Der Einsatz einer taktischen Atomwaffe dagegen ist bedeutend erfolgversprechender.

Ein zweiter denkbarer Einsatz würde gegen die Panzermassen nördlich von Seoul geführt werden. Bedingt durch die Geographie kann ein Panzerstoß nur entlang der Küste geführt werden. Nordkorea müsste vor einem Angriff auf Seoul daher seine Panzertruppen auf engstem Raum zusammenziehen. Diese böten ein perfektes Ziel für den Einsatz einer oder mehrerer taktischer Atomwaffen, welche den größten Teil der Angriffstruppen vernichten und damit den Angriff zerschlagen könnten, bevor er überhaupt ausgeführt wird. Einen ähnlichen Einsatzplan entwickelte die NATO während des Kalten Krieges für die Bundesrepublik Deutschland. Im Fall eines Angriffs durch den Warschauer Pakt hätten dessen massierte Panzertruppen während ihres Durchstoßes durch das „Fulda Gap", die Fulda-Lücke nordöstlich von Frankfurt am Main, durch taktische Atomwaffen vernichtet werden sollen.

Um genau diesen Einsatz zu verhindern benötigt Nordkorea eine glaubwürdige atomare Abschreckung. Diese muss den Eindruck vermitteln, dass Nordkorea sowohl technisch in der Lage als auch willens ist, Atomwaffen auch außerhalb Koreas einzusetzen. Würde ein Atomkrieg von vornherein auf die Halbinsel begrenzt sein, so wäre die Abschreckung gegenüber den USA erheblich geringer.

Die dreistufige Taepodong-Rakete ist theoretisch in der Lage, Alaska und Hawaii in den USA zu treffen. Die bisherigen, zum Teil als zivile Satellitenstarts getarnten Versuche waren noch nicht allzu erfolgreich. Abgesehen davon ist diese dreistufige Rakete sehr aufwendig in der Produktion und sie soll aus stationären bunkergleichen Silos abgeschossen werden, welche ebenfalls sehr aufwendig im Bau sind. Daher wird in absehbarer Zeit nur eine kleine Anzahl dieser technisch nicht ausgereiften und kaum im Einsatz getesteten Raketen angeschafft werden. Der Erfolg eines Angriffs auf die USA ist damit eher gering einzuschätzen, da eine Vernichtung dieser Raketen kurz vor oder nach dem Start durch die amerikanische Raketenabwehr technisch machbar erscheint.

Japan dagegen liegt in der Reichweite der ausgereiften, vielfach getesteten und in Serienproduktion hergestellten Rodong-Raketen, von denen Nordkorea Hunderte besitzt. Gleichzeitig abgefeuert ist es sehr wahrscheinlich, dass die Raketenabwehr in Japan damit überfordert wäre und nur einen Teil der angreifenden Geschosse abwehren könnte. Die Chancen, einen Atomangriff auf Japan erfolgreich durchzuführen, liegen damit um ein Vielfaches höher als bei einem Angriff auf Amerika.

Daneben bietet sich bei Japan auch die Möglichkeit, mit unkonventionellen Methoden einen Sprengkopf ins Ziel zu bringen. An erster Stelle stehen dabei die bereits erwähnten Klein-U-Boote, denkbar ist aber auch, dass ein Sprengkopf an Bord eines zivilen Schiffes gebracht und im Hafen von Osaka oder Yokohama von einem Selbstmordkommando gezündet wird. Solche Angriffe wären zwar bedeutend weniger effizient als ein Raketenangriff und würden weitaus weniger Opfer fordern, aber sie wären immer noch verheerend genug.

Ein vergleichbares Beispiel ist die Explosion des Munitionstransporters SS Mont Blanc 1917 im Hafen von Halifax. Die dreitausend Tonnen Munition hatten etwas weniger als ein Viertel der Sprengkraft der Atombombe von Hiroshima. Moderne taktische Atomwaffen verfügen über eine Sprengkraft, die dreihundert bis mehreren tausend Tonnen konventionellen Sprengstoffs entspricht. Die Explosion verwüstete die Innenstadt von Halifax, tötete zweitausend und verletzte neuntausend Menschen. Im Umkreis von fünfundzwanzig Kilometern wurden alle Häuser zerstört: sowohl durch die Explosion als auch die dadurch ausgelöste achtzehn Meter hohe Flutwelle.

Die Detonation eines kleineren atomaren Sprengsatzes in einem Hafen oder in Küstennähe ist damit immer noch bedrohlich genug. Zusätzlich zu Explosionskraft und Flutwelle kommt noch die radioaktive Strahlung, welche desto größer wird, je näher die Bombe in Bodennähe gezündet wird.

Für Nordkorea bietet diese Variante sogar noch einen Vorteil: Da nicht sichergestellt werden kann, dass die Zünder der wenigen verfügbaren Sprengköpfe tatsächlich planmäßig funktionieren würden, könnte ein solcher unkonventioneller Angriff die Erfolgschancen erhöhen.

Neben diesen technischen und strategischen Details spricht aber noch ein weiterer und sehr bedeutender Grund dafür, dass Japan das wahrscheinlichste Angriffsziel wäre. In der nordkoreanischen Propaganda gibt es drei Feinde. Der erste ist Südkorea. Dieses ist laut Propaganda aber gleichzeitig ein Opfer des amerikanischen Imperialismus, welches befreit werden muss. Der eigentliche militärische Feind sind die USA. Der historische Erzfeind dagegen ist Japan. Der Rache an Japan kommt eine fast schon missionarische Bedeutung zu. Ein Sieg über Amerika wäre in erster Linie Mittel zum Zweck der Befreiung des Südens und der folgenden Wiedervereinigung. Japan zu besiegen ist dagegen eine historische Bringschuld gegenüber den eigenen Ahnen. Erst durch diesen Sieg wird der Makel der früheren Niederlage bereinigt.

Jedes gesellschaftliche System folgt seiner eigenen Logik, die sich von den Logiken anderer gesellschaftlicher Systeme unterscheidet. Je unterschiedlicher Geschichte und Kultur zweier Staaten oder Völker sind, desto unterschiedlicher sind auch deren logische Systeme. Totalitäre Systeme haben die Eigenschaft, eine völlig vom Rest der Welt getrennte Weltsicht zu kreieren, die wiederum zu einer systemimmanenten Logik führt, die für Außenstehende kaum nachvollziehbar ist. Für einen lange nach dem Krieg geborenen Deutschen der Gegenwart ist es kaum noch möglich, sich in die Logik des Dritten Reiches hineinzuversetzen. Ein totalitäres System benötigt mindestens zwei symbolische oder mythische Hauptfeinde: einen inneren und einen äußeren. Im Dritten Reich war der innere Feind „Der Jude" und der äußere Feind „Der Iwan". In Nordkorea stellt die klassische Konterrevolution den inneren Feind, während Japan den äußeren Erzfeind spielt. Amerika spielt eine ähnliche Rolle wie weiland in Deutschland. Man kämpft zwar militärisch, könnte sich aber auch einigen. Amerika ist nicht der Erzfeind, sondern nur der militärische Gegner.

Totalitäre Staaten können sich, wie die Sowjetunion oder die Volksrepublik China, reformieren und zu nichttotalitären Diktaturen werden oder aber sie setzen alles auf eine Karte: totaler Sieg oder totale Niederlage. Sollte der letztere Fall eintreten, kann der totalitäre Staat im Gegensatz zur nichttotalitären Diktatur nicht kapitulieren. In diesem Fall legt die systemimmanente Logik nahe, da man den militärischen Gegner nicht besiegen kann, zumindest den symbolischen Gegner zu vernichten. Im Dritten Reich wurden auf diese Weise, je offensichtlicher sich die Niederlage an der Ostfront abzeichnete, immer größere Mittel in den Holocaust gesteckt. Im nordkoreanischen Fall liegt es nahe, dass vor dem endgültigen Zusammenbruch des Regimes Japan Opfer eines letzten Paukenschlags von historischem Ausmaß werden könnte.

Vor diesem Hintergrund wird klar, dass Japan alles unternehmen muss, um einen erneuten Krieg zu verhindern. Das bedeutet wiederum, dass auch ein Zusammenbruch des Regimes keine Option darstellt, da dieser das gefürchtete letzte Gefecht auslösen könnte. Und es wird ebenfalls klar, warum es einen prinzipiellen Unterschied zu den Interessen der USA gibt, welcher sich in den kommenden Jahren weiter verschärfen wird.

Die USA sind momentan noch nicht ernsthaft von nordkoreanischen Atomraketen bedroht. Im schlimmsten Fall würden Anchorage und Honolulu getroffen, aber die Chancen dafür sind aus technischen Gründen noch sehr gering. Dieses Risiko ist in gewisser Weise noch kalkulierbar. Da aber Nordkorea stetig an der Weiterentwicklung seiner Waffensysteme arbeitet, ist es abzusehen, dass in Zukunft diese Chancen stetig steigen und auch die Reichweite der Raketen zunehmen wird, also auch die amerikanische Westküste getroffen werden könnte. Für die USA ist damit ein Angriff auf Nordkorea, bevor dieses San Francisco und Los Angeles vernichten kann, eine durchaus logische Option. Während für Japan die Friedenswahrung auch weiterhin das unbedingte Ziel sein wird, nehmen für Amerika die logischen Gründe für eine militärische Lösung stetig zu.

Japan ist in vielerlei Hinsicht ein einzigartiges Land. Trotz seiner Bedeutung, seiner Leistungen, seiner ökonomisch-technologischen Dominanz ist es immer noch mit einem gewissen Pariastatus belastet, den es seit seinem Aufstieg zur Weltmacht am Ende des neunzehnten Jahrhunderts erlangte. Damals wurde es zunächst von den etablierten europäischen Mächten als nichteuropäischer und nichtchristlicher Emporkömmling belächelt. Mit dem Sieg über die russische Flotte in der Schlacht von Tsushima erlangte es diese Anerkennung, mit der Annexion Koreas 1910 und der späteren Besetzung der Mandschurei verlor es jedoch sukzessive das Ansehen der asiatischen Völker, die Japan immer weniger als Vorbild denn als imperialistischen Verräter sahen, der mit den verhassten Europäern gemeinsame Sache machte. Und genau dieses Image hat sich nach dem Zweiten Weltkrieg bis heute gehalten.

An der mangelnden Vergangenheitsbewältigung der Japaner alleine kann es nicht liegen, denn auch Europa ist flächendeckend gepflastert mit Denkmälern für Kriegsverbrecher und Massenmörder. Auch europäische Schulbücher verharmlosen das Wüten der Invasionstruppen, unterschlagen die imperialistische und oft rassistische Attitüde christlicher Missionare und pflegen auch weiterhin eine Reihe von unappetitlichen Vorurteilen. Keine einzige europäische Macht hat je Entschädigungen gezahlt und bis heute weigert man sich, die geraubten nationalen Kulturgüter den Heimatländern zurückzugeben. Und dennoch hat man den europäischen Imperialisten weitgehend verziehen. Kaum ein Taxifahrer in Tsingtau versäumt es, stolz darauf hinzuweisen, dass man ja auch einmal deutsch war. In Harbin werden Kirchen und Synagogen restauriert und Hongkong erweckt auch weiterhin den Anschein, britischer als Großbritannien zu sein. Was ist der Fluch Japans?

Ein wichtiger Punkt ist der Zeitfaktor. Die europäischen Verbrechen liegen weiter zurück und es gibt keine überlebenden Opfer mehr. In Seoul dagegen protestieren jede Woche die letzten überlebenden Zwangsprostituierten vor der japanischen Botschaft, um eine offizielle Entschuldigung und Entschädigungen zu erlangen. Wichtiger aber noch als der Zeitfaktor dürfte der kulturelle Aspekt sein. Die Europäer waren einfach wilde Barbaren, die weder die konfuzianische Morallehre noch die Güte Buddhas kannten. So wie Jahrhunderte früher die Mongolenhorden, die Asien überrannten. Die Gräueltaten eines Barbaren kann man aufgrund seiner Unzivilisiertheit verzeihen. Wenn der Barbar nach einer Weile zivilisiert ist, dann wird er sich auch entsprechend verhalten. So wie die Mongolen, die, nachdem sie den Buddhismus übernommen hatten, ja ebenfalls ein Teil der zivilisierten Welt wurden. Bei den Japanern dagegen trifft diese Entschuldigung nicht zu, denn Japan gehört seit über tausend Jahren zum zivilisierten Teil der Welt. Es hat eigene buddhistische Schulen hervorgebracht, konfuzianische Tugenden weiterentwickelt und über Jahrhunderte die Weltherrschaft des chinesischen Kaisers anerkannt. Die Eroberung und Kolonialisierung durch den kulturellen Bruder Japan schmerzte daher sehr viel mehr als das koloniale Joch durch die Europäer. Bruderkriege sind immer brutaler als konventionelle Kriege. Mit dem japanischen Imperialismus verabschiedete sich Japan von der konfuzianischen Welt. Es wurde zum Verräter, zum Quasieuropäer und die ursprüngliche Bewunderung vieler Ostasiaten für das dynamische Japan der Meiji-Reformperiode kehrte sich in eine tiefe Abneigung um.

Aus dieser Konstellation heraus wäre eine Vergangenheitsbewältigung durch die Japaner nach dem Weltkrieg außerordentlich wichtig gewesen. Sie wäre die Grundlage dafür gewesen, das Land wieder als Kulturnation zu akzeptieren, die Sünden der Vergangenheit zu vergeben. Denn Japan ist eben, anders als die Europäer, Teil der ostasiatischen Kultur, also ein enger Verwandter und nicht ein x-beliebiger dahergelaufener Barbar vom anderen Ende der Welt.

Aber wie stark ist dieser Antijapanismus heute noch? Und umgekehrt gefragt, wie anmaßend sind die Japaner noch?

Die Annäherung Japans an seine Nachbarn hat bereits vor Jahren begonnen und gewinnt stetig an Fahrt, wenngleich es auch immer wieder zu Rückschlägen kommt. Ein wichtiger Durchbruch wurde in der Amtszeit des japanischen Ministerpräsidenten Yasuo Fukuda erreicht. Als Chinakenner und Sohn des ehemaligen japanischen Botschafters in Peking war die Aussöhnung mit China eines seiner wichtigsten außenpolitischen Anliegen. Einige kleinere Entschuldigungen, die strikte Anweisung an seine Kabinettsminister, nicht den umstrittenen Yasukuni-Schrein, in welchem auch einiger Kriegsverbrecher gedacht wird, zu besuchen und der Vorschlag, bilaterale Expertenkommissionen zur Bewertung der japanischen Kriegsverbrechen einzusetzen, wurden in Peking mit größtem Wohlwollen registriert. Dass diese für Europäer vielleicht recht gering erscheinenden Taten das Maximum waren, was Fukuda innenpolitisch riskieren konnte, war den Machthabern in Peking klar. Fukuda wurde mit einer Einladung zum Besuch des Konfuziustempels in Qufu belohnt. Dieses Ereignis, welches in westlichen Medien kaum erwähnt wurde, weist eine große Symbolkraft auf. Es ist eine Mischung aus Gang nach Canossa mit eingebauter Vergebung der alten Sünden. Japan tritt damit wieder in den Kreis der konfuzianischen Nationen ein. Fukuda erkennt den Primat des Konfuzianismus an und schließt damit endgültig das Kapitel des nationalistischen Shintoismus, der Ideologie des alten imperialistischen Japans, und der chinesische Staatspräsident in seiner Rolle als Nachfolger des kaiserlichen Weltenherrschers attestiert Japan damit, dass es wieder in den Kreis der Kulturnationen aufgenommen ist.

Wie üblich in Japan konnte sich Yasuo Fukuda nicht einmal ein Jahr als Ministerpräsident halten und seine Nachfolger im Amt sind eindeutig weniger stark an einer Aussöhnung mit China interessiert. Aber dennoch hat sich das Verhältnis generell stark verbessert. Der Grundstein für eine Normalisierung wurde gelegt, aber es wird noch ein oder zwei Jahrzehnte dauern, bis das Haus stehen wird und man kann damit rechnen, dass die

Statue einer Zwangsprostituierten vor der japanischen Botschaft in Seoul.

Architekten und Bauleiter häufig wechseln und viele nationalistische Brandstifter versuchen werden, ein Feuer zu legen.

Im Alltagsleben macht sich der Generationswechsel bemerkbar. Die jungen, urbanen und gebildeten Leute in Japan, China und Südkorea interessieren sich immer weniger für die Vergangenheit. Für sie bedeuten die Nachbarländer Pop-Ikonen, Seifenopern, Mangas und Modemarken. Selbst in chinesischen Kleinstädten sprießen koreanische Grillrestaurants und japanische Sushibars wie Pilze aus dem Boden. Im chinesischen Internet sorgt der japanische Pornostar Sora Aoi für Furore: Schwester Aoi, wie Millionen chinesischer Fans sie liebevoll nennen, hatte nach dem Erdbeben in Sichuan in ihrem Blog für Spenden an die Erdbebenopfer getrommelt. Die Annäherung Japans an seine Nachbarn erfolgt über die Alltagskultur. Der vorherrschende Comicstil in Ostasien ist der japanische Manga. Chinesen und Koreaner zeichnen fast ausschließlich im japanischen Stil. Das Erdbeben von Fukushima löste in China und Südkorea eine Solidaritätswelle mit Japan aus.

Trotz der sich entwickelnden Normalisierung ist das japanische Verhältnis zu Korea und den Koreanern immer noch gestört und widersprüchlich. Die japanischen Selbstverteidigungskräfte halten nicht nur gemeinsame Manöver mit US-Truppen ab, sondern auch mit südkoreanischen Einheiten. Auf militärischem Gebiet arbeiten beide Länder enger miteinander zusammen als die meisten NATO-Staaten es zu tun pflegen. Es ist mehr als offensichtlich, dass die japanischen Streitkräfte auf einen Ernstfall und Einsatz in Korea vorbereitet sind, auch wenn das offiziell natürlich bestritten wird. Auch auf politischer Ebene kooperieren beide Länder enger, als man meinen möchte. Die Regierungen in Tokyo und Seoul wissen ganz genau, dass sie im Ernstfall aufeinander angewiesen wären. Dennoch kommt es immer wieder zu nationalistischen Ausfällen auf beiden Seiten.

Neben dem Fehlen einer japanischen Vergangenheitsbewältigung herrscht bei nicht wenigen Japanern bis heute eine Arroganz gegenüber Koreanern vor, die durchaus rassistische Züge trägt. Besonders betroffen sind davon in Japan lebende Koreaner.

Während der Kolonialzeit kamen Tausende von Koreanern nach Japan. Manche als Zwangsarbeiter, viele als Wirtschaftsimmigranten. Nach dem Krieg kehrte nur ein Teil davon auf die koreanische Halbinsel zurück. Es wird geschätzt, dass heute um die 900 000 koreanischstämmige Menschen in Japan leben. Ein Drittel davon hat die japanische Staatsangehörigkeit angenommen und wird daher statistisch nicht mehr als Koreaner erfasst. Obwohl sie zum Teil schon in der vierten oder fünften Generation in Japan ansässig sind und Japanisch so gut wie jeder Japaner beherrschen, werden sie auch weiterhin gesellschaftlich diskriminiert. Höhere Karrieren in japanischen Firmen, in der Verwaltung oder gar als Politiker sind rar. Eine Integration hat nur teilweise stattgefunden und die Koreaner bilden weiterhin einen separaten Teil der japanischen Gesellschaft. Genauer gesagt bilden sie zwei Teile, denn durch die koreanische Gemeinde geht ein tiefer Riss.

Wie in Korea selbst gab es natürlich auch unter den Koreanern in Japan kommunistische und antikommunistische Menschen. Der Koreakrieg, sprechen wir in diesem Zusammenhang besser vom koreanischen Bürgerkrieg, teilte die koreanische Gemeinde entlang der ideologischen Einstellung. Japan wurde somit zum ideologischen Nebenkriegsschauplatz. Von den 600 000 nicht naturalisierten Koreanern haben zwei Drittel die südkoreanische Staatsbürgerschaft angenommen, ein Viertel die nordkoreanische und zehn Prozent werden von der japanischen Regierung als staatsbürgerliche Gesamtkoreaner anerkannt. Sie repräsentieren quasi neutral den Zustand vor der Teilung Koreas. Wie nicht anders zu erwarten, haben sich die Geheimdienste beider Koreas auf diese fünften Kolonnen gestürzt. Besonders Nordkorea baute seine Kontrolle über seine Sympathisanten aus und band sie in ein Netzwerk ein, das Spionage, Terrorismus und kriminelle Aktivitäten zur Unterstützung des Nordens ausführt. Technologie, deren Ausfuhr nach Nordkorea verboten ist, wird regelmäßig über diese Gruppen legal gekauft oder illegal beschafft, um dann außer Landes geschmuggelt zu werden. Bei verschiedenen Entführungsfällen leisteten diese Gruppen Unterstützung. Außerdem halten sie Kontakte zu linksextremen Gruppen in Japan und Südkorea, wobei die japanischen Gruppen kaum noch von Bedeutung sind. Die pronordkoreanische „Generalvereinigung Koreanischer Einwohner Japans Chongryon" ist die inoffizielle Vertretung

Nordkoreas in Japan, welches keinerlei diplomatische Beziehung zu Nordkorea unterhält.

Die in der Chongryon organisierten Koreaner tragen durch wirtschaftliche Aktivitäten und Geldzahlungen zur Unterstützung des Nordens bei. Inwieweit diese Leistungen tatsächlich freiwillig oder eher auf mafiöse Strukturen zurückzuführen sind, ist unklar. Sich aus diesen Netzwerken zu lösen, in die man hineingeboren wird und denen die gesamte Familie angehört, ist auf alle Fälle sehr schwer und führt zumindest zum Verlust des bisherigen sozialen Umfelds.

Die japanische Diplomatie vermeidet es Nordkorea unnötig zu provozieren. Die Toleranz der japanischen Behörden gegenüber Aktivitäten der Chongryon ist daher erstaunlich groß. Diese Politik stößt wiederum in Seoul auf Unverständnis.

Japan ist ein Land der Extreme oder des Extremismus – Extremismus im Sinne von Perfektionismus. Es fällt dem Land und seiner Bevölkerung offenbar schwer, Mittelwege zu beschreiten. Die Reformen der Meiji-Periode im neunzehnten Jahrhundert waren die radikalsten, die jemals ein Land durchgeführt hat. Sie katapultierten eine in Stagnation versunkene mittelalterliche Feudalgesellschaft an die Spitze der Moderne. Der japanische Militarismus entwickelte eine unvorstellbare Präzision und der Wiederaufbau und das Wirtschaftswunder nach dem Krieg gehören zu den beeindruckendsten nationalen Leistungen der Geschichte. Heute ist Japan Weltmeister der Stagnation. Seit zwei Jahrzehnten bewegt sich das Land kaum noch. Gab es früher kaum ein Volk auf der Welt, das so viel Vertrauen in seine Regierung und Verwaltung setzte, so hat sich dieses Verhältnis radikal umgekehrt. Nicht einmal mehr jeder zehnte Japaner ist mit dem gegenwärtigen politischen System zufrieden und hat Vertrauen in Regierung und Verwaltung. Das Land hat mit 225 % des Bruttosozialproduktes die mit Abstand höchste Verschuldungsrate der Welt und es ist eine kleine Sensation, wenn ein Premierminister länger als ein Jahr im Amt bleibt. Während des Fukushima-Erdbebens erwies sich die Erdbebensicherheit der Tokyoter Wolkenkratzer als phantastisch, das Katastrophenmanagement der Behörden im Tsunamigebiet dagegen als katastrophal. Die Atomaufsicht des Landes weist so niedrige Standards auf, die selbst in Schwellenländern wie Brasilien oder Südafrika zu handfesten Skandalen führen würden.

Das Land befindet sich in einer Dauerkrise, die auch eine psychologische ist. Die Gesellschaft als solche ist in einer gewissen Weise ziellos. Traditionelle Werte, die Japan bis in die achtziger Jahre des letzten Jahrhunderts prägten, sind in den letzten Jahrzehnten immer weiter erodiert. Junge Japaner sind immer weniger bereit, sich bedingungslos einer hierarchischen und homogenen Gesellschaft unterzuordnen, während gleichzeitig die politische und wirtschaftliche Führungselite ihre nationale und gesellschaftliche Verantwortung zugunsten eines hemmungslosen Profitstrebens aufgegeben hat.

Auch heute hat sich der Arbeitnehmer bedingungslos in die Firmenhierarchie einzuordnen. Im Unterschied zu früheren Generationen wird dieses aber nicht mehr als normal oder gar erstrebenswert wahrgenommen. Die Globalisierung hat den Individualismus auch nach Japan gebracht. Viele junge Japaner würden gerne der strengen Hierarchie entkommen, individualistisch sein, sich selbst verwirklichen – allein, im Berufsleben beendet das die Karriere. Und so flüchten Millionen von Japanern nach Feierabend in die bizarrsten Hobbywelten. Ob schräge Gothic- oder Lolita-Modewelten, Avatarleben im Netz oder bizarre Fetischvorlieben, in keinem anderen Land sind diese so häufig wie in Japan und stehen dabei in so krassem Gegensatz zur offiziellen Welt. Andere Japaner halten dem Druck schlichtweg nicht stand: Das Land weist eine der höchsten Selbstmordraten auf.

Aber auch in der internationalen Arena stagniert Japan als Land im Vergleich zu anderen Nationen. Natürlich ist das Reich der aufgehenden Sonne immer noch eine der führenden Industrienationen, eine technologisch-industrielle Supermacht. Aber seine relative Bedeutung schrumpft und die hauptsächlichen Konkurrenten sind die Nachbarn. Nicht mehr Japan hat die modernste Infrastruktur der Welt, sondern das kleine aufstrebende Südkorea. China hat Japan als zweitgrößte Volkswirtschaft abgelöst. Die großen Häfen Ostasiens sind Schanghai, Hongkong, Pusan und demnächst auch Tsingtau – Osaka und Yokohama nehmen immer mehr die Rolle nationaler Regionalhäfen ein. In der Luft werden die Flughäfen von Schanghai und Peking Tokyo ebenfalls den Rang ablaufen und die schnellsten Züge werden heute ebenfalls nicht mehr in Japan, sondern in China gefertigt.

Der erpresste Drache

In westlichen Medienberichten über die Koreakrise wird meist darauf hingewiesen, dass die Volksrepublik China ein Verbündeter Nordkoreas ist. Das ist im Prinzip korrekt. Es existiert ein entsprechender Bündnisvertrag. Nicht unbedingt korrekt dagegen sind Behauptungen, dass China ein enger Verbündeter sei, Nordkorea mit allen Mitteln unterstütze oder gar sich bedingungslos hinter dieses stelle. Die Autoren solcher Zeitungsartikel scheinen dann doch nicht mehr ganz auf dem neuesten Stand zu sein und ihr Wissen hauptsächlich aus Geschichtsbüchern als aus aktuellen Quellen zu beziehen. In den letzten drei Jahrzehnten hat sich Chinas Verhältnis zu beiden Koreas dramatisch geändert und das offizielle Militärbündnis ist heute mehr Schein als Sein.

Das Verhältnis der Volksrepublik China zu den beiden Koreas war ursprünglich durch die Revolutionsgeschichte bestimmt. Der koreanische und chinesische Kommunismus sind eng miteinander verwoben und nicht voneinander zu trennen. Der Koreakrieg ist ein Teil des allgemeinen Revolutionsmythos des chinesischen Kommunismus. Mit der Entideologisierung der chinesischen Gesellschaft schwächt sich dieser Mythos jedoch ab, wandelt sich zu einer Folklore ohne direkte tagespolitische Implikationen. Dagegen gewinnt die gemeinsame Geschichte beider Länder an Bedeutung und die alten historischen Beziehungen Chinas zu Korea treten immer mehr in den Vordergrund und verdrängen den Parteimythos als Grundlage der bilateralen Beziehungen. Und vor diesem Hintergrund ist China die Schutzmacht und der Verbündete Koreas, welches sich aber nicht in die inneren Angelegenheiten einmischt.

„So eng beieinander wie Lippen und Zähne" war das Verhältnis zwischen der Volksrepublik China und der Koreanischen

Demokratischen Volksrepublik einst. Am 26. Oktober 1950 erreichten südkoreanische Verbände bei Chosan den Grenzfluss Yalu. Die nordkoreanische Armee war vernichtend geschlagen worden und befand sich in Auflösung. Für die kommunistische Führung um Mao Tse-tung in Peking bedeutete dies nicht nur einen Rückschlag für die Weltrevolution, sondern auch eine direkte Bedrohung der eigenen Macht.

Als Mao Tse-tung am 1. Oktober 1949 auf dem Platz des Himmlischen Friedens zu Peking die Volksrepublik China ausrief, hatte das Land einen der längsten und verlustreichsten Bürgerkriege der Weltgeschichte hinter sich. Bürgerkriege und japanische Invasion hatten das Land verwüstet und für den Wiederaufbau benötigte China Stahl und andere schwerindustrielle Güter. Diese wurden fast ausschließlich in der Mandschurei erzeugt, welche von den Japanern zu einem schwerindustriellen Zentrum ausgebaut worden war. In einem von den USA dominierten vereinten Korea sah man in Peking in erster Linie einen Brückenkopf, von dem aus die vertriebene Kuomintang mit amerikanischer Hilfe die Rückeroberung des Festlandes hätten in Angriff nehmen können. Wäre die Mandschurei gefallen, so wäre der Wiederaufbau Chinas ins Stocken gekommen.

Ob die USA tatsächlich willens gewesen wären, enorme Kriegsanstrengungen wie im Zweiten Weltkrieg zu unternehmen, um dem gestürzten Chiang Kai-shek wieder zur Macht zu verhelfen, sei dahingestellt. In Peking nahm man diese Bedrohung ernst genug, um in den Krieg einzugreifen.

Trotz Luftaufklärung ließen sich die Truppen der Vereinten Nationen von dem chinesischen Angriff überraschen. Die chinesische Taktik war einfach und erfolgreich. Man trieb Infanteriewelle auf Infanteriewelle gegen die gegnerischen Stellungen, bis diese überrannt waren. Verluste wurden nicht nur hingenommen, sondern waren zum Teil sogar erwünscht, denn ein Großteil der Infanteristen waren ehemalige Kuomintang-Soldaten, an deren Loyalität die kommunistische Führung sowieso zweifelte.

Die völlige Eroberung Koreas durch den kommunistischen Norden wurde zwar nicht erreicht, aber mit der Nachkriegssituation konnte man in Peking gut leben. Mit Nordkorea hatte man einen militärisch starken Pufferstaat, der als Schutz vor einem

Angriff auf Chinas Nordosten ausreichend war. Außerdem hatte der Krieg gezeigt, dass die Amerikaner trotz ihrer materiellen Überlegenheit nicht in der Lage waren, chinesische Millionenheere zu besiegen.

Die Bedrohungslage für Peking sollte sich sowieso bald grundlegend ändern. Mit dem chinesisch-sowjetischen Bruch von 1962 stand der bedrohlichste Gegner plötzlich im Norden und nicht mehr im Osten. Mehrere hunderttausend Mann der Roten Armee bedrohten auf einmal die chinesische Hauptstadt. Die amerikanischen Truppen in Korea mussten über Tausende von Kilometern überseeisch versorgt werden. In den fünfziger und sechziger Jahren war zudem die sowjetische Panzertechnologie der amerikanischen überlegen und die Sowjetunion besaß Unmengen an schwerem Kriegsgerät. Anders als die Amerikaner, die nur Brückenköpfe an Chinas Küste hätten erobern können, war die Sowjetunion in der Lage, eine großangelegte Landinvasion durchzuführen und große Teile des Hinterlands zu erobern.

Zusätzlich verschlechterten sich die Beziehungen zu Indien, mit dem man 1962 einen begrenzten Krieg führte. Indien, offiziell neutral und blockfrei, wurde zu einem de facto Verbündeten der Sowjetunion – gegen den gemeinsamen Feind China. China dagegen unterstützte Pakistan, Indiens Erzfeind, und streckte bereits in den Sechzigern Fühler nach Washington aus. Schon vor der Kulturrevolution, die 1966 ausbrach, begannen Amerikaner und Chinesen im Geheimen zusammenzuarbeiten. Der gemeinsame Gegner war die Sowjetunion.

Diese Entwicklung änderte natürlich die Rolle, die Nordkorea für die chinesische Strategie spielte. Die Schutzfunktion vor einem amerikanischen Angriff wurde immer weniger wichtig, insbesondere, da die USA seit den sechziger Jahren ihre Kräfte in Indochina bündelten. Für Peking war es nun die wichtigste Aufgabe, Nordkorea im eigenen Lager zu halten und eine Annäherung an Moskau zu verhindern. Im Fall eines sowjetisch-chinesischen Krieges wäre Nordkorea eine Schlüsselrolle zugefallen. Je nachdem, auf welche Seite sich Pjöngjang gestellt hätte, wäre die chinesische Ostflanke entweder bedroht oder geschützt gewesen. In Moskau dachte man ähnlich und hofierte ebenfalls die Nordkoreaner.

Durch diese sowjetisch-chinesische Rivalität gelang es Nordkorea, eine Neutralität innerhalb des kommunistischen Lagers zu erlangen, beide Seiten gegeneinander auszuspielen und dadurch die maximale Hilfe und Unterstützung durch beide Seiten zu erhalten.

China war in dieser Situation zwar auf Nordkorea angewiesen, aber das Vertrauen in die Loyalität Kim Il-sungs China gegenüber schwand. Deng Xiaoping, der 1978 an die Macht kam, entwickelte eine völlig neue außenpolitische Maxime. Ausgelöst wurde dieser Paradigmenwechsel auch durch den kurzen Grenzkrieg mit Vietnam 1979. Chinesische Truppen konnten bei über zehntausend Gefallenen nur zehn Kilometer auf gegnerisches Terrain vordringen. Die kampferprobte und mit erbeutetem amerikanischem Material ausgestattete Vietnamesische Volksarmee demütigte die chinesische Volksbefreiungsarmee und deckte damit auf, dass China ein Koloss auf tönernen Füßen war. Deng forderte daraufhin, dass für die Entwicklung Chinas ein friedliches Umfeld absolute Priorität habe. Auf militärische Abenteuer war China zu diesem Zeitpunkt weder vorbereitet noch hatte es die Ressourcen dazu. Für den nordostasiatischen Raum bedeutete dies in erster Linie eine Aussöhnung mit Japan und Südkorea. Mit der Aufnahme diplomatischer Beziehungen zu Seoul 1992 wurde der Schwenk in der chinesischen Koreapolitik offensichtlich.

Es gibt wenige historische Beispiele, in denen sich die bilateralen Beziehungen zwischen zwei Ländern in kürzester Zeit so schnell und so intensiv entwickelt haben, und das auch noch zum beiderseitigen Vorteil. In den Achtzigern und Neunzigern steigt Südkorea vom Schwellenland zur Industrienation auf. Löhne und Produktqualität liegen noch erheblich unter denen hochindustrialisierter Staaten aber auch entsprechend über denen Chinas. Während nur eine kleine Oberschicht in China sich westliche und japanische Importe leisten kann und chinesische Produkte noch sehr mangelhaft sind, bieten koreanische Konsumgüter ein Preis-Leistungs-Verhältnis, welches genau auf den wachsenden Mittelstand zugeschnitten ist. Auf der anderen Seite erfreuen sich die chinesischen Billigprodukte einer wachsenden Beliebtheit in Südkorea. Südkoreanische Unternehmen müssen, so sie wettbewerbsfähig bleiben wollen, entweder ihre Qualität steigern, um die stetig steigenden Lohnkosten auszugleichen, oder aber ihre Produktion ins Ausland verlagern. Der wichtigste Investitionsstandort wird China. So ergänzen sich beide Volkswirtschaften perfekt. Produzenten, Arbeitnehmer und Konsumenten beider Länder profitieren in beiden Ländern.

Im Grenzgebiet zu Nordkorea siedeln zwei Millionen ethnische Koreaner. Sie sind chinesische Staatsbürger und eine offiziell anerkannte Minderheit. Südkoreanische Firmen lassen sich verstärkt in diesen Gebieten nieder, wo sie einheimische Koreaner als lokale Manager anstellen können, die in beiden Sprachen und Kulturen zuhause sind. Die örtlichen chinesischen Behörden unterstützen diese Entwicklung durch Sonderwirtschaftszonen, Entbürokratisierung und andere Maßnahmen. Die koreanische Sprache wird gefördert. Sie ist die einzige Minderheitensprache Chinas, die von einer großen und stetig steigenden Zahl Han-Chinesen erlernt wird.

Die Koreaner Chinas sind die Ethnie mit dem höchsten Anteil an höheren Schul- und Universitätsabschlüssen sowie dem besten Notendurchschnitt. Ihr Durchschnittsverdienst liegt über dem Landesdurchschnitt. Auch außerhalb ihrer Heimatgebiete sind sie von südkoreanischen Unternehmen oder chinesischen Firmen mit Handelsbeziehungen zu Südkorea gefragt.

Südkoreanische Medien sind in China flächendeckend und relativ einfach käuflich zu erwerben, insbesondere DVDs. In Kino und Fernsehen laufen südkoreanische Produktionen und in vielen Gegenden kann über Kabel mindestens ein südkoreanischer Fernsehkanal empfangen werden. Koreanische Restaurants haben einen festen Platz im chinesischen Stadtbild.

Südkorea ist eines der beliebtesten Reiseziele der Chinesen, allerdings können sich, bedingt durch die hohen Preise in Südkorea, derzeit nur wohlhabende Chinesen eine solche Reise leisten. Umgekehrt stößt man überall in China auf koreanische Reisegruppen und Individualreisende. Südkoreaner studieren zu Zehntausenden in China traditionelle Medizin, Geschichte, Philosophie und natürlich die chinesische Sprache. Mit wenigen Ländern unterhält China einen derart intensiven kulturellen Austausch.

Genau konträr entwickelte sich dagegen das chinesische Verhältnis zu Nordkorea. Mit der Auflösung der Sowjetunion entfiel die sowjetisch-chinesische Rivalität um Nordkorea, da sich Russland nicht weiter um dieses bemühte. China stellte seinen Handel kurzerhand auf Dollarbasis um, was zu einem drastischen Rückgang führte. Statt Militärhilfe bot man dem Norden an, ihn bei der Einführung von Wirtschaftsreformen zu unterstützen, was jedoch bis heute weitgehend erfolglos geblieben ist, da der Norden kaum Interesse an Reformen gezeigt hat.

Die Entfremdung der beiden offiziellen Bündnispartner umfasst alle Bereiche und schreitet immer schneller voran. Während das China Deng Xiaopings darum bemüht war, militärische Spannungen abzubauen, rüstete Nordkorea weiter auf. Nach dem Fall der Mauer und dem Zerfall der Sowjetunion wurden diese Anstrengungen noch verstärkt. Alles weist darauf hin, dass man im Norden einen letzten Versuch zur Eroberung des Südens versuchen wollte. Um die USA vom Eingreifen abzuschrecken, wurde die Atombombe benötigt und entwickelt.

Ob China Nordkorea in der Vergangenheit bei der Entwicklung der Atombombe geholfen hat oder nicht, ist unbekannt. Die Frage ist heute eher von historischem Interesse, denn von tagespolitischer Bedeutung. Eine atomwaffenfreie Koreanische Halbinsel ist heute eine der obersten außenpolitischen Prioritäten Chinas. Damit deckt sich das Interesse mit dem Südkoreas, Japans, der USA und Russlands.

Die Rüstungsanstrengungen und Entwicklung von Atomwaffen bei gleichzeitigem Zusammenbruch der zivilen Wirtschaft verursachten in Peking erst Kopfschütteln, später schieres Entsetzen. Während der Hungersnot von 1994 bis 1998 flüchteten Hunderttausende Nordkoreaner nach China, worauf die chinesischen Behörden nicht vorbereitet waren und überzogen reagierten. Die grünen Absperrzäune um Botschaftsgelände in Peking wurden nicht zum Schutz vor Terroristen errichtet, wie offiziell behauptet wird, sondern dienen dazu, Nordkoreaner daran zu hindern, in Botschaften Schutz zu suchen. Bis heute hat sich die chinesische Regierung nicht dazu durchringen können, eine halbwegs akzeptable Flüchtlingspolitik zu entwickeln. Man versucht die Flüchtlinge zurück nach Korea abzuschieben, wo sie ein unbestimmtes, aber bestimmt grausames Schicksal erwartet. Die lokalen Behörden an der Grenze sind da teilweise toleranter, da sie es sich nicht mit der koreanischen Minderheit und südkoreanischen Investoren verderben wollen.

Ähnlich wie bei den USA ist der Koreakonflikt einer von vielen Konfliktherden, in die China mehr oder weniger verwickelt ist oder der direkte Auswirkungen auf das Land hat. Afghanistan bildet ein Rückzugsgebiet für uighurische Separatisten und ein Kollaps des Landes würde sich mit Sicherheit in der Autonomen Region Xinjiang, auch als Sinkiang oder Ostturkestan bekannt, bemerkbar machen. Pakistan ist ein enger Verbündeter und die Behörden verhindern weitgehend, dass sich Uighuren in den Kaschmir zurückziehen können. Auch ein Abdriften Pakistans in den Fundamentalismus oder gar ein Auseinanderbrechen dieses fragilen Staatswesens würde den Unabhängigkeitskampf in Sinkiang verstärken. Indien ist seit jeher der große Rivale und über eine Beilegung der Grenzstreitigkeiten wird noch nicht einmal geredet. In Südostasien wiederum muss sich die chinesische Diplomatie bemühen, chinakritischen Stimmen entgegenzuwirken. Das starke chinesische Engagement in Myanmar wird hier von nicht Wenigen als imperialistische Attitüde gedeutet und Chinas Ansprüche auf Inselgruppen im Südchinesischen Meer stoßen in allen ASEAN-Staaten auf Ablehnung. Dazu kommen Handelskonflikte mit Europa und den USA, ein ansteigendes antichinesisches Ressentiment in Afrika und viele andere kleinere diplomatische Affären. Während des libyschen Bürgerkrieges mussten Chinas Diplomaten auf einen Schlag über 30 000 Landsleute evakuieren.

Dennoch stellt der Koreakonflikt das wichtigste Problem dar. Peking ist im Gegensatz zu Washington und Moskau nur fünfhundert Kilometer von Korea entfernt. In einem erneuten Koreakrieg wäre China in vielerlei Hinsicht betroffen. Alleine die ökonomischen Schäden, die durch die kriegsbedingte Schließung zweier der wichtigsten Häfen des Landes hervorgerufen würden, wären verheerend.

Die USA, Japan und Südkorea gehören zu den wichtigsten Handelspartnern Chinas. Ein Handelsembargo dieser drei Staaten hätte verheerende Folgen für die chinesische Exportindustrie. Schon aus diesem Grund kann sich China keinen Alleingang mehr leisten. Chinas Seerouten nach Europa, Afrika und den Nahen Osten bilden eine weitere Schwachstelle: Die amerikanische Marine könnte diese ohne Probleme blockieren.

Durch WikiLeaks wurde bekannt, was Experten schon lange vermuteten: Chinesische Offizielle hatten amerikanischen Diplomaten gegenüber geäußert, dass man sich in Peking durchaus eine Wiedervereinigung unter südkoreanischer Führung vorstellen könne. Sollte sich die nordkoreanische Politik nicht drastisch ändern, werden sich China und Nordkorea weiter entfremden. Nordkorea wird in Peking immer mehr als unnötiges und vor allem unkalkulierbares Problem gesehen werden. Schon heute ist China wie wenige Länder in die Weltwirtschaft eingebunden und der Trend deutet auch für die Zukunft eine Zunahme der internationalen Verbindungen an. Besonders wichtig dabei ist, dass die Nachbarländer in Ostasien und Südostasien immer weiter an proportionaler Bedeutung gewinnen, während der Handel mit Europa und den USA proportional abnimmt. Dadurch wird es gezwungen, immer stärker auf die Meinung seiner Nachbarn zu hören. Chinesische Alleingänge in Asien werden dadurch immer unwahrscheinlicher. Für die Koreafrage bedeutet dies, dass die Nachteile, die das offizielle Bündnis mit Nordkorea bringen, weiter wachsen und die wenigen Vorteile weiter schwinden werden.

Ein militärisches Eingreifen Chinas auf Seiten Nordkoreas ist heute kaum noch vorstellbar. Wenn überhaupt, dann nur für den Fall, dass Nordkorea angegriffen würde. Bei einem Angriff durch Nordkorea würde China mindestens neutral bleiben, es ist jedoch nicht auszuschließen, dass China in diesem Fall auch offiziell das Bündnis aufkündigen und offen Partei für die Seite des Südens ergreifen würde.

Der Bär schläft

Für das Russische Reich hatte die Erschließung Sibiriens und des Fernen Ostens dieselbe Bedeutung wie für Frankreich die Kolonialisierung Afrikas und für England die Herrschaft über Indien. Im Gegensatz zu den westeuropäischen Konkurrenten konnte Russland einen großen Teil seiner kolonialen Besitzungen bis in die Gegenwart retten. Gut, Zentralasien ging verloren, aber Sibirien und Russisch-Fernost sind fester Bestandteil der Russischen Föderation. Die indigenen Völker sind russifiziert, bewahren sich dennoch ihre Traditionen und zeigen wenig Interesse an einer Unabhängigkeit. Im Russischen gibt es zwei Wörter für „russisch“: Das eine bezieht sich auf das Ethnische und Kulturelle, das andere auf das Politische. Korrekt übersetzt hieße es nicht Russische Föderation, sondern Russländische Föderation. Jakuten und Burjaten sind Russländer ohne Separationsgelüste.

Aber dennoch bröckelt das Reich im Osten. Während die sonnigen Tropen immer ausreichend europäische Abenteurer anzogen, mussten die Zaren und später die sowjetischen Parteigenossen auf Zwangsmittel setzen. Freiwillig wollte kaum jemand in diese endlose Weite zwischen Nichts und Nirgendwo übersiedeln. Zwangsarbeiter und Verbannte stellten die Masse der russischen Pioniere. Jetzt, wo es keine Arbeitslager mehr gibt, wo der russische Staat Dissidenten nicht mehr für Jahre in die Provinz verbannen kann, da fehlt dieser stetige Zuzug.

Die Infrastruktur zerbröckelt, die Arbeitslosigkeit ist hoch, die Preise steigen und die Winter werden dennoch nicht kürzer. Die phantastischen Gewinne aus den Geschäften mit Öl, Gas, Holz, Diamanten und Gold erreichen die einheimische Bevölkerung kaum. Die Zukunftsaussichten sind trüb. So ist es nicht verwunderlich, dass immer mehr junge Leute ihre Heimat verlassen. Gen Westen, in den europäischen Teil oder gleich weiter nach Europa. Oder auch gen Süden. Wer sich die Mühe macht, Chinesisch zu lernen, findet in China leicht einen gut bezahlten Job: als Händler, Barkeeper, Spediteur, Werbemodel (blond!), Prostituierte (ebenfalls blond!) oder auch als einfacher Angestellter in einer Handelsfirma. Arbeitsgenehmigungen für China zu bekommen ist einfacher als einen Job in Moskau oder gar ein Visum für die Europäische Union. Rund um den Pekinger Ritan-Park kann man hervorragend russisch essen. Klein-Moskau wird der Stadtteil auch genannt.

Im Gegenzug zieht es Chinesen nach Sibirien. Meist sind es Kleinunternehmer, die als Händler expandieren. Aber auch Restaurants, Karaokebars und andere Dienstleistungen gehören zum Angebot. Gerüchte über die ersten Bauern, die für den chinesischen Markt produzieren, machen die Runde. Russische Nationalisten warnen bereits vor dem Verlust Sibiriens an die Chinesen und ganz Unrecht haben sie dabei nicht.

Seit Peter dem Großen sucht Russland nach seiner Bestimmung, nach seinem Platz in der Welt. Soll es sich nach Europa ausrichten oder nach Asien? Alle paar Jahrzehnte wechselt die Präferenz. Nach der Oktoberrevolution war der Osten dominant. Die Mongolei wurde kommunistisch, die Komintern mischte kräftig im chinesischen Bürgerkrieg mit und der koreanische Widerstand gegen Japan wurde unterstützt. Noch wenige Monate vor dem deutschen Einmarsch in Polen gab es eine Schlacht zwischen mongolisch-sowjetischen und mandschurisch-japanischen Streitkräften. Der Zweite Weltkrieg änderte diese Ausrichtung und seitdem war Stalin auf Europa fixiert. Sein zurückhaltendes Agieren im Koreakrieg zeugt davon. Im weiteren Verlauf des Kalten Krieges gewann der Osten wieder etwas an Bedeutung, allerdings blieb Europa im Zentrum des Interesses.

Mit dem Zusammenbruch des Sowjetimperiums bricht auch das russische Engagement in Fernost zusammen. Nordkorea bekommt dies als Erstes zu spüren. Der frisch an die Macht gekommene Boris Jelzin stoppt alle Subventionen für das ehemalige sozialistische Bruderland und stellt den bilateralen Handel auf Dollarbasis um. Daraufhin kommt der bilaterale Handel mehr oder weniger zum Erliegen. Die Neunziger über ist Russland ganz mit dem wirtschaftlichen Überleben beschäftigt. Der Ferne Osten zerbröselt wörtlich genommen vor sich hin. Die Infrastruktur, die nur durch große Subventionen der Zentrale aufgebaut und erhalten werden kann, wird kaum noch gewartet und zerfällt zunehmend.

Unter Wladimir Putin wird ein neuer Kurs eingeschlagen,

allerdings einer, der nicht in der zaristischen oder sowjetischen Tradition steht. Für Putin ist der Osten eine reiche Schatzkammer, die er plündern kann, um sein Machtsystem zu erhalten. Ein stetig wachsender Teil dieser Schätze geht nach Ostasien: nach China aber auch nach Japan und Südkorea. Putin wird in Europa gerne als globaler Machtpolitiker wahrgenommen, der gerne mit dem militaristischen Säbel rasselt. Dieses Bild stimmt auch, er rasselt gerne mit dem Säbel. Als großrussischer Imperialist dagegen versagt er auf ganzer Linie. Ganz Zentralasien entgleitet dem russischen Einfluss. Von Turkmenistan bis in die Mongolei sind chinesische Firmen dabei, ganze Volkswirtschaften zu dominieren. Auch auf politischer Ebene rücken die Zentralasiaten, mit Ausnahme der Mongolen, immer enger an China heran. Der russisch-chinesische Handel ähnelt dem klassischen Kolonialhandel: Die russische Peripherie liefert billig Rohstoffe und kauft dafür industrielle Fertigprodukte.

Um Russlands Rolle zu verstehen, muss man einen geostrategischen Ansatz verwenden. In Asien gibt es drei Kontinentalmächte: China, Russland und Indien. Zwei Jahrtausende lang war China die dominierende Macht, allerdings reichte sein Einfluss nur in der frühen Ming- Dynastie über Zentralasien und den Himalaya hinaus. Chinas Niedergang setzt ungefähr zeitgleich mit Russlands Aufstieg Ende des achtzehnten Jahrhunderts ein. Indien wurde erst mit der Unabhängigkeit von Großbritannien 1947 ein geeinter Staat. Zwei Jahre später geht die Periode des chinesischen Bürgerkriegs mit dem Sieg der Kommunisten zu Ende. Die Sowjetunion erreicht ihr Machtoptimum in den sechziger und siebziger Jahren, als es ihr gelingt, den USA in Kuba, Indochina und anderen Teilen der Welt schwere Niederlagen beizubringen. Dennoch hat sie den wirtschaftlichen und technologischen Kampf mit dem Westen bereits verloren. Das neue Russland von 1992 ist ein bankrotter Riese, aber zum Vermächtnis des Kommunismus gehört auch ein bemerkenswert gutes Bildungssystem und großes industriell-technologisches Potential. Indien hat zwar einige Erfolge vorzuweisen, stagniert aber weitgehend, während China zwar durch die Reformen Deng Xiaopings seine von Mao Tse-tung völlig zerrüttete Wirtschaft wieder in Gang gebracht hat, aber noch weit davon entfernt ist, eine wirtschaftliche oder politische Macht zu sein.

Ein Vierteljahrhundert später finden wir eine völlig veränderte Situation vor. Das einzigartige Wirtschaftswunder Chinas hat das Land nicht nur zu einer ökonomischen Supermacht werden lassen, sondern auch die Gesellschaft umgestaltet. Aus der verschlafenen kommunistischen Trägheitsgesellschaft wurde eine der dynamischsten und sich am schnellsten wandelnden Gesellschaften der Welt. An politischer Bedeutung kommt das Land direkt hinter den USA und auch militärisch hat es zugelegt, wenngleich es noch lange nicht in der Lage sein wird, überseeische Militärinterventionen durchzuführen. Indien ist ebenfalls aufgewacht und hat sein eigenes Wirtschaftswunder, allerdings leidet der Subkontinent auch weiterhin unter seinem Kastenwesen, religiösem Fanatismus und der quasifeudalen Gesellschaftsstruktur in vielen ländlichen Gegenden.

Russland lebt von seinen Rohstoffen. Natürlich gibt es auch einige Industriebetriebe, die wettbewerbsfähige Produkte auf dem Weltmarkt vertreiben, aber im Großen und Ganzen genommen hat es Russland nicht geschafft, sein großes technologisches Kapital aus der sowjetischen Rüstungsindustrie in eine zivile Produktion umzuleiten. Einen großen Teil des Wirtschaftswachstums macht der Bausektor aus, der in Moskau, Sankt Petersburg und einigen anderen wichtigeren Metropolen Luxusapartments, Bürogebäude und Einkaufszentren für die „Neuen Russen" errichtet, also jene kleine Gesellschaftsschicht, die von den gewaltigen Gewinnen aus dem Öl-, Gas-, Diamanten-, Gold- und Holzgeschäft profitiert. Zu einer nachhaltigen Entwicklung der ökonomischen Basis trägt diese Blasenwirtschaft jedoch nicht bei. Solche Blasen existieren natürlich auch in Indien und die Immobilienblase Chinas ist geradezu sprichwörtlich, aber in diesen beiden Ländern resultieren diese Spekulationsblasen auf Gewinnen, die von einer realen produzierenden Wirtschaft erbracht wurden, und nicht alleine aus dem Abbau von natürlichen Ressourcen.

Auch der militärische Bereich ist mehr Schein denn Sein. Auf dem Papier verfügt Russland immer noch über einen der beeindruckendsten Militärapparate der Welt. Bei genauerer Betrachtung stellt man jedoch fest, dass ein großer Teil von Material und Ausrüstung veraltet und vor allem schlecht gewartet ist, Ausrüstung und Ausbildung der Mannschaften unzureichend sind und die Moral der Truppe im Keller ist. Berichte über Morde und Selbstmorde innerhalb der Truppe sind besorgniserregend und viele Wehrpflichtige versuchen sich durch Bestechung dem Wehrdienst zu entziehen.

Anstatt die Streitkräfte drastisch zu verkleinern und gleichzeitig zu modernisieren, behielt Russland nach dem Zerfall der Sowjetunion eine recht große Truppe von über einer Million Soldaten. Der Grund dafür liegt in den Karrierechancen der Offiziere. Das Offizierskorps verhinderte bis heute erfolgreich eine weitere Reduzierung der Mannschaftsstärke, was jedoch bedeutete, dass nur wenige Ressourcen für Wartung und Modernisierung der vorhandenen Ausrüstung zur Verfügung stehen.

Von Russland kann kaum erwartet werden, dass es eine nennenswerte Rolle in einem erneuten Koreakonflikt spielen wird. Das russische Hauptinteresse in Fernost sind die Handelsbeziehungen mit China, Japan und Südkorea. Russland wird auf absehbare Zeit seine Koreapolitik anderen, in Moskau als wichtiger erachteten außenpolitischen und handelspolitischen Zielen unterordnen. Da der wichtigste Handelspartner in Fernost China ist, wird Russland sich eher an chinesischen Vorstellungen orientieren als an solchen aus den USA, zumal Russland und China auch in anderen internationalen Fragen ähnliche Vorstellungen haben. So schätzen beide Länder zum Beispiel die Gefährlichkeit des Irans völlig anders ein als der Westen und beide liefern moderne Rüstungsgüter und widersetzen sich weiteren Sanktionen gegen Teheran. Beide Länder würden gerne den amerikanischen Einfluss im Nahen Osten und in Zentralasien zurückdrängen und das Regime in Teheran ist ein wichtiger strategischer Partner gegen diese amerikanische Dominanz.

Es ist bekannt, dass Nordkorea in den letzten Jahren wiederholt versucht hat, aus Russland moderne Militärtechnik zu erhalten, insbesondere Luftabwehrsysteme. Es ist nicht bekannt, dass Russland solche verkauft hätte. Wobei natürlich nicht ausgeschlossen werden kann, dass kriminelle Elemente im russischen militärisch-industriellen Komplex auf eigene Rechnung entsprechende Geschäfte getätigt haben.

Russlands Teilnahme an den Sechsergesprächen ist ein Trumpf im allgemeinen globalen Spiel, der, günstig eingesetzt, die russische Position in anderen Politikfeldern stärken kann. Von russischer Seite ist daher eine opportunistische Politik zu erwarten, die weder bedeutende eigene Anstöße beiträgt noch Bemühungen anderer Parteien zur Bewältigung der Krise behindert.

Der gerupfte Adler

Über den Zeitraum von zweihundert Jahren betrachtet kann eine Reihe von Parallelen zwischen der amerikanischen und russischen Weltpolitik ausgemacht werden. Beide Länder haben mehrfach in der Vergangenheit ihre geopolitischen Präferenzen hinsichtlich Europas und des pazifischen Raums verändert. Der Diskurs, inwieweit das betreffende Land eine primär nach Europa oder auf den pazifischen Raum ausgerichtete Macht sei, ist alt und noch lange nicht entschieden. Daneben waren und sind beide Länder im Nahen Osten und in Zentralasien aktiv. Beide konnten nicht der Versuchung widerstehen, Persien zum Vasallenstaat zu degradieren, und beide machten den klassischen Fehler, in Afghanistan einzumarschieren.

Die Union der Sozialistischen Sowjetrepubliken zerbrach an dem Versuch, sowohl Europa als auch den Nahen Osten, Zentralasien und den Fernen Osten militärisch zu beherrschen. Sie zerfiel in eine Reihe von nun nicht mehr sozialistischen Republiken und übrig blieb ein Kernrussland, welches geopolitisch betrachtet ungefähr dort steht, wo Peter der Große angefangen hatte. Die USA sind immer noch die führende globale Macht, allerdings mit einem nie da gewesenen Staatsdefizit, einer chronisch negativen Außenhandelsbilanz und einer kaum gedeckten Währung. Viele Historiker und Politologen attestieren den USA „Imperial Overstretch“, imperiale Überdehnung, gegen die die einzige wirksame Arznei das Gesundschrumpfen sei.

Michail Sergejewitsch Gorbatschow, der Reformer, versuchte sich in der Gesundschrumpfung: Er zog die ehemals siegreiche Rote Armee aus Afghanistan ab und entließ die osteuropäischen Vasallenstaaten in die Unabhängigkeit. Die wahnwitzigen Rüstungsanstrengungen in die zivile Produktion umzuleiten, schaffte er hingegen nicht. Der Lebensstandard des Homo sovieticus sank weiter, die Infrastruktur zerfiel zunehmend und die Industrie konnte keinen Anschluss an die Weltwirtschaft finden.

Barack Hussein Obama, der Reformer, versprach, die amerikanische Armee aus Afghanistan herauszuführen, eine Krankenversicherung einzuführen und die Macht der Finanzmärkte zu beschneiden. Ähnlich wie Gorbatschow ist Obama trotz der leider sehr geringen Erfolge sehr beliebt – in Europa. In der späten Sowjetzeit wurde Perestroika immer mehr zum Schimpfwort. In Amerika fragen sich immer mehr Bürger: „What can we do?"

Ob Amerika seine wild gewordenen Finanzmärkte jemals wieder in den Griff bekommen, seine Industrie und Infrastruktur modernisieren oder ob Obama eine zweite Amtszeit im Weißen Haus erwartet, ist nicht Gegenstand dieses Buches. An dieser Stelle soll nur herausgearbeitet werden, dass die USA von heute längst nicht mehr die unangefochtene Führungsmacht sind, wie direkt nach dem Ende des Kalten Krieges. Präsident Obama hat angekündigt, den Militärhaushalt etwas herunterzufahren. Gleichzeitig jedoch versicherte er wiederholt, dass die amerikanische Präsenz im pazifischen Raum nicht von den Kürzungen betroffen sei. Im Gegenteil, künftig sollen 2500 amerikanische Marineinfanteristen in Australien stationiert werden, quasi als schnelle Eingreiftruppe für die Region.

Die pazifische Ausrichtung Obamas mag teilweise seiner persönlichen Biographie geschuldet sein, die ihn in seiner Kindheit nach Hawaii und Indonesien verschlug, aber sie entspricht auch einem langfristigen Trend. Selbst wenn sein Nachfolger im Amt diese Ausrichtung wieder zugunsten anderer Weltregionen korrigiert, wird der pazifische Raum für die USA eine zentrale geopolitische Rolle einnehmen. Und innerhalb dieses Raumes stellt die Koreafrage die gefährlichste und komplexeste Bedrohung dar.

Der Koreakrieg veränderte die amerikanische Außenpolitik so gründlich wie kein anderes Ereignis jener Epoche. Isolationistische Strömungen wurden endgültig an den Rand gedrängt und Amerika nahm aktiv die Führungsrolle der „Freien Welt" ein, wobei unter frei auch unterjochte Kolonialvölker, Militärdiktaturen und Apartheidstaaten zu verstehen waren. Militärisch gesehen stellte der Koreakrieg die Mängel der amerikanischen Streitkräfte bloß. Obwohl offiziell ein Krieg der Vereinten Nationen, wurde die Hauptlast von den US-Streitkräften getragen. Wie schon in den Kämpfen des Zweiten Weltkriegs gegen die Heere Deutschlands und Japans konnten sich amerikanische Bodentruppen nur mit massiver Luftunterstützung behaupten. Letztendlich wurde in Korea aber nur ein Remis erreicht, der Gegner konnte nicht besiegt werden.

Der Koreakrieg leitete die amerikanische Aufrüstung nach der Abrüstungsphase des Weltkrieges ein. Die besiegten Nationen Japan, Deutschland und Italien wurden wiederbewaffnet, NATO, SEATO, ANZUS und andere Bündnisse gegründet und die amerikanische Militärpräsenz im pazifischen Raum massiv ausgebaut. Der Krieg schweißte auch die beiden ehemaligen Kriegsgegner Japan und Amerika zusammen. Japan flüchtete sich unter den atomaren Schirm der USA und nahm die Rolle eines treuen Verbündeten an, welche es bis heute nicht aufgegeben hat.

Die militärische Schwäche der Bodentruppen veranlasste General MacArthur dazu, den Einsatz von Atomwaffen gegen die Volksrepublik China zu fordern. Atomwaffen bekam er zwar nicht, dafür wurden später biologische Waffen gegen die chinesische Zivilbevölkerung in der Mandschurei eingesetzt. Dennoch gewann die Atombombe im strategischen Denken durch den Koreakrieg immer größere Bedeutung.

Innenpolitisch ebnete der Koreakrieg Senator Joseph MacCarthy den Weg. Eine beispiellose Verfolgungsjagd gegen alle als „links" verdächtigen Personen und chinesische Einwanderer setzte ein und das Land driftete nach rechts, gab die moderate soziale Position der Roosevelt-Ära auf. Ironischerweise führte die antichinesische Kampagne dazu, dass einer der bedeutendsten amerikanischen Raketeningenieure, Qian Xuesen, völlig frustriert von seiner neuen Heimat diese verließ, in seine alte Heimat zurückkehrte und für Mao Tse-tung innerhalb weniger Jahre eine Interkontinentalrakete entwickelte.

Auf Korea folgte Indochina. Wie in Europa scharten sich die nichtkommunistischen Staaten um die USA, die als Garant gegen die Rote Gefahr ihre Position in Asien immer weiter ausbauen konnten. Im Gegensatz zu Europa waren jedoch fast alle amerikanischen Verbündeten keine Demokratien, sondern Diktaturen oder zumindest sehr autoritär regierte Staaten. Südkorea war eine Militärdiktatur, auf Taiwan herrschte bis 1987 das Kriegsrecht, Südvietnam wurde von korrupten Kollaborateuren der ehemaligen Kolonialmacht Frankreich beherrscht und in Thailand putschte regelmäßig das Militär.

Dieser geschichtliche Hintergrund ist wichtig, um zu verstehen, weshalb heute die Führungsrolle der USA im asiatisch-pazifischen Raum immer stärker unter Druck gerät. In Mittel- und Osteuropa wurde der Kommunismus den Völkern innerhalb der sowjetisch kontrollierten Gebiete aufgezwungen. Die Westeuropäer sahen daher die USA immer als Verteidiger der Freiheit. In vielen asiatischen Ländern sind die kommunistischen Bewegungen eng mit dem Unabhängigkeitskampf gegen die Kolonialherrschaft verbunden. Für viele Asiaten stellten die Amerikaner damit eher Unterdrücker denn Befreier dar, die postkolonialen Regime wurden als Marionettenregierungen gesehen, was in Fällen wie Südkorea, Südvietnam und den Philippinen auch durchaus zutraf.

Ein weiterer wichtiger Punkt betrifft den Rassismus. Zwar wurden in der alliierten Propaganda des Zweiten Weltkriegs Deutsche wie Japaner mit durchaus rassistischen Motiven angegriffen, aber die Auswirkungen waren völlig unterschiedlich. Viele deutsche Exilanten dienten in der US-Armee und wurden später in der Militärverwaltung in Deutschland eingesetzt. Die US-Armee in Europa verhielt sich weitgehend korrekt gegenüber der Zivilbevölkerung und rassistische Attitüden gegenüber den besiegten Deutschen waren eher die Ausnahme.

Dagegen wurden über hunderttausend amerikanische Staatsbürger japanischer Abstammung während des Krieges interniert. Erst im Jahr 2007 gab die amerikanische Regierung zu, dass diese Internierung ausschließlich aufgrund rassistischer Vorurteile erfolgte. Die antijapanische Propaganda war zudem bedeutend rassistischer als die antideutsche und, was noch wichtiger ist, wurde entsprechend vom Publikum goutiert. Diese Attitüde konnte auf einer langen antiasiatischen Tradition aufbauen. Bis zum Zweiten Weltkrieg durften z. B. nur männliche Chinesen in die USA einwandern, damit diese sich nicht mit Chinesinnen fortpflanzen konnten. Die USA begriffen sich als ein rassisch „weißes" Land und wollten dies auch bleiben. Der Koreakrieg rehabilitierte zwar die japanischstämmigen Amerikaner, aber das generelle antiasiatische Sentiment kehrte sich nun erneut gegen ethnische Chinesen, die zunehmend als fünfte Kolonne Pekings gesehen wurden.

Die USA waren in den fünfziger Jahren ein rassistischer Apartheidstaat. Asiaten waren zwar mittlerweile rechtlich den Weißen gleichgestellt, die Apartheidgesetze gegen Schwarze und Indianer wurden dagegen erst in den Sechzigern abgeschafft und in vielen Bundesstaaten existierten einschlägige Bestimmungen noch sehr viel länger. Bürgerrechtler wurden häufig mit Wissen oder gar Unterstützung der Behörden zu Tode gefoltert. Es ist nicht verwunderlich, dass die Streitkräfte entsprechend aufgebaut waren. „Weiße" und „Schwarze" Einheiten waren strikt getrennt und schwarze Offiziere hatten keine Weisungsbefugnis über weiße Soldaten. Viele der in Asien eingesetzten weißen GIs hatten daher von Haus aus eine extrem rassistische Einstellung gegenüber Asiaten an sich und verhielten sich auch entsprechend. Der enorme Einkommensunterschied und der exterritoriale Status, der die GIs der lokalen Gerichtsbarkeit entzog, ermunterten viele Soldaten zu einem Benehmen, welches ein starkes antiamerikanisches Ressentiment hervorrief.

Auf den Philippinen war der Antiamerikanismus nach dem Sturz der Marcos-Diktatur so groß, dass die Amerikaner ihre Militärbasen räumen mussten. Die Marinebasis Subic Bay und die Clark Air Base gehörten zu den größten amerikanischen Militärbasen überhaupt. Nach dem Fall Indochinas waren die Philippinen das einzige Land in Südostasien, wo die USA permanent große Truppeneinheiten stationiert hatten. Die Anerkennung der Volksrepublik China 1971 hatte bereits zur Räumung der Stützpunkte auf Taiwan geführt. In Japan sind derzeit die Bürgerproteste gegen die Futenma Marine Corps Air Station auf Okinawa so groß, dass die japanische Regierung die Verlegung beschlossen hat. Allerdings kann sie keinen alternativen Standort finden, da sich überall sofort zu großer Widerstand regt.

Weit gravierender als der Verlust wichtiger Militärbasen ist für den schwindenden amerikanischen Einfluss die wachsende

Kampfpanzer XK2 der südkoreanischen Armee.

Stärke der asiatischen Staaten. Im Koreakrieg trug Amerika die Hauptlast des Kampfes. Die äußerst schlecht ausgerüsteten und kaum ausgebildeten südkoreanischen Truppen stellten hauptsächlich Kanonenfutter und waren für den Ausgang des Krieges nur von geringer Bedeutung. Heute verfügt die Republik Korea über eine der kampfstärksten Streitkräfte der Welt. Die Luftwaffe ist größer und moderner als die Großbritanniens und man ist derzeit dabei, eine Hochseeflotte aus eigener Produktion aufzubauen.

Der Hubschrauberträger ROKS Dokdo beweist, dass die weltgrößten Werften in Pusan in der Lage sind, auch Flugzeugträger zu bauen, sollte dies erwünscht sein. Die 28 000 amerikanischen Soldaten in Korea haben heute in erster Linie symbolischen Wert, um die amerikanische Loyalität gegenüber Südkorea zu demonstrieren. In einem neuen Krieg würde die Hauptlast des Kampfes von den südkoreanischen Streitkräften getragen werden.

Hubschrauberträger ROKS Dokdo der südkoreanischen Marine.

Japan unterhielt 1950 keine Streitkräfte, heute ist es im Besitz einer der mächtigsten Flotten der Welt. Die freiwillige Selbstbeschränkung, die sich Japan nach dem Zweiten Weltkrieg auferlegt hat, hält Japan davon ab, sich auch Flugzeugträger und strategische U-Boote zuzulegen. Die Technologie und industriellen Produktionsstätten dafür sind jedoch vorhanden und ähnlich wie Südkorea verfügt die japanische Marine mit der JDS Hyuga und der JDS Ise über zwei Hubschrauberträger, welche die Fähigkeiten zum Flugzeugträgerbau beweisen.

Auch die dritte große Regionalmacht hat militärisch aufgeholt. Im Koreakrieg setzte die Volksrepublik China noch auf unerschöpfliche Mengen an Infanteristen, die gegen die feindlichen Stellungen anrennen mussten. Das letzte Mal wurde dieses Vorgehen im Grenzkrieg mit Vietnam 1979 angewendet. Die Verluste bei diesem, an den Ersten Weltkrieg erinnernden Vorgehen waren immer enorm. Eine solche Strategie wäre im heutigen China innenpolitisch nicht mehr zu rechtfertigen. Seit dem

Japanischer Hubschrauberträger Hyuga.

Krieg mit Vietnam wird die chinesische Volksbefreiungsarmee konsequent modernisiert und gleichzeitig verkleinert. Zwar sind die chinesischen Streitkräfte noch lange nicht annähernd so modern und schlagkräftig wie die Südkoreas, Japans oder Amerikas, aber sie holen stetig auf. In strategischen Kernbereichen wie der Schiffsabwehr oder der Internetkriegsführung haben sie bereits eine führende Stellung erreicht. Feindliche Kriegsschiffe, die vor der chinesischen Küste operieren, würden im Kriegsfall ein hohes Risiko eingehen, von den Seidenraupen-Raketen der Volksrepublik versenkt zu werden.

Einzig die russische Militärpräsenz im pazifischen Raum hat abgenommen. Die Schiffe der stolzen sowjetischen Pazifikflotte rosten in Wladiwostok, Petropawlowsk-Kamtschatski und Wiljutschinsk vor sich hin und stellen in erster Linie eine ökologische Gefahr dar, nicht jedoch eine militärische.

Für den Schutz ihrer Küsten benötigen heute weder Japan noch Südkorea mehr amerikanische Hilfe. Ihre hochmodernen Flotten sind den nordkoreanischen, chinesischen und russischen weit überlegen. Dasselbe gilt für ihre Luftwaffen. Amerikanische Unterstützung wird in erster Linie in der Satellitenaufklärung, in der atomaren Abschreckung und in der Beschaffung von Rüstungstechnologie benötigt. Weder Südkorea noch Japan verfügen über eine eigene Luftfahrtindustrie, die in der Lage wäre, moderne Kampfflugzeuge in Eigenregie zu entwickeln und zu produzieren. Auch die Kriegsschiffe basieren auf dem amerikanischen AEGIS-System.

Ein weiterer wichtiger Punkt für den amerikanischen Bedeutungsschwund in Asien ist die wirtschaftliche Entwicklung. Die Bedeutung Amerikas als Handelspartner hat über die Jahre stetig abgenommen und nichts deutet darauf hin, dass sich dieser Trend umkehren wird.

Gleichzeitig hat die gegenseitige wirtschaftliche Abhängigkeit der ostasiatischen Länder untereinander stetig zugenommen und dieser Trend hält weiter an. Auch die wirtschaftlichen Beziehungen Ostasiens mit den südostasiatischen ASEAN-Staaten gewinnen an Bedeutung und eifrig werden Pläne für einen regionalen gemeinsamen Markt geschmiedet. Diese neuen Abhängigkeiten reduzieren auch das Risiko bewaffneter Konflikte. Taiwan söhnt sich mit dem Festland aus und viele Taiwanesen wenden ihren Blick von Ost nach West. China distanziert sich immer mehr von Nordkorea und hat auf inoffiziellen Wegen bereits verlauten lassen, dass eine koreanische Wiedervereinigung unter südkoreanischer Führung durchaus im Interesse Pekings sein könnte. Dass China Nordkorea in einem Krieg erneut militärisch zur Seite springt, wird immer unwahrscheinlicher. Damit schwindet generell die militärische Bedrohung durch China, trotz der voranschreitenden Aufrüstung. Wenn aber diese Bedrohung zu existieren aufhört, schwindet auch die Berechtigung amerikanischer Militärpräsenz in Ostasien.

Die andauernde militärische Bedrohung durch Nordkorea hat für die USA Vor- und Nachteile. Zunächst natürlich stellt sie eine der größten globalen Bedrohungen überhaupt dar. Selbst wenn es nicht zu einem Atomkrieg kommt, könnte eine erneute Eskalation oder das Chaos eines Regimekollapses die Weltwirtschaft in eine Krise führen, von der auch Amerika erschüttert würde. Ein erneuter Krieg würde immense Kosten verursachen und die Zahl der menschlichen Opfer wäre enorm. Die Zahl gefallener amerikanischer Soldaten würde vermutlich die Verluste aus Afghanistan und Irak zusammen weit übersteigen. Andererseits sichert die andauernde Bedrohung die amerikanische Position in Ostasien. Solange ein wenig berechenbares Regime in Pjöngjang mit Atombomben herumspielt, werden weder Südkorea noch Japan ihr enges Verhältnis zu Washington aufkündigen.

Eine friedliche Lösung, so wenig denkbar diese derzeit auch erscheinen mag, wäre dagegen nicht unbedingt von strategischem Vorteil für die USA. Eine Unterstützung einer koreanischen Wiedervereinigung unter südkoreanischer Führung impliziert für Peking natürlich einen Abzug aller ausländischen Truppen von der Halbinsel. China wird alles daransetzen, im Fall einer Wiedervereinigung, die amerikanische Militärpräsenz in Korea zu beenden. Aber selbst wenn sich die USA eine weitere militärische Anwesenheit in Korea sichern könnten, würde doch der stetig steigende Einfluss Chinas auf das wiedervereinigte Korea den Amerikas weit in den Schatten stellen. Chinas Regierung kann seine Staatsfirmen einfach anweisen, in den Wiederaufbau des Nachbarn zu investieren. Es ist wahrscheinlich, dass die Volksrepublik zum größten ausländischen Investor werden würde und sich damit entsprechenden Einfluss sichern könnte. Dazu kommt, dass die chinesischen Erfahrungen bei der Reform seiner kommunistischen Planwirtschaft eine große Hilfe bei dem Wiederaufbau des Nordens sein könnten. Chinesische Ratgeber könnten praxisbezogene Ratschläge erteilen, während amerikanische Ökonomen nur über Theorien verfügen, die schon bei der Transformation der osteuropäischen Volkswirtschaften häufig kontraproduktive Ergebnisse erzielten.

Der derzeitige Status quo auf der koreanischen Halbinsel sichert Amerikas militärische Präsenz in Ostasien und das Bündnis mit Japan und Südkorea. Mit der voranschreitenden Modernisierung der südkoreanischen und japanischen Streitkräfte spielt die amerikanische Anwesenheit im konventionellen Bereich jedoch eine immer geringere Rolle. Gleichzeitig aber arbeitet man in Nordkorea verbissen an der Verbesserung der Raketentechnik, um eines Tages auch das amerikanische Festland mit einem atomaren Angriff zu bedrohen. Daraus ergibt sich für die USA eine Situation sich gegenseitig widersprechender strategischer Interessen. Weder eine Beibehaltung des Status quo ist erstrebenswert, da dieser definitiv zu einer direkten atomaren Bedrohung der USA führen wird, noch ein wie auch immer geartetes unfriedliches Szenario, da ein solches die Weltwirtschaft empfindlich treffen würde, oder eine langfristige friedliche Lösung, da diese Amerikas militärische Präsenz in Ostasien beenden könnte.

In amerikanischen Medien wie auch in Strategiepapieren von Regierungsbehörden und Think-Tanks entwickelt sich die Volksrepublik China immer mehr zum künftigen Hauptgegner der USA. Die diskutierten Szenarien reichen von möglichen Handelskriegen bis hin zu militärischen Konflikten unterschiedlichster Intensität. Inwieweit solche Gedankenspiele realistisch sind, sei dahingestellt. Wichtig an dieser Stelle ist, dass die Koreafrage aus amerikanischer Sicht im Kontext des Verhältnisses zu China gesehen wird. Eine akzeptable Lösung der Koreafrage per se ist nicht das Hauptziel der amerikanischen Außenpolitik. Das Hauptziel ist, auch weiterhin die führende Macht im pazifischen Raum zu bleiben. Um dieses zu erreichen, ist es unumgänglich, den stetig wachsenden Einfluss Chinas einzudämmen. Über ein solches „Containment", also die Errichtung eines Cordon sanitaire um die Volksrepublik China herum, wird seit Jahren offen diskutiert, was zu entsprechenden Gegenreaktionen Chinas führt. Dieses Containment umfasst unter anderem Aktivitäten in Zentralasien, die militärische Zusammenarbeit mit Pakistan, die Anerkennung Indiens als Atommacht und die Stationierung von Marineinfanterie in Australien. Die Koreapolitik ist Teil dieses Ganzen.

Für Amerikas wichtige Bündnispartner Japan und Korea stellt sich die geopolitische Situation hingegen völlig anders geartet dar. Für diese beiden Länder ist die Koreafrage nicht nur das wichtigste, sondern das einzige außenpolitische Problem von existentieller Bedeutung, dem alle anderen Fragen untergeordnet werden müssen. China nähert sich immer mehr an Südkorea an und wird dort immer weniger als möglicher Feind denn als potentieller Partner und eines Tages vielleicht sogar als Verbündeter gesehen, so wie in früheren Jahrhunderten. Bereits mehrfach vertraten Südkorea, China und teilweise Japan sehr ähnliche Positionen während der Sechsergespräche, die von den amerikanischen stark abwichen. Amerikanische Diplomaten zeigten jedoch nur selten Bereitschaft, auf die Wünsche ihrer Bündnispartner einzugehen.

Für die amerikanische Außenpolitik stellt die Koreafrage daher eine harte Nuss dar. Obwohl es einige bedeutende Unterschiede zwischen der amerikanischen Betrachtungsweise und derer von Japan und Südkorea gibt, kann es sich Washington nicht erlauben, die beiden Bündnispartner zu brüskieren. In einem solchen Fall würde das Bündnis auseinanderdriften und die asiatischen Bündnispartner würden ernsthaft an der Zuverlässigkeit der USA zu zweifeln beginnen. Der hauptsächliche Nutznießer einer solchen Entwicklung wäre China, welches Washington als größten Konkurrenten sieht. Andererseits ist es für Amerika kaum tragbar, so lange untätig abzuwarten, bis Nordkorea technisch in der Lage ist, das amerikanische Festland mit Atomwaffen anzugreifen. Dazu kommt, dass die Koreafrage immer stärker hinter die strategische Konkurrenz zu China zurücktritt. Diese sich widersprechenden Anforderungen an die amerikanische Außenpolitik machen eine stringente Entscheidungsfindung nahezu unmöglich, was wiederum bedeutet, dass die amerikanische Koreapolitik im Fall einer Eskalation schwer berechenbar sein wird.

Fernöstlicher Rubikon

Wenn man die Interessenlagen der verschiedenen Länder und Regierungen vergleicht, so wird schnell klar, dass es keine wirkliche Verhandlungslösung geben kann. Der unbeugsame Wille des nordkoreanischen Regimes steht in völligem Widerspruch zu einer langfristigen friedlichen Lösung. Der Erhalt der absoluten politischen Macht schließt politische Reformen und eine Öffnung des Landes von vornherein aus.

Eine „Lösung" der Koreafrage aus Sicht des Regimes kann im Prinzip nur in einer Wiedervereinigung des Landes unter nordkoreanischer Führung liegen. Nur auf diese Weise könnte die Macht erhalten bleiben. Eine solche Wiedervereinigung ließe sich allerdings nur gewaltsam herbeiführen. So betrachtet war die gewaltige Aufrüstung der Armee seit den neunziger Jahren der Versuch, doch noch die einzige akzeptable Lösung herbeizuführen. Neben dieser militärischen Lösung ist für das nordkoreanische Regime nur der Status quo eine Alternative, wobei dieser allerdings keine langfristige Perspektive bietet, da dadurch ein letztendlicher Zusammenbruch des derzeitigen Systems nicht verhindert, sondern nur aufgeschoben werden kann.

Bei den anderen direkt betroffenen Ländern haben sich in den letzten zwei Jahrzehnten zum Teil große Verschiebungen in der Prioritätensetzung ergeben. Die wichtigste Entwicklung vollzogen dabei Südkorea und China, deren Standpunkte sich immer weiter annäherten. Diese Annäherung könnte in der Zukunft neue Chancen zur Zusammenarbeit bieten. Die Gründe mögen zwar unterschiedlich sein, aber beide Länder sind nicht an einem zu schnellen und chaotischen Zusammenbruch des Nordens interessiert, da ein solcher leicht in Gewalt ausarten könnte. Gleichzeitig wird der Status quo zwar derzeit akzeptiert, jedoch nicht als langfristig tragbare Lösung gesehen. In beiden Ländern würde man es am liebsten sehen, wenn sich der Norden zunächst selber reformieren würde und die Wiedervereinigung über einen längeren Zeitpunkt schrittweise vollzogen werden könnte. Das schrittweise Abrücken Pekings von seinem Verbündeten und die generelle Bereitschaft, einer Wiedervereinigung unter südkoreanischer Führung unter bestimmten Voraussetzungen zuzustimmen, leiteten diese Annäherung ein. Im Gegenzug wird Peking von Seoul jedoch eine Lockerung des Verhältnisses zu den USA einfordern.

Der japanische Standpunkt steht nicht im Widerspruch zu denen Südkoreas und Chinas. Die Lösung der Koreafrage an sich ist keine japanische Priorität, sondern die Abwendung der Bedrohung durch Nordkorea. Diese Priorität deckt sich mit der Angst vor einer Destabilisierung des Nordens, wie sie in Peking und Seoul vorherrscht.

Südkorea, China und Japan haben sich im Laufe der Jahre in der Koreafrage angenähert und arbeiten in dieser Frage enger zusammen als je zuvor. Gleichzeitig wurden jedoch Interessenkonflikte zwischen den USA und seinen ostasiatischen Verbündeten sichtbar. Regime Change, Demokratie und Menschenrechte spielen bei den Überlegungen der ostasiatischen Regierungen keine primäre Rolle. In Seoul und Tokyo würde man natürlich eine Demokratisierung und Verbesserung der Menschenrechte begrüßen, dies wäre jedoch nur als eine positive Begleiterscheinung zu betrachten. In Peking dürfte diese Frage gar keine Rolle spielen. Einem Regime Change, also einem schnellen Sturz des Regimes, dürften viele Realpolitiker in Japan und Südkorea sogar eher ablehnend gegenüberstehen, auch wenn sie so etwas natürlich nie in der Öffentlichkeit zugeben würden. Ein Regime Change könnte schnell zu einem völligen Zusammenbruch führen und genau das Chaos und die Destabilisierung herbeiführen, welche die Regierungen in Seoul, Peking und Tokyo zu verhindern suchen.

Allerdings ist in keinem der drei Länder diese neue Linie unumstritten. In Japan und Südkorea pflegen konservative Politiker einen schärferen Kurs gegenüber Nordkorea und betonen das Bündnis mit den USA, während in China die Position, auch eine südkoreanisch geführte Wiedervereinigung tolerieren zu können, unter Hardlinern keine Mehrheit finden dürfte.

Die Koreafrage und die amerikanisch-chinesische Konkurrenz überlappen sich. In der langfristigen Perspektive sieht man in Peking keine Alternative zu einer koreanischen Wiedervereinigung unter südkoreanischer Führung. Mit einer solchen Entwicklung kann man in Peking an sich gut leben, solange diese nicht dazu führt, dass die USA ihre Position in Ostasien ausbauen können. In Peking wird man auf einem Abzug aller fremden Truppen von der koreanischen Halbinsel bestehen.

Für die nordkoreanische Außenpolitik bieten diese unterschiedlichen Interessen Raum für diplomatische Manöver, die anderen beteiligten Nationen gegeneinander auszuspielen. Der Wechsel zwischen Aggression und leichten Zugeständnissen hat in der Vergangenheit wiederholt dazu geführt, dass letztendlich doch das benötigte Getreide und Erdöl geliefert wurden.

Allerdings nutzt sich dieses Spiel langsam ab. Die nordkoreanische Strategie der Verhandlungsführung ist kein Geheimnis mehr und es ist im Prinzip offensichtlich, dass das Regime seine Atomwaffen nicht aus der Hand geben wird. Südkorea hat die Sonnenscheinpolitik ad acta gelegt und auch eine konziliantere Regierung als die des konservativen Präsidenten Lee Myung-bak wird kaum wieder zu so weitreichenden Zugeständnissen bereit sein, wie sie Präsident Kim Dae-jung seinerzeit einging. Die öffentliche Kritik nach dem nordkoreanischen Feuerüberfall auf die Insel Yeonpyeong richtete sich in erster Linie gegen den Verteidigungsminister. Dieser habe zu langsam und nicht ausreichend reagiert. Immer mehr Südkoreaner fordern, im Fall einer erneuten Provokation einen entsprechend starken Gegenschlag durchzuführen. Man ist sich seiner eigenen Muskeln bewusst und bereit, diese auch spielen zu lassen.

Weitaus einschneidendere Folgen für die nordkoreanische Außenpolitik hat jedoch die Abkühlung des Verhältnisses zu Peking. Der Tiefpunkt der bilateralen Beziehungen wurde 2010 erreicht, nach der Versenkung der südkoreanischen Korvette Cheonan durch ein vermutlich nordkoreanisches U-Boot. China machte den Nordkoreanern deutlich, dass solche militärischen Provokationen ernsthaft die bilateralen Beziehungen gefährden.

Während der ersten Amtsjahre von Kim Jong-un wird China wahrscheinlich eine abwartende Haltung einnehmen. Zum einen liegt dies an innenpolitischen Gründen. Zum anderen verstehen chinesische Politiker besser als westliche das nordkoreanische politische System, weshalb sie Kim Jong-un eine Schonfrist einräumen werden.

Derzeit werden in China die innenpolitischen Karten neu gemischt. Auf dem XVIII. Parteitag im Herbst 2012 wird Hu Jintao voraussichtlich seinen Posten als Generalsekretär der Kommunistischen Partei an seinen Nachfolger Xi Jin-ping abtreten, welcher ihn im März 2013 auf der Ersten Plenarsitzung des XII. Nationalen Volkskongresses auch als Staatspräsident der Volksrepublik ablösen wird. Als neuer Premierminister wird Li Ke-qiang Wen Jia-bao ablösen. Innerhalb der Partei werden sich neue Fraktionen bilden, wird das Machtgefüge neu austariert werden. Nach außen müssen sich der neue Generalsekretär und Präsident und der neue Premierminister beweisen und profilieren, treten sie doch in große Fußstapfen. Im Gegensatz zu den lokalen Parteikadern vor Ort, die häufig sehr korrupt sind, genießen Hu und Wen bei der Mehrheit der Bevölkerung ein hohes Ansehen. Dies alles findet vor dem Hintergrund eines gestiegenen Anspruchsdenkens von Seiten der Bevölkerung statt, das zu einer steigenden Zahl von Protesten aller Art führt. Noch sind die Chinesen zwar weitgehend mit ihrer Lebenssituation und dem politischen System zufrieden, aber die kritischen Stimmen nehmen zu. Daneben stehen einige wichtige ökonomische Entscheidungen an, welche das Land erneut umkrempeln werden. Mit anderen Worten, die neue chinesische Führung wird sehr stark mit ihren internen Problemen beschäftigt sein.

Auch in Politbüro und Zentralkomitee wird ein Personalwechsel stattfinden und es ist zu erwarten, dass sich unter den neugewählten Abgeordneten des Nationalen Volkskongresses eine Reihe von ehrgeizigen Nachwuchspolitikern befinden wird, welche diesen als öffentliches Podium nutzen werden. Bereits der letzte Volkskongress war kein Scheinparlament mehr, sondern debattierte einige Themen laut und öffentlich.

In Peking versteht man die Situation, in der sich der Große Nachfolger Kim Jong-un befindet. Egal, ob er wirklich ein Hardliner ist oder doch ein verkappter Reformer, die gegenwärtige innenpolitische Lage Nordkoreas lässt ihm gar keine andere Wahl, als sich vorerst als Hardliner zu profilieren. Obwohl man in Peking für diese Situation Verständnis aufbringt, wird man dennoch die Möglichkeiten für ökonomische Reformen ausloten.

Es gibt ein Beispiel aus der jüngeren chinesischen Geschichte, wie ein im Herzen reformorientierter Thronfolger erfolgreich ein Land umgestalten kann. Nach dem Tod Tschiang Kai-scheks wurde dessen Sohn Tschiang Tsching-kuo Präsident der Republik China auf Taiwan. Er stand einer rechtsextremistischen Partei vor, die auf Taiwan eine faschistische Einparteiendiktatur errichtet hatte. Innerhalb von einem Jahrzehnt gelang es Tschiang Tsching-kuo, Taiwan relativ friedlich in eine Demokratie umzuwandeln. Er hatte es geschafft, die Falken in seiner eigenen Partei zu täuschen und schrittweise auszuschalten. Sollte Kim Jong-un trotz aller gegenteiligen Beteuerungen doch ein Reformer sein, so müsste er ähnlich wie Tschiang Tsching-kuo auf Taiwan vorgehen. In dieser ersten Zeit wird man in Peking keine Türen zuschlagen. Nur für den Fall, dass man davon überzeugt ist, dass der Große Nachfolger keinerlei Reformeifer zu eigen hat, würde man die Daumenschrauben anziehen.

Jenseits des Pazifischen Ozeans finden im November 2012 die amerikanischen Präsidschafts- und Senatswahlen statt. Wie in vielen Demokratien spielt Außenpolitik auch in den USA während des Wahlkampfes eine wichtige Rolle und viele Kandidaten versuchen sich mit populistischen Plattitüden zu profilieren. Besonders im rechten Spektrum ist das China-Bashing ein beliebtes Mittel, angebliche Stärke und Willenskraft zur Durchsetzung amerikanischer Interessen zu demonstrieren. Als der republikanische Präsidentschaftskandidat Jon Huntsman im Fernsehen ein paar Worte auf Chinesisch von sich gab und vor einem Handelskrieg mit China warnte, katapultierte er sich damit selbst aus dem Rennen. Für die stramm konservativen Republikaner hatte er sich damit als kommunistischer Chinafreund geoutet. Eigentlich hatte der ehemalige US-Botschafter in Peking mit dieser kleinen linguistischen Einlage seine Weltläufigkeit demonstrieren wollen, um sich als erfahrenen und besonnenen Außenpolitiker zu empfehlen, aber im gegenwärtigen politischen Klima sind unter Republikanern keine Diplomaten sondern Rambos gefragt. Ganz gleich, wer in der Vorwahl der Republikanischen Partei das Rennen macht, im Wahlkampf wird von republikanischer Seite China als Gegner hochstilisiert werden.

Hinsichtlich der Koreafrage bedeutet dies, dass ebenfalls ein hartes Vorgehen gefordert werden wird. Eine gemeinsame amerikanisch-chinesisch-südkoreanische Marschroute, mit dem Ziel die neue Führung in Pjöngjang von gefährlichen Provokationen abzuhalten und langfristig für Reformen zu gewinnen, würde von der amerikanischen Rechten sofort als Schwäche, als Einknicken vor China gedeutet werden. Erst nach dem Wahlkampf wird es in Washington wieder möglich sein, in der Öffentlichkeit halbwegs rationale Vorschläge zum Umgang mit China und Nordkorea zu wagen.

Auch in Südkorea stehen 2012 Wahlen an. Im April wird ein neues Parlament gewählt und im Dezember ein neuer Präsident. In den letzten Jahren waren zwar hauptsächlich innenpolitische Themen wahlentscheidend, erneute militärische Provokationen aus dem Norden könnten allerdings die Koreafrage stärker in das Wählerinteresse rücken.

In Pjöngjang wird man versuchen, diese derzeitigen innenpolitischen Schwächen in China und in den USA zum eigenen

Vorteil zu nutzen. Der neue Machthaber kann sich sowohl eine Verschnaufpause verschaffen, solange die beiden Großmächte mit sich selbst beschäftigt sind, als auch durch gezielte Provokationen die öffentliche Meinung in den USA erregen, damit Amerika eine noch chinafeindlichere Position einnimmt. Die neue chinesische Führung müsste sich aus innenpolitischen Gründen hinter das Regime in Pjöngjang stellen. Der neue Generalsekretär Xi Jin-ping wäre gezwungen, auf antichinesische Rhetorik aus Amerika ebenfalls mit klaren Worten zu antworten. Andernfalls würde er als ein schwacher und ungeeigneter Partei- und Staatsführer dastehen.

KAPITEL 5

The Day After

Der Tag wird kommen, an dem das jetzige System Nordkoreas kollabiert. Irgendwann. Morgen, in einem Jahr, in zwei Jahrzehnten. Irgendwie. Durch Reformen, durch eine Revolution, durch einen Krieg.

Wie auch immer, eines Tages wird der Tag X gekommen sein und man wird sich dem Wiederaufbau des Landes zuwenden müssen. Nehmen wir einmal an, das System kollabiert demnächst, ohne in einem Blutrausch zu enden. Was müsste getan werden, um eine humanitäre Katastrophe zu verhindern?

Da es bis auf wenige Schwarzmärkte keinen privaten Handel gibt, würde mit einem Systemzusammenbruch auch die gesamte Versorgung der Bevölkerung mit allen lebensnotwendigen Dingen entfallen. Die Bevölkerung hängt an der staatlichen Nahrungsverteilung. Die Rationen sind so knapp bemessen, dass kaum Vorräte angelegt werden können. Nur höhere Kader, Schmuggler und Schwarzmarkthändler sind in der Lage, sich ausreichend Vorräte für eine Krise anzulegen, dem größten Teil der Bevölkerung ist dies unmöglich. Derzeit sind nach UNO-Schätzungen sechs Millionen Menschen von akutem Hunger bedroht, das ist in etwa ein Viertel der Bevölkerung. Noch mehr sind unterernährt, die meisten Nordkoreaner zumindest mangelernährt. Mit anderen Worten, auch die persönlichen, körperlichen Reserven der Nordkoreaner sind erschöpft. Ein gut genährter Mensch kann mehrere Wochen ohne nennenswerte Nahrung überleben, er ist dann extrem abgemagert, aber nicht gestorben. Die meisten Nordkoreaner sind bereits sehr mager, sie können nicht mehr so lange ohne Nahrung aushalten.

Nach einem Zusammenbruch des Systems müsste innerhalb von weniger als zwei Wochen die Versorgung der Bevölkerung mit Nahrungsmitteln sichergestellt werden. Wenn dies nicht gelingen würde, gäbe es die ersten Hungertoten. Im Winter käme die Versorgung mit Heizmaterial hinzu, da andernfalls tausende von Menschen erfrieren würden. Für den Großteil der Bevölkerung gibt es bereits heute kaum noch eine medizinische Versorgung. Auch die noch existierende rudimentäre medizinische Infrastruktur würde aus Mangel an Medikamenten und anderem Material völlig zusammenbrechen, was ebenfalls Tausende von Menschen mit dem Tode bedrohen würde. Ein Großteil der Kraftwerke würde mangels Brennstoff aufhören, Elektrizität zu produzieren, was wiederum auch die Trinkwasserversorgung und die Kommunikationsmittel beeinträchtigen würde.

Alleine die technischen Probleme, eine solche Notversorgung auf die Beine zu stellen, sind enorm und es muss leider bezweifelt werden, dass alle Landesteile ausreichend schnell erreicht werden könnten. Insbesondere in abgeschiedenen Gebieten in den Bergen könnten wohl nicht alle Menschen gerettet werden.

Wie immer gibt es nicht nur den humanitären und technischen Aspekt, sondern auch einen finanziellen. Was würde die Rettung der Nordkoreaner nach einem Systemkollaps kosten?

Die südkoreanische Regierung geht davon aus, dass alleine die Sicherung des bloßen Überlebens der nordkoreanischen Bevölkerung jährlich 37 Milliarden Euro kosten würde. Diese Summe schließt nur die Kosten ein, die für die Bereitstellung von Grundnahrungsmitteln, Heizmaterial und anderen lebensnotwendigen Materialien entstehen würden. Erweitert man die Hilfen auf minimale Sozialleistungen und eine medizinische Grundversorgung, sind über 167 Milliarden Euro pro Jahr nötig. Jeder Südkoreaner müsste also jährlich mehr als dreitausend Euro berappen, nur um das Überleben seiner nördlichen Nachbarn auf einem Niveau zu sichern, welches in Südkorea immer noch deutlich unter der Armutsgrenze liegen würde. In diesen Summen sind keinerlei Ausgaben für den Wiederaufbau des Landes berücksichtigt.

Diese Zahlen erscheinen zunächst sehr hoch. Sie liegen über dem, was die Deutschen ausgegeben haben, und das, obwohl mit diesen Summen nur ein Existenzminimum garantiert werden soll, was weit unter dem liegt, was 1989 selbst in Polen als Armutsgrenze angenommen wurde. Bei dieser Summe würde jeder Nordkoreaner monatlich etwa mit 580 Euro subventioniert werden, was mehr als das Doppelte ist, was er derzeit verdient. Die Rechnung kommt deshalb zustande, weil man in Seoul von einem kompletten Zusammenbruch der nordkoreanischen Volkswirtschaft ausgeht. Zu einem solchen kompletten Zusammenbruch kam es in Europa nach dem Mauerfall nirgends.

Die Produktion brach zwar in allen postkommunistischen Ländern drastisch ein, aber trotzdem wurde nur ein Teil der Bevölkerung arbeitslos. Vorhandene Strukturen der Privatwirtschaft, wie im Kleingewerbe und der Gastronomie, konnten schnell expandieren und neue Arbeitsplätze schaffen. Die Aufbauprogramme der Bundesrepublik und Europäischen Union nutzten vorhandene Strukturen und gaben diesen neue Aufgaben.

Selbst in Polen, dessen Wirtschaft in den achtziger Jahren einen beispiellosen Niedergang erfahren hatte und welches 1989 auf Dritte-Welt-Niveau gefallen war, kollabierten weder Staat, Gesellschaft noch Wirtschaft. Die Wirtschaftskrise war zwar immens und führte zu einer heute kaum noch vorstellbaren Armut, stellte aber keinen Kollaps dar.

Im Unterschied zu Mittel- und Osteuropa existieren in Nordkorea keine nennenswerten privatwirtschaftlichen Nischen, sieht man einmal von der sehr begrenzten bäuerlichen Privatproduktion und dem Schwarzmarkthandel ab. Die staatliche Industrie ist zudem bedeutend reglementierter, als es die Planwirtschaft in Europa je war. Die Europäer verfügten durchaus über unternehmerische und marktwirtschaftliche Kenntnisse. Dies alles fehlt in Nordkorea.

Was aber noch bedeutender sein dürfte, ist das völlige Fehlen einer Zivilgesellschaft. Darunter werden im weitesten Sinne die nichtkommerziellen Aktivitäten der Bevölkerung außerhalb des staatlichen und staatsparteilichen Rahmens gesehen. Nicht nur politische Aktivitäten, sondern auch kulturelle, sportliche und religiöse Betätigungen und soziales Engagement sind Bestandteile einer solchen Zivilgesellschaft.

Totalitäre Regime trachten danach, alle diese Aktivitäten in einen von ihnen kontrollierten Rahmen zu zwingen. Nach der Machtübernahme durch Hitler wurden die Deutsche Arbeitsfront DAF und ihre Unterorganisation Kraft durch Freude KdF gegründet. Nicht nur die Gewerkschaften, sondern auch das gesamte deutsche Vereinswesen wurde Teil dieser Mammutorganisation. Damit sicherten sich die Nazis die Kontrolle über den größten Teil der sozialen und kulturellen Aktivitäten der Bevölkerung. Fast jeder Einwohner des Deutschen Reichs war damit Mitglied in einer NSDAP-Parteiorganisation geworden.

Auch in den kommunistischen Gesellschaften organisierte der Staat, bzw. die Partei, nahezu das gesamte soziale und kulturelle Leben. Unabhängige Vereine waren den Regierenden immer sehr suspekt. Dennoch konnten sich in den europäischen Satellitenstaaten Moskaus unabhängige Keime einer Zivilgesellschaft bilden. Häufig spielten die Kirchen eine wichtige Rolle, in Künstlerkreisen wurde häufig gegen die obrigkeitlichen Restriktionen verstoßen und Intellektuelle trafen sich in privaten Zirkeln. Am weitesten fortgeschritten war die oppositionelle Zivilgesellschaft jedoch in Polen. Nach der Verhängung des Kriegsrechts musste die Solidarność in den Untergrund gehen. Diese Gewerkschaftler verfügten über die organisatorischen Kapazitäten, ein weitverzweigtes Untergrundnetzwerk aufzubauen, in dem die politische und gesellschaftliche Diskussion fortgeführt wurde. Sie bauten dabei auf den Erfahrungen des Widerstands gegen die deutsche Besatzung auf, der ebenfalls das kulturelle und intellektuelle Erbe Polens vor der deutschen Herrenmenschenideologie gerettet hatte.

Vergleicht man die Ausgangsposition von 1989 der drei Länder Polen, Tschechoslowakei und Ungarn miteinander, so stand Polen wirtschaftlich am schlechtesten da. Ungarn dagegen hatte schon lange einen Reformkurs eingeschlagen und bereits vor 1989 einen Wirtschaftsboom erlebt, während über der Tschechoslowakei seit der Niederschlagung des Prager Frühlings von 1968 ein bleierner stalinistischer Nebel lag, der auch die einst so moderne böhmische Industrie lähmte.

Entgegen aller Annahmen entwickelte sich Polen von diesen drei Ländern am schnellsten. In der Tschechoslowakei wurde die Reformpolitik von einer riesigen Anzahl kleiner Parteien dominiert, deren Aktivisten zwar viele Ideen hatten, aber keinerlei Erfahrung. Die letztendlich aus dem angelsächsischen Raum übernommenen neoliberalen Reformideen erwiesen sich als nicht besonders überlegt und überhaupt nicht der Lage vor Ort angepasst. In Ungarn dagegen sonnte man sich in den vergangenen Erfolgen. Die Reformkommunisten wurden über Nacht zu Sozialdemokraten, was man ihnen durchaus abnahm. Aus dem Gulaschkommunismus sollte ein Gulaschkapitalismus werden, indem man gemütlich den bisherigen Pfad weiterwandelte. Auch dieser Ansatz versagte letztendlich. Nur in Polen war die wieder legalisierte Solidarność mit gut ausdiskutierten Programmen und erfahrenen politischen Aktivisten zur Stelle. Die politische Machtübernahme durch die Solidarność-Bewegung war eine bloße Formalität, und dass Lech Wałęsa die Nachfolge von General Jaruzelski antreten würde, war so sicher wie das Amen in der Kirche.

Diese vorhandene Zivilgesellschaft katapultierte Polen an die Spitze der drei mitteleuropäischen Transformationsländer. Selbst die erste große politische Krise, als der Postkommunist Aleksander Kwaśniewski Lech Wałęsa als Präsident ablöste, wurde souverän gehandhabt. Die ansonsten intellektuell so brillanten Böhmen versanken in endlosen politischen Diskussionen.

Auch im weiteren Verlauf der postkommunistischen Reformgeschichte kann die Bedeutung der Zivilgesellschaft auf die Ökonomie beobachtet werden. Die erfolgreichen Reformländer besitzen auch eine erfolgreiche Zivilgesellschaft. Natürlich kann argumentiert werden, dass erst der wirtschaftliche Erfolg und das gestiegene Einkommen die Menschen zu einer gesellschaftlichen Partizipation anregten. Zum Teil stimmt dies auch. Aber andererseits verhindert eine Zivilgesellschaft auch, dass die ökonomische Entwicklung einen falschen Weg einschlägt. In erster Linie ist dabei an die Korruption zu denken. In Ländern ohne zivilgesellschaftliche Partizipation wird die Korruption leicht zu einem endemischen Problem, das letztendlich auch die weitere wirtschaftliche Entwicklung bedroht. Korrupte Volkswirtschaften tendieren dazu, die Ökologie vollständig des Profits wegen zu zerstören. Der Reichtum sammelt sich in wenigen Händen und die soziale Kluft nimmt bedrohliche Ausmaße an. Dies führt letztendlich dazu, dass die Masse der Bevölkerung keine Binnenkaufkraft entwickeln kann und damit Wachstum nur durch Exporte erreicht wird.

Ein schönes Beispiel dafür ist China. Lange wehrten sich die chinesischen Kommunisten, zivilgesellschaftliche Aktivitäten zuzulassen. Um die Jahrtausendwende war die soziale Kluft beängstigend und die Umweltverschmutzung hatte katastrophale Ausmaße angenommen. Langsam setzte sich in Peking die Erkenntnis durch, dass Staat und Partei schlichtweg nicht mehr in der Lage waren, ohne Hilfe der Bevölkerung das Land weiter voranzubringen. Zögerlich begann man, die Aktivitäten der Bevölkerung zu tolerieren. Seit Mitte des letzten Jahrzehnts boomt das zivilgesellschaftliche Engagement der Chinesen. Von Staat und Partei wird es in erster Linie im kulturellen und sozialen Bereich toleriert, aber auch in politisch durchaus brisanten Themenbereichen wie Korruptionsbekämpfung und Umweltschutz ist die Bevölkerung mittlerweile sehr aktiv. Streiks sind an der Tagesordnung und es wird in Parteikreisen darüber diskutiert, ob man nicht doch besser ein modernes Streikrecht verabschieden sollte, um Ordnung in das Chaos wilder Streiks zu bringen. Auch bei Demonstrationen und anderen Protesten geben die Machthaber immer häufiger nach, da sie sonst einen offenen Aufstand befürchten. Diese sich entwickelnde Zivilgesellschaft hat dazu beigetragen, das Einkommen der untersten sozialen Schichten anzuheben, den Binnenmarkt zu stärken, die Korruption zurückzudrängen und unsinnige oder gefährliche Projekte zu verhindern. Dieses gesellschaftliche Korrektiv ist unerlässlich für den weiteren wirtschaftlichen Erfolg des Landes geworden.

Betrachten wir nun wieder Nordkorea, so müssen wir leider feststellen, dass es praktisch keine Zivilgesellschaft gibt. Sämtliche sozialen und kulturellen Aktivitäten werden von Organisationen von Staat oder Partei durchgeführt. Die Überwachung und Kontrolle der Bevölkerung ist größer als in jedem anderen Land der Erde. Selbstständiges, kritisches Denken zu zeigen, stellt ein enormes Risiko dar. Anweisungen und Befehle zu kritisieren, ist undenkbar.

In einer solchen Umwelt kann sich kein eigenverantwortliches Verhalten entwickeln. Eine Diskussionskultur ist nicht vorhanden. Kritische Diskussion ist nur im allerengsten Familienkreis denkbar und selbst dort riskant, da der Staat auch hier das Denunziantentum fördert.

Eigeninitiative muss in Nordkorea dort entwickelt werden, wo das Überleben den Regelbruch erzwingt. Korruption, Schmuggel und Schwarzmarktgeschäfte sind die Bereiche, in denen in Nordkorea die Eigeninitiative gedeihen kann. Ein solches Umfeld jedoch führt häufig zum Scheitern einer Reformpolitik. Ein Beispiel dafür bietet der Aufstieg der Oligarchen in den Nachfolgestaaten der ehemaligen Sowjetunion. Trotz Perestroika war das zivilgesellschaftliche Element in der Sowjetgesellschaft weit weniger entwickelt als in den Ländern Mitteleuropas. Die einzige Ausnahme bildeten die baltischen Staaten, welche erst im Zuge des Zweiten Weltkriegs Teil der Sowjetunion geworden sind. Die Sowjetunion existierte ein Dreivierteljahrhundert. Nur noch Greise über neunzig konnten sich an die vorsowjetische Zeit erinnern. Der normale Homo sovieticus war in einer Gesellschaft ohne Zivilgesellschaft aufgewachsen. Auch in der Sowjetunion bestand die Eigeninitiative in erster Linie darin, die Unzulänglichkeiten des Systems zu überwinden. Der Nährboden für Korruption war ideal. Nach dem Zusammenbruch dauerte es nur wenige Jahre, bis eine Reihe von gewitzten „Geschäftsleuten" den Großteil der Industrie an sich gebracht hatte. Ein paar Dutzend Multimilliardäre saugten die Volkswirtschaften aus. Die Profite aus den Rohstoffexporten verschwanden größtenteils in dunklen Kanälen.

In Russland selber gab es unter Jelzin noch so etwas wie Demokratie, in allen anderen Staaten der GUS hatten sich lokale Funktionäre fest als neue Herrscher etabliert. Meist waren es die Parteisekretäre der ehemaligen Teilrepubliken. In vielen Republiken kleben sie oder ihre Familien bis heute an der Macht. Korruption und Misswirtschaft sind an der Tagesordnung. Ohne Kontrolle durch die Moskauer Zentrale und ohne zivilgesellschaftliche Opposition war es den lokalen Parteiführern ein Leichtes gewesen, die völlige Kontrolle über die Länder und ihre Ressourcen zu erlangen.

Diese historischen Beispiele lassen es unwahrscheinlich erscheinen, dass Nordkorea sich aus eigener Kraft reformieren könnte. Bei einem Systemwechsel jedoch müssten relativ schnell erkennbare wirtschaftliche Erfolge vorgewiesen werden. Ohne eine nennenswerte Steigerung des Lebensstandards würde es auch in Nordkorea wie weiland in der DDR zu einer Abstimmung mit den Füßen kommen. Das derzeitige Regime verhindert die Massenflucht mit striktem Schießbefehl, drakonischen Strafen und sogar Sippenhaft für die zurückgebliebenen Familien. Selbst bei einem Staatsstreich gegen die Familie Kim, bei dem die Partei oder das Militär die Macht erlangen würde, könnte dieser Zwangsapparat mittelfristig nicht aufrechterhalten werden. Wirtschaftsreformen machen auch eine Öffnung und begrenzte Liberalisierung unerlässlich. Das durchschnittliche Einkommen eines Nordkoreaners liegt bei etwa fünf Prozent von dem, was ein Südkoreaner verdient. Auf deutsche Verhältnisse übertragen hieße das, dass die Ostdeutschen vor dem Mauerfall durchschnittlich weniger als zweihundert Mark verdient hätten. Selbst als illegaler Wanderarbeiter in China kann ein Nordkoreaner mehr verdienen als in seiner Heimat. Um sich an der Macht zu halten, müsste eine Reformregierung innerhalb kürzester Zeit ein Wirtschaftswunder herbeizaubern, ansonsten droht der völlige Zusammenbruch des Landes.

Phönix oder Pleitegeier?

Nordkorea ist ein Industrieland, zugegebenermaßen ein heruntergewirtschaftetes und verarmtes Industrieland, aber eben keine agrarische Nation, auch kein Land, welches in erster Linie vom Rohstoffexport abhängig ist. Weit über die Hälfte der arbeitsfähigen Bevölkerung arbeitet im industriellen Sektor, bzw. sie könnte darin arbeiten, so denn die Fabriken über Rohstoffe, Energie und Ersatzteile verfügen würden.

Diese Tatsache festzustellen ist wichtig, da sie völlig andere Möglichkeiten des wirtschaftlichen Wiederaufbaus ermöglicht.

In rohstoffreichen Entwicklungsländern setzt meist eine fatale Fehlentwicklung ein. Die Infrastruktur wird einseitig auf den Rohstoffexport ausgebaut und die Staatskasse vertraut auf die leicht zu erlangenden Einnahmen. Die kleine, extrem reiche Oberschicht hält das Volk mit Vergünstigungen bei Laune, um sich weiterhin ungestört bereichern zu können. Die Löhne der einfachen Bevölkerung steigen damit zumindest so stark an, dass sie für eine Exportindustrie zu hoch sind. In den meisten Ölstaaten liegen die Durchschnittseinkommen nichtqualifizierter Arbeitskräfte über dem Durchschnittslohn nichtqualifizierter Arbeitskräfte in China. Mit letzterem können diese Staaten damit nicht in der verarbeitenden Industrie konkurrieren. Solche Löhne setzen eine stärker auf Qualität und Technologie ausgerichtete Industrie voraus. Eine solche kann man jedoch nicht wirklich aus dem Stand heraus in den Wüstensand setzen. Japan, Taiwan, Südkorea und derzeit China haben gezeigt, wie zunächst Billigprodukte zu Billiglöhnen produziert werden müssen. Mit fortschreitender Entwicklung steigen sowohl die Qualität der Produkte als auch die Löhne an. Die Unternehmen müssen genauso Qualität lernen, wie ihre Arbeitskräfte berufliche Fachqualifikationen sammeln müssen.

Während der Revolution in Libyen mussten die chinesischen Behörden über dreißigtausend chinesische Staatsbürger aus dem Bürgerkriegsland evakuieren. Die meisten von ihnen waren als Kontraktarbeiter im Land, um Straßen und Gebäude zu errichten – während gleichzeitig die extrem hohe Arbeitslosigkeit unter libyschen jungen Erwachsenen zu einem der Auslöser der Revolution wurde. Die einheimischen Bauunternehmen waren nicht in der Lage, mit der chinesischen Konkurrenz Schritt zu halten. Dieses Beispiel ist charakteristisch für rohstoffexportierende Länder.

Agrarisch dominierte Entwicklungsländer sind dagegen in den meisten Bereichen unterentwickelt. Der Mehrheit der Bauern fehlt sowohl Kapital als auch Wissen, um ihre Wirtschaften zu modernisieren und international konkurrenzfähig zu machen. Moderne landwirtschaftliche Betriebe befinden sich entweder in der Hand des Großgrundbesitzes oder ausländischer Konzerne. Eine Entwicklungspolitik, die auf die Kleinbauern zielt, ist zwar in den Industriestaaten unter Dritte-Welt-Liebhabern angesagt, bringt in der Realität aber wenig. International wettbewerbsfähige Betriebe, also Betriebe, die sich auf dem Heimatmarkt gegen die hoch subventionierten europäischen und amerikanischen Importe durchsetzen wollen, müssen kapitalkräftig sein und die Möglichkeit haben, die eigene Regierung soweit zu bestechen, dass sie einen Handelskrieg mit Europa und den USA riskiert, was wiederum einen totalen Wegfall der (für die Regierung und Bürokraten) lukrativen Entwicklungshilfegelder bedeuten würde. Über so hohe Bestechungssummen verfügt jedoch keine nationale Landwirtschaft, die europäisch-amerikanische Agrarlobby ist zu mächtig und hat die Welt fest im Griff.

Die einzige Möglichkeit für ein agrarisches Entwicklungsland, sich nachhaltig zu entwickeln, ist, dem Beispiel der asiatischen Tigerstaaten zu folgen und eine klassische Entwicklung vom Billiglohnland zum Hightechstandort zu durchlaufen. Dann steigt auch die einheimische Nachfrage nach Obst und Gemüse, Fisch und Geflügel und auch Landwirte mit kleineren Anbauflächen können durch die Versorgung der einheimischen Ballungszentren wohlhabend werden. In den Tigerstaaten gibt es viele Bauernmillionäre, die wenigsten davon haben ihr Geschäft im Export gemacht.

Der amerikanische Marshallplan, das Wirtschaftswiederaufbauprogramm für Europa nach dem Zweiten Weltkrieg, gilt als besonders erfolgreich. Häufig wird ein solcher Plan für die Dritte Welt gefordert. Diese Forderung ist ein wenig seltsam, denn im Prinzip gibt es einen solchen bereits. Entgegen der weit verbreiteten Ansicht handelte es sich beim Marshallplan nämlich nicht um Geldschenkungen, sondern um zinsgünstige Kredite an europäische Länder, die nur teilweise erlassen wurden. Diese Gelder wurden hauptsächlich an Unternehmen weitervergeben, welche diese mit Zins und Zinseszins zurückbezahlten. Die deutschen Marshallplangelder werden heute von der Kreditanstalt für Wiederaufbau KfW in Frankfurt verwaltet.

Die europäischen Länder waren zerstörte Industrienationen. Wissen, Patente, Ingenieure und Facharbeiter waren vorhanden, ebenso ein völlig unterversorgter Markt. Den einzelnen Unternehmen fehlte es nur an Kapital, um Rohstoffe, Ersatzteile und Maschinen einzukaufen, Gebäude zu reparieren und Löhne zu zahlen. Sobald die Kredite die europäischen Industrieunternehmen erreichten, nahmen diese ihre Produktion wieder auf und hatten in der Mangelwirtschaft der Nachkriegszeit auch keinerlei Probleme, ihre Produkte abzusetzen.

Will man mit Krediten eine agrarische Gesellschaft modernisieren und industrialisieren, so fehlt es an all diesen günstigen

Voraussetzungen. Es fehlt nicht nur an Fachpersonal und Knowhow, sondern an einem generellen Verständnis für die industrielle Produktion und eine moderne Wirtschaftsweise im weitesten Sinne. Auch die Bürokratie, die Rechtsprechung und politische Entscheidungsprozesse müssen erst entsprechend angepasst werden. Es ist daher nicht verwunderlich, wenn die Erfolge weit weniger beeindruckend sind, als die im Europa der Nachkriegszeit.

Nordkorea dagegen weist Ähnlichkeiten mit dem Nachkriegseuropa auf. Es gleicht einem zerstörten Industrieland. Natürlich entspricht der Wissensstand der nordkoreanischen Ingenieure und Facharbeiter nicht dem internationalen Standard. Viele Maschinen stammen noch aus den Sechzigern und Siebzigern. Aber die Nordkoreaner sind bildungsorientiert, lernwillig und diszipliniert. Den technischen Wissensstand aufzuholen, dürfte das kleinste Problem sein. Damit verfügt Nordkorea über wichtige Voraussetzungen für einen Wiederaufbau seiner industriellen Produktion.

Die Infrastruktur ist in einem erbärmlichen Zustand. Straßen, Brücken, Eisenbahnlinien, Stromnetze, Kraftwerke und Gebäude erhalten seit Jahren nur noch den notdürftigsten Unterhalt. Die Ursache liegt aber nicht an fehlendem Wissen oder Fachpersonal, sondern an fehlendem Baumaterial, fehlenden Ersatzteilen und Maschinen. Damit versorgt, wären die Nordkoreaner durchaus in der Lage, ihre Infrastruktur mehr als ausreichend wiederherzustellen, nicht auf modernstem Niveau wie in Südkorea oder China, aber auf einem technischen Stand der siebziger oder achtziger Jahre.

Dasselbe gilt für die verarbeitende Industrie. Rein technisch könnten viele Fabriken relativ schnell wieder zur Produktion gebracht werden. Allerdings wären sie nicht in der Lage, wettbewerbsfähige Produkte herzustellen. Die nordkoreanische Produktion könnte nur den eigenen unterversorgten Markt bedienen. Selbst mit massiver ausländischer Hilfe würde es mehrere Jahre dauern, bis die Produkte eine exportfähige Qualität erlangten. Gleichzeitig droht bei einer ökonomischen Öffnung, dass das Land mit Billigprodukten, insbesondere aus China, überschwemmt wird. Damit könnte der Versuch, die einheimische Produktion wiederzubeleben, schnell zunichtegemacht werden.

Den Nordkoreanern mangelt es völlig an Erfahrung, was marktwirtschaftliche, kosteneffiziente Produktion anbelangt. Und dies stellte vermutlich das größte Problem des wirtschaftlichen Wiederaufbaus dar. Im Fall von Wirtschaftsreformen wären damit kaum Funktionäre vorhanden, die sich mit modernen Methoden des Managements auskennen. Ob Kosten-Nutzen-Rechnung, angemessene Lagerhaltung oder Marktforschung, das Instrumentarium der marktwirtschaftlichen Produktion ist weitgehend unbekannt.

Der größte Teil des Außenhandels wird mit der Volksrepublik China abgewickelt. Der Begriff Handel ist allerdings ein Euphemismus. China liefert in erster Linie Grundnahrungsmittel und Öl in so ausreichender Menge, dass das Land nicht völlig zusammenbricht. Die Bezahlung erfolgt zu einem beträchtlichen Teil über Kredite, die Nordkorea zu diesem Zweck von chinesischen Staatsbanken erhält. Wohl kaum ein Politiker oder Staatsbanker in Peking glaubt daran, dass diese Kredite jemals zurückgezahlt werden. China wünscht sich keinen Zusammenbruch und weist daher seine staatlichen Handelsfirmen und Banken an, diesen Handel zu betreiben. In den achtziger und neunziger Jahren konnte man noch nordkoreanische Produkte in chinesischen Läden erwerben, heute muss man sehr lange danach suchen. Selbst auf dem chinesischen Markt, der Platz für viele Billigprodukte niedriger Qualität bietet, sind nordkoreanische Produkte kaum noch konkurrenzfähig.

Der offizielle Chinahandel wird von staatlichen Handelsgesellschaften durchgeführt. Hier herrscht zu einem großen Teil der Primat der Politik. Die Pekinger Führung entscheidet letztendlich, was, in welcher Menge und zu welchen Konditionen geliefert wird. Nordkoreas Exporte in andere Länder bestehen in erster Linie aus Waffenverkäufen an Staaten, die in aller Regel isoliert und mit Sanktionen belegt sind. Die Rodong-Raketen sind so ein Exportschlager. Sowohl Pakistan als auch der Iran haben ihre Trägerraketen auf diesem Design entwickelt. Dem Assad-Regime in Syrien kam Nordkorea beim Bau eines Atomreaktors zu Hilfe. Die unter strengster Geheimhaltung errichtete

Anlage wurde allerdings noch vor ihrer Fertigstellung von der israelischen Luftwaffe zerstört. Auch diese Geschäfte sind stark politisch geprägt. Mit westlichen Ländern besteht der Handel in erster Linie darin, dass für die herrschende Elite Luxusgüter wie französischer Cognac, Mercedes-Limousinen und Rolex-Uhren besorgt werden und exportbeschränkte Hochtechnologie für die Streitkräfte beschafft wird. Bedingt durch die Sanktionen, mit denen das Land belegt ist, müssen diese Güter meist aus den Herkunftsländern hinausgeschmuggelt werden. Ein direkter und legaler Export nach Nordkorea ist nicht möglich. Der normale kommerzielle Außenhandel dagegen ist sehr eingeschränkt.

Die wenigen Funktionäre, die mit dem Außenhandel betraut sind, müssen natürlich eine makellose politische Weste aufweisen. Mit anderen Worten, nur mit dem Regime sehr eng verbundene Personen können Erfahrung im internationalen Geschäft sammeln. Dass Betriebe auf eigene Faust Exportgeschäfte mit ausländischen Firmen aushandeln, so wie es in der DDR auf der Leipziger Messe praktiziert wurde, ist unvorstellbar. Selbst wenn nordkoreanische Betriebe wettbewerbsfähige Produkte herzustellen in der Lage wären, müssten sie erst noch lernen, diese auch international zu verkaufen.

To Unite or Not to Unite, That Is the Question

Ist es vorstellbar, dass die Bundesrepublik Deutschland im November 1989 ein Einreiseverbot für DDR-Bürger erlassen hätte, um die Massenflucht aus dem Osten zu stoppen und langfristig den Wiederaufbau der ostdeutschen Volkswirtschaft zu sichern?

Es ist offensichtlich, dass es sich bei dieser Frage um eine rein rhetorische handelt und noch offensichtlicher, dass sie völlig utopisch ist. Eine solche Option stand nie im Raum.

Für einen abstrakten Theoretiker der Wirtschaftswissenschaften übt diese Frage jedoch einen großen Reiz aus. Was wäre, wenn die beiden Deutschlands getrennt geblieben wären? Wie würde Ostdeutschland heute dastehen?

Zwar wäre zunächst einmal die Ostmark enorm abgewertet worden, ihr Tauschwert wäre unter ein Zehntel oder Zwanzigstel der D-Mark gefallen. Als Ergebnis wären die DDR-Produkte wegen ihres günstigen Preis-Leistungs-Verhältnisses jedoch weltmarktfähig geworden. Bananen und Orangen wären in Konsum-Läden erhältlich gewesen – nur hätte sie sich kaum jemand leisten können. Die neunziger Jahre hätten einen rasanten Absturz des ostdeutschen Lebensstandards gesehen. Nach wenigen Jahren hätte aber der Boom eingesetzt. Hervorragende Ingenieure und Facharbeiter zu Löhnen wie in Thailand sind sehr lukrativ für internationale Investoren. Zusätzlich wären die Ostdeutschen nicht gezwungen gewesen, die aufgeblähte westdeutsche Bürokratie, die stark belasteten Sozialsysteme und das komplexe Steuersystem zu übernehmen. Rostock wäre heute ein dynamisch wachsender Werftstandort, sächsische Maschinenbauer würden ihre schwäbische Konkurrenz in den Ruin treiben. Das Wirtschaftswachstum wäre zweistellig, die Arbeitslosigkeit niedrig, aber die Einkommen lägen immer noch weit unter dem westdeutschen Niveau. In Westdeutschland dagegen wäre die Staatsverschuldung geringer und die Arbeitslosenquote höher. So wie heute die ersten Pendler aus Vorpommern zur Arbeit nach Pommern fahren, würden die ersten Niedersachsen nach Mecklenburg fahren. Rein volkswirtschaftlich betrachtet wäre dieser Lösungsweg der bessere gewesen.

Um die massenhafte Abwanderung nach Westen einzudämmen, wurde schnell die D-Mark eingeführt und das Einkommen der Bevölkerung stieg so schnell wie in keinem anderen postkommunistischen Land. Während Millionen von Menschen in Polen und der Tschechoslowakei in den Neunzigern in wirtschaftliche Not gerieten, konnten die Ostdeutschen das erste Mal Urlaub auf Mallorca machen. Dummerweise konnte die Effizienz der ostdeutschen Industrie mit diesen Lohnsteigerungen nicht Schritt halten und Ostdeutschland erlebte eine kaum fassbare Deindustrialisierung, die, mit Ausnahme von Sachsen, bis heute nicht wirklich umgekehrt werden konnte. Zwar ist die Infrastruktur in vielen Regionen Ostdeutschlands heute moderner als in Westdeutschland, aber dies genügt nicht, um ausreichende Investitionen anzuziehen. Wer niedrige Lohnkosten will, investiert nicht in Rostock, sondern gleich in Danzig oder Stettin. Wer Hightech will, bleibt in Hamburg.

Die Steigerung der Löhne und Sozialausgaben hat zwar eine Massenflucht verhindert, aber gerade die jungen und gut qualifizierten Leute sind trotzdem abgewandert. Heute existiert das Problem, dass trotz Deindustrialisierung Fachkräfte fehlen.

Ohne die Einkommenssteigerung wäre die Entvölkerung des Ostens noch rasanter vonstattengegangen. So gesehen gab es gar keine Alternative. Die Forderung vieler Intellektueller, die Wiedervereinigung zunächst aufzuschieben und stattdessen die DDR zu reformieren, mag zwar richtig und vernünftig gewesen sein, sie war aber gleichzeitig auch völlig unrealistisch.

Das Problem Ostdeutschlands war, dass man sich immer mit Westdeutschland verglich und nicht mit den anderen mitteleuropäischen Transformationsländern. Die Ostdeutschen fühlten sich arm, obwohl sie es nicht waren. Der Lebensstandard lag bedeutend über dem von etlichen unterentwickelten EU-Staaten. In Portugals Geschäften gab es zwar dieselbe große Auswahl an Fernsehern, Autos und Bluejeans wie in Westdeutschland, nur konnte sich das in Portugal 1989 kaum jemand leisten. Obwohl die Ostdeutschen im internationalen Vergleich ein gehobenes materielles Leben führen konnten, war der Drang nach Gleichheit mit den Westdeutschen immens. Jetzt stelle man sich vor, der Lebensstandard in Ostdeutschland hätte dem Albaniens entsprochen …

Aber nicht nur die materiellen Lebensumstände zwischen West- und Ostdeutschland waren, von einer globalen Perspektive aus betrachtet, relativ ähnlich. Auch die Lebensweise war so unterschiedlich nicht. 1984 erreichte die erste E-Mail die Bundesrepublik Deutschland. Nur sehr wenige Wissenschaftler wussten 1989, dass es so etwas wie die Idee eines Internets überhaupt gab. Telefaxmaschinen waren teure Bürogeräte, die auch in westdeutschen Haushalten so gut wie nicht vorkamen. Für die Fernkommunikation benutzte man vornehmlich den Brief, überregionale und erst recht internationale Telefonate waren unverschämt teuer. In besonders dringenden Fällen wurde sogar noch telegraphiert. Mobiltelefone gab es schon im Westen. Man konnte die kiloschweren Apparate bequem in einem Rucksack unterbringen!

Hüben wie drüben wurde um zwanzig Uhr abends die Tagesschau angeschaltet. Die Aktuelle Kamera hatte fast nur im „Tal der Ahnungslosen" Zuschauer, also jenem kleinen ostdeutschen Landstrich, in dem es technisch nicht möglich war, Westfernsehen zu schauen. Das westdeutsche Alltagsleben kannte man im Osten aus dem Tatort. In beiden Deutschlands strahlten die staatlichen Fernsehsender nach dem Abspielen der Nationalhymne zum Sendeschluss ein Testbild aus.

In Nordkorea wird das mehrstündige Programm des einzigen Fernsehkanals einmal täglich wiederholt. Ausländische Kanäle können die Fernseher nicht empfangen, es sei denn, man hebt die eingebaute Frequenzbeschränkung auf. Internetanschlüsse sind nur wenigen Behörden zugänglich und dabei streng bewacht. Dafür verfügen nordkoreanische Wohnungen über ein Kabelradio, dessen einen Kanal man zwar nicht abschalten, aber immerhin leiser stellen kann. Private Telefonanschlüsse sind limitiert, internationale Telefonate außerdem nur über die Vermittlung möglich. Südkorea hingegen verfügt sowohl über das flächendeckendste als auch über das leistungsstärkste Internet. Der drahtlose Zugang zu diesem gehört in vielen Kommunen zur kostenfreien öffentlichen Infrastruktur. In Nordkorea ist der Empfang von südkoreanischem Radio und Fernsehen bei hohen Strafen strengstens untersagt, in Südkorea interessiert sich niemand für das Programm aus dem Norden.

In Nordkorea sind Kultur und Unterhaltung ein staatliches Monopol. In Südkorea erregte ein Fall Aufsehen, bei dem ein junger Mann so in sein Online-Computerspiel versunken war, dass er dabei verdurstete. Der Süden ist eine der führenden Nationen, was die Entwicklung von Computerspielen anbelangt. Südkoreanische Popstars sind in ganz Ostasien beliebt, dasselbe trifft auf Kinofilme und Fernsehserien zu. Die staatlichen Zirkusse und Tanztruppen des Nordens bieten zwar eine erstaunliche Akrobatik und Präzision, stellen damit aber im Zeitalter der Postmoderne keine Konkurrenz zur südlichen Unterhaltungsindustrie dar.

Die Lebenswelten der Nord- und Südkoreaner könnten unterschiedlicher kaum sein. Die Südkoreaner haben ihre postkolonialen Minderwertigkeitskomplexe gegenüber dem Westen und

Straßenszene in Pjöngjang.

Japan längst abgelegt. Selbstbewusst bereisen sie als Touristen die ganze Welt, stellen den Generalsekretär der UNO und sind als Mitglied der G-20 international als einer der zwanzig wichtigsten Staaten anerkannt. Längst haben sie begonnen, ihre Kultur auch in die Länder Europas zu exportieren. Filmpreise in Cannes, Venedig und Berlin gehören genauso dazu wie die steigende Anzahl koreanischer Restaurants, die oft einen missionarischen Eifer bei der Einführung in die koreanische Kultur an den Tag legen. Die südkoreanische Gegenwartskultur versteht es, traditionelle Elemente mit postmoderner Hightech zu verbinden, quasi die ostasiatische Version von Laptop und Lederhosen. Der Norden dagegen versucht weiterhin, seine ökonomische Unterlegenheit durch militärische Größe und propagandistischen Pomp zu kaschieren.

Die deutsche Teilung setzte zwar auch schon direkt nach dem Zweiten Weltkrieg ein, aber zerschnitt das Land erst richtig

Myeongdong, eine der wichtigsten Einkaufsgegenden in Seoul.

durch den Mauerbau im August 1961. Damit war Deutschland etwas über 28 Jahre durch Stacheldraht und Minenfelder geteilt. Aber selbst zu den frostigsten Zeiten des Kalten Krieges war diese Grenze nie ganz undurchlässig. Mit der Zeit wurden sogar die Ausreisebeschränkungen für DDR-Bürger gelockert. Zwar konnten auch weiterhin nur Einzelpersonen auf Antrag zu besonderen Familienanlässen ausreisen, aber die Zahl der stattgegebenen Gesuche erhöhte sich.

In Korea dagegen setzte die totale Teilung mit dem Ende des Koreakrieges ein. Die entmilitarisierte Zone entlang der Waffenstillstandslinie ist für Zivilisten nur unter Lebensgefahr zu betreten, eine Flucht über diese, mit zahlreichen Minenfeldern befestigte Zone, ist kaum möglich. Bis zur Nordpolitik Kim Dae-jungs gab es überhaupt keine direkten Kontakte zwischen beiden Teilstaaten und bis heute existiert kein direkter Kontakt zwischen den Bevölkerungen beider Staaten. Die wenigen offiziellen Familienzusammenführungen wurden auf höchster politischer Ebene organisiert und bilden eine Ausnahme. Ungefähr zwanzigtausend Südkoreanern wurde durch dieses vom Internationalen Roten Kreuz organisierte Programm die Möglichkeit gegeben, sich für kurze Zeit mit ihren Verwandten aus dem Norden zu treffen. Individuelle Treffen sind ausgeschlossen. Südkoreanische Geschäftsleute und Touristen können sich im Norden nicht frei bewegen und nur selten gelingt es einem südkoreanischen Besucher, für einige Stunden vor seinen Bewachern auszubüchsen.

Sechs Jahrzehnte sind seit dieser hermetischen Teilung vergangen. Nur Menschen, die über siebzig Jahre alt sind, können sich noch bewusst an die Zeit vor der Teilung erinnern. Bei der geringen Lebenserwartung im Norden wird es bald kaum noch Angehörige getrennter Familien geben. Die einzigen familiären Verbindungen werden bald nur noch die nordkoreanischen Flüchtlinge im Süden haben. Wenn jedoch die familiären Bande wegfallen, so wird die Bereitschaft der Südkoreaner zu einer teuren und schwierigen Wiedervereinigung immer weiter sinken. Ein südkoreanischer Teenager steht kulturell seinen Altersgenossen in Yokohama, Taipeh oder Schanghai bedeutend näher als seinem Pendant in Pjöngjang.

Nationale Zusammengehörigkeit ist eine künstlich geschaffene Realität, die sich je nach Verlauf der Geschichte ändern kann. Derzeit schimpfen viele ältere Europäer auf den Euro und in Deutschland träumt so manch einer von der guten alten D-Mark. Das ist ein Generationenproblem. Versuchen Sie einmal einem Kind zu erklären, dass früher jedes Land eine andere Währung hatte und man im Urlaub Geld tauschen musste. Für unsere junge Generation sind Europa und der Euro eine Realität, über die zu diskutieren unsinnig ist. Genauso, wie für die deutsche und österreichische Nachkriegsgeneration die Frage der Zugehörigkeit Österreichs zu Deutschland schlichtweg nicht mehr existiert.

Je länger die Teilung Koreas anhält und je weiter sich die Lebenswelten voneinander entfernen, desto schwächer wird auch das gesamtkoreanische Nationalgefühl werden. Die erste

Generation, die ohne Großeltern aufwächst, die noch persönlich von einem Ereignis berichten können, verbannt dieses Ereignis von der Zeitgeschichte in die Geschichte. Damit wird es zu einem Ereignis, welches keinen direkten Bezug mehr zur Gegenwart hat. In Europa wird gerade der Zweite Weltkrieg in die Geschichte verbannt. Der direkte Bezug zur Gegenwart geht verloren. Europa IST vereint. Das ist Fakt, warum und wie es dazu kam, spielt für die jüngere Generation keine wirklich bedeutende Rolle mehr. Es ist ein Ereignis wie die Krönung Karls des Großen oder der Westfälische Friede.

Götterdämmerung

Die geopolitischen Auswirkungen des Falls des Eisernen Vorhangs hatten etwas Zwangsläufiges an sich. Der Eiserne Vorhang war ein unnatürliches Hindernis, das den europäischen Kontinent trennte. Er verhinderte gesellschaftliche und politische Entwicklungen und baute quasi einen Entwicklungsdruck auf. Mit dem Bersten dieses Walls wurde die weitere Vereinigung Europas unumgänglich. Die Völker Mittelosteuropas drängten förmlich in die Union. Selbst Rückschritte wie der aufbrechende Nationalismus auf dem Balkan konnten diese Entwicklung nicht verhindern, letztendlich beschleunigten Rückschritte diesen Prozess sogar. Das anfängliche Versagen der Europäer auf dem Balkan machte nur zu deutlich, dass es einer gemeinsamen Außen- und Sicherheitspolitik bedurfte, um solche Pannen künftig zu verhindern. Im Gegenzug waren die zentrifugalen Kräfte in der Sowjetunion so stark angewachsen, dass rückblickend betrachtet ein Auseinanderbrechen dieses Vielvölkerreiches kaum zu verhindern gewesen wäre.

In Europa kam es weniger auf die Art und Weise der geschichtlichen Ereignisse an. Auch ohne den historischen Auslöser, der unter chaotischen Bedingungen zustande gekommenen Erklärung des Politbüromitglieds Günter Schabowski, dass ab sofort die Reisebeschränkung für DDR-Bürger aufgehoben sei, wären die Mauer und der Eiserne Vorhang innerhalb kurzer Zeit Geschichte gewesen.

In Ostasien ist die Situation völlig anders geartet. Hier wird es weniger darauf ankommen, ob und wann das nordkoreanische Regime fällt und die Teilung der Halbinsel aufgehoben wird, sondern auf welche Art und Weise dies passiert.

Im Kapitel Phönix oder Pleitegeier wurde dargestellt, dass Nordkorea rein theoretisch die Möglichkeit hätte, innerhalb von ein oder zwei Jahrzehnten sich als Billiglohnland zu reindustrialisieren. Dazu würden große Mengen an ausländischem Kapital benötigt werden. Das wäre das geringste Problem, da sowohl Südkorea, China als auch Japan diesem Problem allerhöchste Priorität zumessen würden. Die Frage ist nur, ob eine solche Entwicklung innenpolitisch in Nordkorea durchzuhalten wäre. Und genau dies ist zu bezweifeln. Eine Chance auf Verwirklichung gäbe es nur, wenn die diktatorische Kontrolle über die Bevölkerung aufrechterhalten bliebe. Die Grenzen nach Südkorea und China müssten auch weiterhin geschlossen bleiben, um eine Massenemigration zu verhindern. In diesem Fall müssten Südkorea, Japan und die westlichen Länder ihre Sanktionen gegen den Norden aufheben und dürften öffentlich keine Kritik an den Menschenrechtsverletzungen im Norden üben, um das Reformregime nicht zu destabilisieren. Selbst in einem solchen Fall wäre es immer noch fraglich, ob sich ein Reformregime an der Macht halten könnte und nicht doch die wirtschaftliche Öffnung zu einer politischen Revolution führen würde.

Dennoch sollten die Auswirkungen eines solchen Szenarios untersucht werden. Diese wären relativ unspektakulär. Finanziert würde der wirtschaftliche Wiederaufbau in erster Linie durch regionales Kapital. China würde diesen Wiederaufbau nutzen, um seine Vormachtstellung in der Region auszubauen. Es würde sicherlich anbieten, die Infrastruktur Nordkoreas kreditfinanziert wieder aufzubauen. Als Finanzierungsmodell könnte dabei das chinesische Entwicklungshilfemodell für Afrika dienen. Dort erhalten afrikanische Regierungen zinsgünstige Kredite für Infrastrukturprojekte. Diese Gelder verbleiben jedoch bei der staatlichen ExIm-Bank in Peking. Soll ein konkretes Bauprojekt durchgeführt werden, übernimmt eine chinesische Baufirma diesen Auftrag. Nach der Abnahme des fertigen Projektes überweist die ExIm-Bank die Vertragsgelder an die Baufirma. Durch dieses Verfahren wird die afrikanische Korruption umgangen. In aller Regel erlässt die chinesische Regierung nach einigen Jahren einen Teil der Schulden. Da die chinesischen Baufirmen in erster Linie chinesische Maschinen und Materialien verwenden, verbleibt der größte Teil der Projektfinanzierung in China.

Auf Nordkorea angewandt, würde dies bedeuten, dass chinesische Firmen den Bausektor dominieren würden. Dazu hätte die chinesische Baustoff- und Stahlindustrie einen zusätzlichen Absatzmarkt gefunden.

Die nordkoreanische Schwerindustrie wäre für die großen chinesischen Staatskonzerne ein interessantes Objekt zur Übernahme. In Form von Joint Ventures könnten die maroden Betriebe rekapitalisiert und modernisiert werden. Der Wiederaufbau des Landes würde eine Absatzgarantie bieten. In der Schwerindustrie wäre damit die chinesische Staatsindustrie tonangebend. In der Leichtindustrie und im Handel würden sowohl chinesische als auch südkoreanische Privatfirmen dominieren. Am Ende dieses Szenarios hätte China seinen ökonomischen Einfluss in Nordkorea dermaßen ausgebaut, dass es einer Wiedervereinigung unter südkoreanischer Führung beruhigt ins Auge blicken könnte.

Der starke chinesische Einfluss würde sicher für einige Besorgnis in Südkorea sorgen, aber die ökonomischen Vorteile eines solchen Prozesses würden diese Bedenken wieder aufwiegen. In diesem Szenario würde der Süden nicht finanziell überlastet werden.

Global hätte ein solcher Weg kaum spürbare Auswirkungen. Um erfolgreiche Wirtschaftsreformen durchzuführen, müsste der Norden massiv abrüsten. Als Gegenleistung könnte er einen Abzug der amerikanischen Streitkräfte fordern. Ein solcher wäre jedoch Gegenstand längerer Verhandlungen, ebenso die atomare Entwaffnung des Nordens. Die USA würden bis auf Weiteres militärisch in Ostasien präsent bleiben, allerdings wäre die militärische Situation sichtlich entspannter. Für Washington würde die militärische Bedrohung seiner Verbündeten durch Nordkorea eindeutig an Bedeutung zugunsten des steigenden Einflusses Chinas verlieren.

Da es jedoch sehr unwahrscheinlich ist, dass sich die nordkoreanische Bevölkerung im Fall von Reformen noch mindestens ein weiteres Jahrzehnt in ihrem Land einsperren lassen würde, ist ein Zusammenbruch des Regimes bedeutend wahrscheinlicher als erfolgreiche Reformen. Dabei ist zwischen einem relativ unblutigen und einem chaotischen Zusammenbruch zu unterscheiden. Unter relativ unblutig ist eine Entwicklung zu verstehen, die durchaus Hunderte oder sogar Tausende von Toten kosten kann, aber im Gegensatz zur zweiten Variante das Land nicht in einen länger anhaltenden Bürgerkrieg stürzt. Die Zusammenbrüche des rumänischen Ceauşescu- und des tunesischen Ben-Ali-Regimes sind Beispiele solcher relativ unblutigen Revolutionen. Im Gegensatz dazu stehen Bürgerkriege wie in Libyen und Syrien, die über Monate das Land verwüstet haben.

Ein relativ unblutiger Umsturz ist nur möglich, wenn die Sicherheitskräfte schnell die Seiten wechseln. Dies war sowohl in Rumänien als auch in Tunesien der Fall. Die verbliebenen kampfbereiten Anhänger des gestürzten Herrschers waren derart unterlegen, dass sie keine realistische Chance auf einen Sieg hatten und nach kurzer Zeit ihren Kampf einstellten. Die Bereitschaft vieler Soldaten und Polizisten, sich gegen das Regime zu wenden, mag in Nordkorea durchaus gegeben sein, die Loyalität der Spezialkräfte dagegen dürfte bedeutend größer als in Rumänien oder Tunesien sein. Die Moral dieser Truppen stellt die größte und gleichzeitig wichtigste unbekannte Variable in jedem Umsturzszenario für Nordkorea dar. Anders als in Rumänien oder Tunesien verfügen die nordkoreanischen Spezialkräfte über die technischen Möglichkeiten, das Land in einen monatelangen Bürgerkrieg zu stürzen.

Im Fall eines relativ unblutigen Regimekollapses würde die Infrastruktur des Landes nicht völlig zusammenbrechen. Massive Hilfslieferungen für die Bevölkerung wären zwar auch in diesem Fall nötig, es könnte aber zumindest teilweise auf das existierende staatliche Versorgungssystem zurückgegriffen werden. Damit könnte es möglich sein, eine spontane Massenflucht der Bevölkerung zu verhindern. Eine langfristige Massenauswanderung würde jedoch kaum unterbunden werden, da nach einem Zusammenbruch des Regimes die Grenze nicht mehr geschlossen gehalten werden könnte. Durch eine Grenzöffnung in Richtung Südkorea wird jedoch der oben geschilderte Wiederaufbau der nordkoreanischen Volkswirtschaft zur Makulatur. Bei dem extremen Einkommensunterschied macht es für keinen auswanderungsfähigen Nordkoreaner Sinn, in seiner Heimat zu verweilen. Selbst mit den schlecht bezahltesten Gelegenheitsjobs im Süden würde er bedeutend mehr verdienen denn als Fachkraft im Norden.

Südkorea versteht sich, ähnlich wie Japan, nicht als Einwanderungsland. Dennoch ist es als Hochlohnland schon seit einigen Jahren ein beliebtes Ziel für ostasiatische Wirtschaftsflüchtlinge. Die meisten leben jedoch in der Illegalität, da Südkorea den Zuzug von Gastarbeitern zu begrenzen versucht. In gewisser Weise besteht ein Mangel an Billigarbeitskräften. Die wachstumsstarke Wirtschaft bietet Südkoreanern gute Karrieremöglichkeiten. Da die Koreaner extrem bildungsorientiert sind, existiert kaum ein bildungsfernes Proletariat, das die Chancen zum sozialen Aufstieg an sich vorübergehen lässt. Damit könnte Südkorea besser mit einer Masseneinwanderung zurechtkommen als andere Länder. Allerdings wäre der Ansturm zu groß und zu schnell. Es besteht keine realistische Chance, Millionen von nordkoreanischen Wirtschaftsflüchtlingen in den bestehenden Arbeitsmarkt zu integrieren.

Da die Fachkenntnisse der Nordkoreaner nicht annähernd auf südkoreanischem Niveau sind und der kulturelle Unterschied erheblich ist, stünde es um die Chancen auf Integration und Aufstiegsmöglichkeiten der Nordkoreaner sehr schlecht. In Westdeutschland klagten nach dem Mauerfall viele Ostdeutsche, die nach Westen emigriert waren, über eine latente Diskriminierung in der Arbeitswelt. In Südkorea würden in diesem Szenario auf Dauer zwei separate Arbeitsmärkte mit extremem Einkommensunterschied entstehen. Eine solche langfristige Diskriminierung würde zu sozialen Spannungen führen, die den gesellschaftlichen Zusammenhalt ernsthaft bedrohen könnte.

Über drei Viertel der Südkoreaner sehen sich selbst als zur Mittelschicht gehörig, also auch viele einfache Arbeiter und wenig qualifizierte Arbeitskräfte. Gerade diese untere Mittelschicht würde von den zugewanderten Nordkoreanern ökonomisch bedroht werden. Für einfache Arbeiten würden die Löhne schnell absinken und damit die Zugehörigkeit dieser Schicht zum Mittelstand bedrohen.

Bei einem blutigen Regimezusammenbruch im Norden entwickelt sich zunächst ein bedeutend teureres Szenario, was interessanterweise jedoch mittelfristig den südkoreanischen Arbeitsmarkt schonen könnte. Sollte es zu bürgerkriegsähnlichen Kämpfen oder gar einem monatelangen Bürgerkrieg kommen, wären Millionen von Nordkoreanern von einer Hungersnot bedroht. Die Flucht irgendwohin ist damit die einzig realistische Überlebensstrategie. In den späten neunziger Jahren flüchteten Hunderttausende nach China, genaue Zahlen liegen nicht vor. Dass nicht Millionen das Land verließen, lag an der weitgehend funktionierenden Kontrolle der Nordgrenze und extremen Strafen für gefasste Flüchtlinge, welche auch die Sippenhaft für Familien flüchtiger Familienmitglieder mit einschloss. Außerdem war zu diesem Zeitpunkt kaum Wissen über das Leben außerhalb des Landes unter der Bevölkerung verbreitet.

Ohne diese Kontrollen würde die heute über die „paradiesischen" Lebensbedingungen in China informierte Bevölkerung zu erheblich größeren Teilen das Land Richtung der mandschurischen Provinzen verlassen. Daneben bietet sich auch der Seeweg über das Gelbe Meer in die Provinz Shandong und über das Japanische Meer nach Japan an. In diesem Fall wäre die Flüchtlingsfrage keine interne Angelegenheit eines wiedervereinigten Koreas mehr, sondern eine internationale Aufgabe.

China ist zwar immer noch ein Netto-Auswanderungsland, hat sich im letzten Jahrzehnt aber auch zu einem immer beliebter werdenden Einwanderungsland gemausert. Wie in solchen Fällen üblich, setzt sich diese Erkenntnis nur sehr langsam durch. Immerhin wurden letztes Jahr die ausländischen Arbeitnehmer so weit in das chinesische Sozialsystem integriert, dass sie einen Rentenanspruch haben. Mit Flüchtlingen, insbesondere aus Nordkorea, tut sich die Führung in Peking dagegen schwer.

Dabei ist der chinesische Arbeitsmarkt ohne große Probleme in der Lage, ein paar Millionen koreanischer Flüchtlinge zu integrieren. Es strömen zwar auch weiterhin jedes Jahr rund zwanzig Millionen junge Chinesen auf den Arbeitsmarkt, aber sie haben ein bedeutend höheres Bildungsniveau als ihre Eltern. Die Ansprüche sind gestiegen und die voranschreitende Umwandlung der chinesischen Volkswirtschaft von der Billigproduktion in Richtung Qualitätsware öffnet immer mehr besser bezahlte Karrieremöglichkeiten. Der Wanderarbeiter der neunziger Jahre war ohne höheren Schulabschluss und froh, überhaupt Arbeit zu bekommen. Der heutige Wanderarbeiter hat häufig einen Mittelschulabschluss, besitzt selbstverständlich ein Handy und möchte irgendwann mit seinem künftigen Ehepartner eine Zweizimmerwohnung beziehen. Zudem zeigt die Ein-Kind-Politik positive Resultate: Das Bevölkerungswachstum Chinas wird um 2033 zum Stillstand kommen. Allerdings dräut bereits der Rentnerberg am Horizont. Immer mehr Regionen weisen einen Arbeitskräftemangel im Niedriglohnsektor auf. Fabriken werden ausgelagert, zum Beispiel nach Vietnam. Andere Fabriken stellen die Produktion ganz ein. Nordkoreanische Flüchtlinge hätten damit die Möglichkeit, in China Arbeit zu finden.

Auch in Japan existiert ein solches Potential. Als sehr xenophobe Nation schottet es seinen Arbeitsmarkt weitgehend ab. Gleichzeitig ist es das Land mit den meisten Rentnern weltweit. Das japanische Essen ist einfach zu gesund, die Menschen werden reihenweise hundert Jahre alt. Das Leben ist aber auch sehr teuer, weshalb die Jüngeren sich kaum noch Kinder leisten. Die Vergreisung und Kinderlosigkeit haben Ausmaße angenommen, die zu einem ernsten volkswirtschaftlichen Problem geworden sind. Japan hätte damit durchaus die Möglichkeit, einer größeren Anzahl von Flüchtlingen eine neue Zukunft zu eröffnen.

In beiden Ländern, China und Japan, ist die Flüchtlingsfrage damit keine technisch-ökonomische, sondern eine politisch-ideologische. Man will partout keine Einwanderungsnation sein und fühlt sich für Flüchtlinge grundsätzlich nicht zuständig.

Dieser Prozess des Akzeptierens einer bereits vorhandenen Realität ist uns aus Europa wohlbekannt. Deutschland akzeptierte offiziell erst in den neunziger Jahren, dass es ein Einwanderungsland geworden war. Die Türkei, Polen, Spanien und andere

Länder, die traditionell die „Gastarbeiter" gestellt haben, sind seit Jahren bereits Netto-Einwanderungsländer und hadern noch mit dieser Erkenntnis. Auch hier wird es noch viele Jahre dauern, bis sich ein neues nationales Bewusstsein entwickelt hat. Eine nordkoreanische Flüchtlingswelle könnte diesen Erkenntnisprozess in Ostasien beschleunigen. Auf alle Fälle würde sie die betroffenen Regierungen zur Zusammenarbeit in dieser nun internationalisierten Flüchtlingsfrage zwingen.

Bei einem relativ unblutigen Regimezusammenbruch wird Südkorea auch politisch der Hauptakteur sein. Eine wie auch immer zusammengesetzte neue Übergangsführung in Pjöngjang wird sich in erster Linie an Seoul wenden. In diesem Fall handelt es sich weitgehend um eine innere Angelegenheit Koreas. Bei einem Bürgerkrieg dagegen wird der Konflikt schnell internationalisiert werden. Nicht nur in Südkorea wird es bei länger anhaltenden Kampfhandlungen zu Forderungen kommen, den Rebellen militärisch zu Hilfe zu eilen. Bürgerkriege sind immer seltener eine nationale Angelegenheit. Ähnlich wie im Fall Libyens und Syriens würden auch im koreanischen Fall weltweit Stimmen eine Intervention fordern, auch in den USA und in Japan. Solche Forderungen wiederum stehen im direkten Kontrast zu den außenpolitischen Prioritäten der chinesischen Regierung. Mit einem rein südkoreanischen Eingreifen könnte man sich in Peking eventuell noch abfinden, schließlich wäre es eine innere Angelegenheit Koreas. Peking müsste nur die Möglichkeit gegeben werden, sich ohne Gesichtsverlust von den Verpflichtungen seines Bündnisses zu befreien. Das wäre ein schwieriges, aber nicht unmögliches Unterfangen. Ein Eingreifen amerikanischer oder sogar japanischer Kräfte dagegen ist nicht nur außenpolitisch für Pekings Machthaber nicht akzeptabel, sondern würde auch die chinesischen Nationalisten auf die Barrikaden treiben. Dieser innenpolitische Aspekt darf nicht unterschätzt werden. Selbst wenn amerikanische oder japanische Flugzeuge und Hubschrauber ausschließlich dazu eingesetzt würden, um die hungernde Bevölkerung aus der Luft zu versorgen, könnte dies zu schwer kalkulierbaren Protesten führen.

Dass der Arabische Frühling in China nur mäßig Widerhall

fand, lag weniger an der Zensur, als daran, dass die arabischen Länder sehr weit weg liegen, die Chinesen wenig Interesse an dieser Weltregion haben und Araber und die arabische Kultur im chinesischen Alltag keine Rolle spielen. Ein koreanischer Bürgerkrieg hätte da eine ganz andere Wirkung. Nicht nur in der Grenzregion, sondern in ganz China ist Korea präsent. Koreanische Unternehmen, Restaurants, Studenten und Touristen findet man überall in China. Die Chinesen interessieren sich für die koreanische Kultur. Derzeit ist dieses Interesse unpolitisch und besteht vorwiegend aus Konsumgütern und Unterhaltung. Mit einem Bürgerkrieg würde das Thema Korea aber automatisch politisiert werden. Die Chinesen würden die Entwicklungen diskutieren und sich eigene Meinungen bilden. Eine Zensur wäre, wie auch bei anderen Themen, nur teilweise durchzusetzen und würde zudem das Thema noch mehr in den Mittelpunkt der Internetdebatten rücken. Der gebildete urbane Mittelstand würde dabei der Rebellen und Südkoreas Partei ergreifen, der konservativ-nationalistische Teil das Regime gegen internationale Interventionen verteidigen. Im Gegensatz zum Arabischen Frühling hätte eine nordkoreanische Revolution Auswirkungen auf China.

Auch nach dem Ende der Kampfhandlungen wäre diese Debatte nicht vorüber. Südkorea wird in einem solchen Szenario wahrscheinlich nicht über genügend Lufttransportkapazität verfügen, um die darbende Zivilbevölkerung zu versorgen. Es wäre damit auf die Unterstützung nichtkoreanischer Streitkräfte angewiesen, wobei auch die chinesische Volksbefreiungsarmee als potentieller Unterstützer in Frage kommt. In dieser Frage eine schnelle Lösung zu finden, scheint ebenfalls weniger ein technisches als ein politisches Problem zu sein. Werden alle beteiligten Nationen zu einer sinnvollen Kooperation bereit sein oder werden sich China und die USA gegenseitig auf Kosten der Nordkoreaner blockieren? Es ist in diesem Szenario nicht auszuschließen, dass endlose diplomatische Verhandlungen die Rettungsaktionen verzögern und Tausenden von Koreanern das Leben kosten werden. Es wäre nicht das erste Mal in der Geschichte, dass Machtpolitik einen lebenswichtigen humanitären Einsatz verzögert.

Für den Wiederaufbau des Landes bedeutet dieses Szenario

eine deutliche Verzögerung und Verteuerung. Die Infrastruktur und das Versorgungswesen wären nach solchen Kämpfen wahrscheinlich weitgehend zusammengebrochen und die Notversorgung der Bevölkerung müsste über Monate aufrechterhalten werden. Außerdem ist nicht auszuschließen, eher sogar zu erwarten, dass es in diesem Fall auch zu landesweiten Racheaktionen an Parteimitgliedern kommen könnte. Neben der fehlenden Infrastruktur könnte dann eine vollständig zusammengebrochene öffentliche Ordnung für zusätzliche Probleme sorgen.

Die im Kapitel The Day After genannten südkoreanischen finanziellen Schätzungen für eine Nothilfe würden im Fall eines Bürgerkrieges bedeutend höher liegen. Bei den langfristigen Wiederaufbaukosten wäre die Steigerung noch gravierender, da nun ebenfalls eventuell noch zu rettende Einrichtungen abgeschrieben werden müssten.

Genaue Zahlen darüber, was die deutsche Einheit die Westdeutschen gekostet hat, liegen nicht vor. In den zwei Jahrzehnten nach der Wiedervereinigung flossen zwischen 1,3 und 1,6 Billionen Euro an Transferleistungen von West nach Ost. Die Aufbauhilfen für Infrastruktur und Unternehmen lagen bei über einer Viertelbillion Euro. Nicht alle Transferleistungen von West nach Ost können als Kosten der Wiedervereinigung betrachtet werden und ein beträchtlicher Teil derselben floss in Form von Unternehmensgewinnen, Gehältern, Eigentumsübertragungen unter Wert und wirtschaftskriminellen Aktivitäten wieder zurück in den Westen. Ein Nettotransfer von mindestens einer Billion Euro in den zwei Jahrzehnten nach der Wiedervereinigung kann als realistische Schätzung angenommen werden. Eine solche Summe wird die südkoreanische Regierung in den ersten zehn Jahren aufbringen müssen, nur um die Grundversorgung der nordkoreanischen Bevölkerung zu garantieren. Diese Kalkulationen gehen aber davon aus, dass die Nordkoreaner in Nordkorea bleiben, mit anderen Worten, zum Teil auch nordkoreanische Preise verwendet werden können. Sollten Millionen von Nordkoreanern in den Süden flüchten, müssten diese dort so weit Unterstützung erhalten, dass sie zu südkoreanischen Preisen über das Existenzminimum kommen. Südkorea ist ein Land mit sehr hohen Lebenshaltungskosten. Mit anderen Worten, die Summen, die nur für die

Sicherung der Grundbedürfnisse aufgewendet werden müssten, könnten letztendlich ein Mehrfaches betragen.

Eine Summe für den Wiederaufbau des Landes ist im Prinzip nicht kalkulierbar. Der genaue Zustand von Infrastrukturanlagen und Gebäuden ist nicht bekannt. Viele Anlagen dürften in so schlechtem Zustand sein, dass eine Renovierung kaum Sinn macht und ein Neubau nötig ist. Bitterfeld wurde zu einem Inbegriff unfassbarer Umweltzerstörung in der DDR. Die Beseitigung der ökologischen Altlasten der DDR kostete Milliarden. Ähnliches ist von Nordkorea zu erwarten. Ein besonderes Problem dürften die Anlagen des Atomprogramms sein. Es werden sich zudem eine sehr große Anzahl von Nordkoreanern durch Umweltgifte chronische Krankheiten zugezogen haben, die das Gesundheitswesen entsprechend belasten würden.

Es muss damit davon ausgegangen werden, dass mehrere Billionen Euro in den Wiederaufbau des Landes gesteckt werden müssen. Diese Summen überfordern selbst die starke und gesunde südkoreanische Volkswirtschaft. Aus eigener Kraft wird Korea seine Wiedervereinigung nicht bewältigen können. Dennoch wäre diese Aufgabe zu bewältigen: Die südkoreanische Wirtschaftspolitik hatte sehr lange auf eigene Stärke gesetzt und wenig um ausländische Investitionen geworben. Eine Wiedervereinigung würde eine stärkere Öffnung und Internationalisierung der koreanischen Volkswirtschaft erzwingen, da nur so genügend Kapital angeworben werden könnte. Die finanzielle Autarkie des Landes müsste aufgegeben werden. Wie bei der deutschen Wiedervereinigung würde das vereinigte Korea erst einmal geschwächt sein. Die letztendliche Stärkung des Landes, die sich aus der Wiedervereinigung ergäbe, würde bedeutend später eintreten als im deutschen Fall.

Die deutsche Wiedervereinigung verwandelte die Bundesrepublik, trotz der vorübergehenden wirtschaftlichen Schwächung umgehend in eine Großmacht. Diese Verwandlung ist jedoch nicht in erster Linie auf den Zuwachs an Bevölkerung und Territorium zurückzuführen. Der Zweite Weltkrieg hatte Mitteleuropa abgeschafft. Die EU war Westeuropa, der RGW war Osteuropa. Beide Teile Europas waren nur bedingt souverän, die wahren Machthaber saßen in Washington und Moskau. Mit dem

Fall des Eisernen Vorhangs etablierte sich auch Mitteleuropa erneut. Die Osterweiterung der Union verschob nicht nur die Grenzen der Union nach Osten, sie beendete auch ihre westeuropäische Identität. Die heutige EU besteht aus Westeuropa, Skandinavien, Südeuropa, Osteuropa und dem Balkan. Mitteleuropa ist das neue Zentrum dieser neuen Union – wirtschaftlich, politisch und vor allem kulturell.

Eine solche geopolitische Umwälzung ist in Nordostasien nicht zu erwarten. Ein wiedervereinigtes Korea wird zwar nach einiger Zeit ebenfalls als internationale Großmacht wahrgenommen werden, aber es wird das kleinste der drei ostasiatischen Nationen bleiben. Trotz aller Dynamik wird es weder Japan noch China an Bedeutung überholen.

Aber alle die bis hier geschilderten Szenarien gehen von Ereignissen aus, die weitgehend auf den Norden beschränkt bleiben. In diesen Szenarien reformiert sich das Land oder es findet ein radikaler Wechsel statt. Was aber, wenn die herrschende Machtelite nicht bereit ist aufzugeben? Was, wenn sie den in der Einleitung beschriebenen letzten Versuch unternimmt?

Im Hauptteil dieses Buches wurden die verschiedenen Interessenlagen der beteiligten Parteien dargestellt. Es wurde sowohl auf die Interessenkonflikte innerhalb des nordkoreanischen politischen Systems eingegangen als auch auf die unterschiedlichen Standpunkte der am Konflikt beteiligten Staaten. Bei der Gegenüberstellung dieser Interessen wurde klar, dass eine friedliche Beilegung des Konfliktes so gut wie ausgeschlossen ist. Der permanente Konflikt mit dem Rest der Welt würde nach dem Ende des Kalten Krieges zur ideologischen Grundlage der Familienherrschaft der Kims. Nach dieser Logik wäre für sie ein schlechter Krieg besser als ein guter Frieden.

Die Folgen eines erneuten Krieges sind bereits im Einleitungskapitel beschrieben worden: sie wären katastrophal und würden die Welt in eine Wirtschaftskrise sondergleichen stürzen. Sollte ein solcher Krieg sogar atomar eskalieren, dann käme neben den direkten menschlichen Opfern und materiellen Zerstörungen auch noch eine psychologische Schockwirkung hinzu. Selbst wenn es sich bei den Einsätzen von Atomwaffen nur um taktische Schläge zur Ausschaltung von Raketenstellungen in den unbesiedelten Bergen handelte, wäre weltweit das Vertrauen in die politische Ordnung erschüttert. Die Bombe präsentiert das ultimativ Böse der menschlichen Seele und bildet so eine moralische Grenze, die man nicht übertreten darf. Wird diese Linie überschritten, so beginnt in der Tat die Götterdämmerung.

Auferstanden aus Ruinen

Als am 20. Dezember 1999 die portugiesische Flagge vor dem Gouverneurspalast in Macau eingezogen wurde, gab Portugal nicht nur seine letzte Kolonie auf, Europa verabschiedete sich damit auch als pazifische Macht. Gegründet wurde dieser europäische Außenposten in Ostasien 1557, zu Beginn des europäischen Zeitalters. Macau war ein Symbol der europäischen Macht.

Bis zum Zweiten Weltkrieg war Europa das Zentrum der Welt, dann verschob es sich Richtung Westen nach Amerika. Aber es handelte sich immer noch um ein atlantisches Zentrum und Europa stellte den Juniorpartner am Katzentisch der Macht. Das neue Jahrtausend jedoch ist auch der Beginn des asiatischen Zeitalters. In diesem werden die Amerikaner, wenn sie diplomatisch genug sind, als Juniorpartner am Katzentisch der pazifischen Macht Platz nehmen dürfen, Europa dagegen wird endgültig Peripherie werden, es sei denn, es kommt doch noch eine Vereinigung mit Russland zustande.

Am Koreakonflikt ist die Europäische Union nicht direkt beteiligt. Dennoch hätte eine Eskalation der Krise große Auswirkungen auf sie. Die Union, aber auch die einzelnen Nationalstaaten, sollten daher auf eine solche Entwicklung vorbereitet sein.

Im Fall eines erneuten Krieges würde der Generalsekretär der Vereinten Nationen die einzelnen Mitgliedsstaaten auffordern, dem United Nations Command in Korea Truppen zur Verfügung zu stellen. Kampftruppen wohlgemerkt, denn es ginge hier um einen Kriegseinsatz und nicht um friedensbewahrende Maßnahmen. Ein Staat oder ein Staatenbund, der eine internationale Führungsrolle beansprucht, müsste in diesem Fall Farbe bekennen, ansonsten würde er seine politische Glaubwürdigkeit verspielen. Deutschland, Japan und Indien streben einen ständigen Sitz im Sicherheitsrat an. Ein solcher Anspruch müsste im Kriegsfall mit einer großen Anzahl von Kampftruppen untermauert werden. Diese drei Staaten sollten sich bewusst sein, dass sie in einem neuen Koreakrieg mit mehreren tausend gefallenen Soldaten zu rechnen und eine zwei- bis dreistellige Milliardensumme in den Krieg zu investieren hätten, um diesen Anspruch auf einen ständigen Sitz aufrechtzuerhalten. Indien ist sicherlich bereit dazu, auch zählen in Indien gefallene Soldaten nicht viel. Bei Deutschland und Japan habe ich meine Zweifel, ob sich die Außenpolitiker, welche die Bewerbung um einen ständigen Sitz in die Wege geleitet haben, überhaupt Gedanken um die militärischen Konsequenzen dieses Schrittes gemacht haben.

Die Europäische Union verfügt noch über keine eigenen Streitkräfte, würde jedoch an der Summe der einzelstaatlichen Beteiligungen gemessen werden. Die Union verfügt schließlich über zwei ständige Sitze im Sicherheitsrat. Wenn Europa in der pazifischen Nachkriegsordnung eine politische Bedeutung haben will, müsste es entsprechende Opfer bringen.

Die größte Herausforderung würden die Vereinten Nationen zu meistern haben. In dem Fall, dass sie genügend Mitgliedsstaaten dazu bringen könnten, sich militärisch zu engagieren, würden sie gestärkt als Institution aus dem Krieg hervorgehen. Misslänge dies und bliebe der Krieg eine vornehmlich südkoreanisch-amerikanische Angelegenheit, wäre es eine Katastrophe für die Vereinten Nationen. Sie hätten dann in aller Öffentlichkeit vollständig versagt und die Existenzberechtigung des Sicherheitsrats und anderer Teilorganisationen stünde zur Disposition.

Auch hier liegt es an der Europäischen Union und der deutschen Regierung, den Vereinten Nationen den Rücken zu stärken und dafür Sorge zu tragen, dass diese nicht an der Koreakrise scheitern. Eine Schwächung der Vereinten Nationen kann nicht im Interesse Europas liegen.

Nach der Götterdämmerung wird ein neuer Sonnenaufgang erfolgen. Die geopolitischen Karten werden neu gemischt werden. Die Ostasiaten sind sehr geschichtsbewusst. Man denkt in Jahrhunderten und Jahrtausenden. Frühere Taten werden nicht so schnell vergessen. Das gilt für Freundschaftsdienste genauso wie für Feindschaft. Das vereinte Korea wird sich in der Welt neu positionieren müssen und benötigt dazu Freunde und Verbündete. Hier bietet sich die Möglichkeit, durch schnelle und unvoreingenommene Hilfe in Korea einen langfristigen Partner und Verbündeten zu gewinnen. In Korea sieht man sich mit Deutschland durch das gemeinsame Trauma der nationalen Teilung seelenverwandt. Wenn Deutschland diese Chance nutzt, würde es einen treuen Freund gewinnen, der Deutschland näher an das neue pazifische Zentrum rücken würde. Würde es dagegen diese gefühlte Seelenverwandtschaft ignorieren, so wäre in Korea die Enttäuschung höchstwahrscheinlich beträchtlich.

Anhang

Wirtschaftliche Entwicklung in Nord- und Südkorea, in China, Japan, Russland und den USA

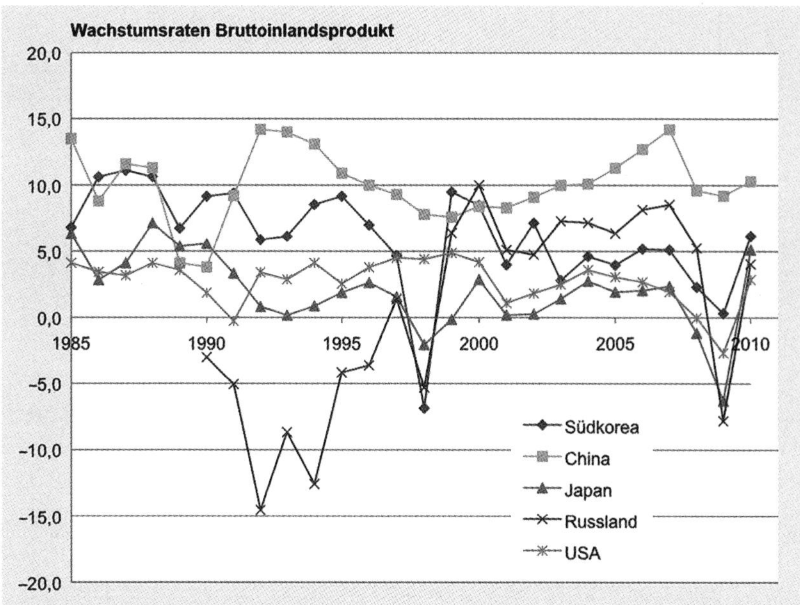

Wachstumsraten des Bruttoinlandsprodukts.
Für Nordkorea liegen keine Daten vor, Daten für Russland ab 1990.

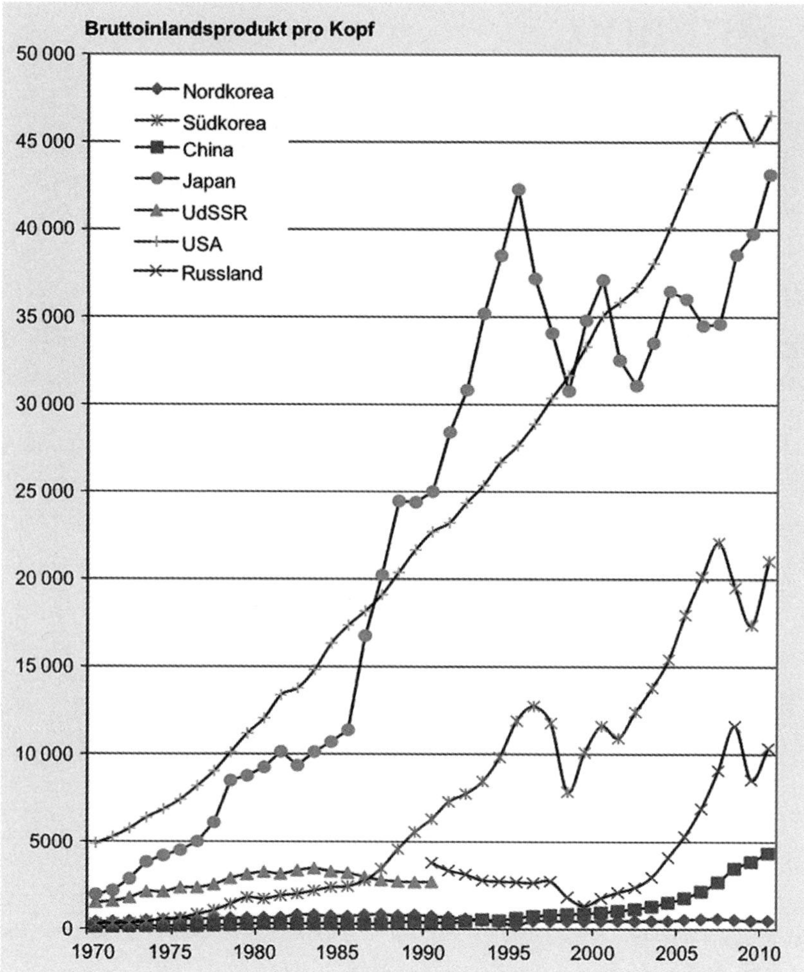

Bruttoinlandsprodukt pro Einwohner in US-Dollar.

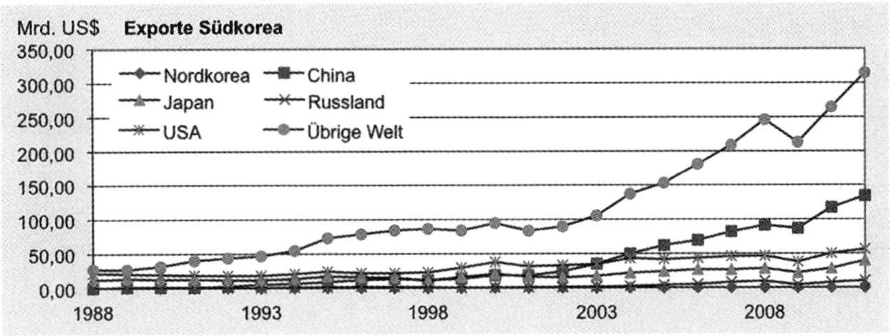

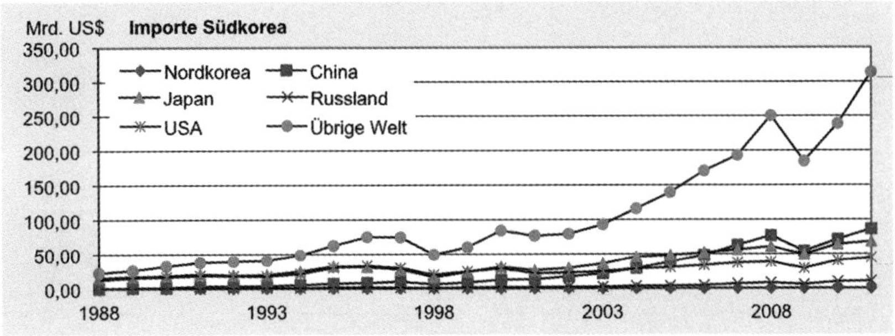

Südkorea: Entwicklung der Exporte und Importe seit 1988.

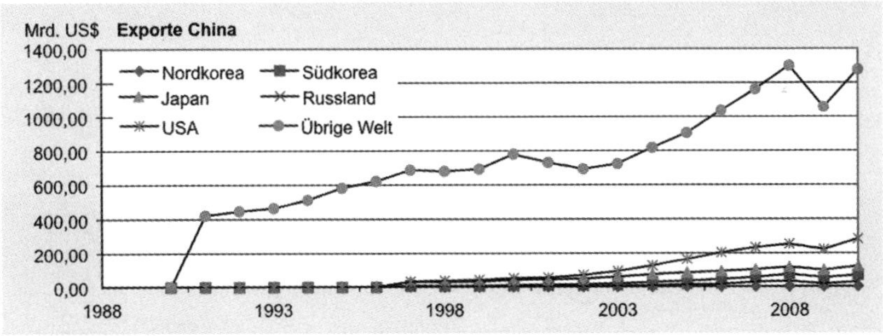

China: Entwicklung der Exporte seit 1988.

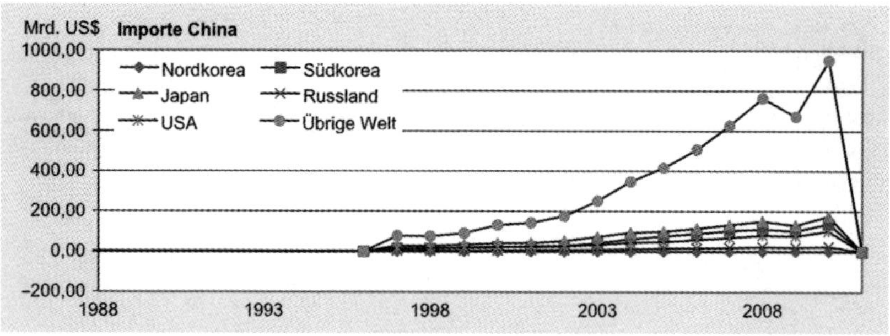

China: Entwicklung der Importe seit 1988.

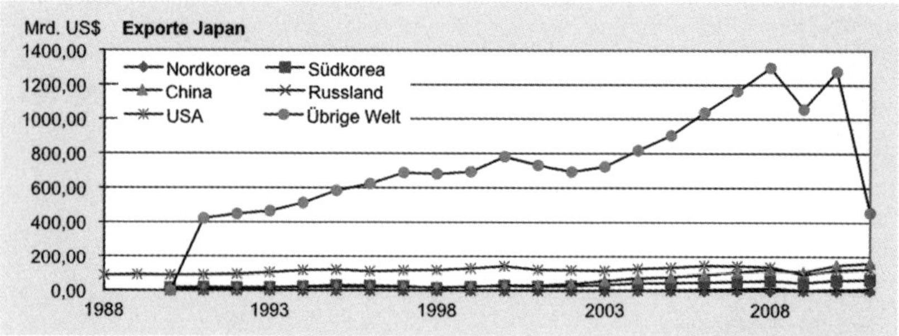

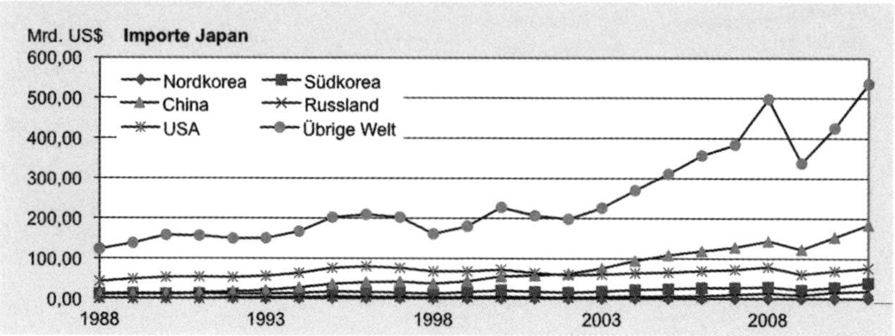

Japan: Entwicklung der Exporte und Importe seit 1988.

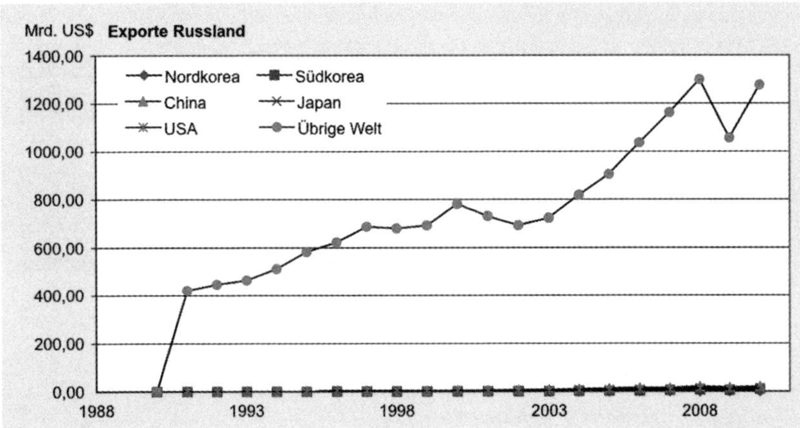

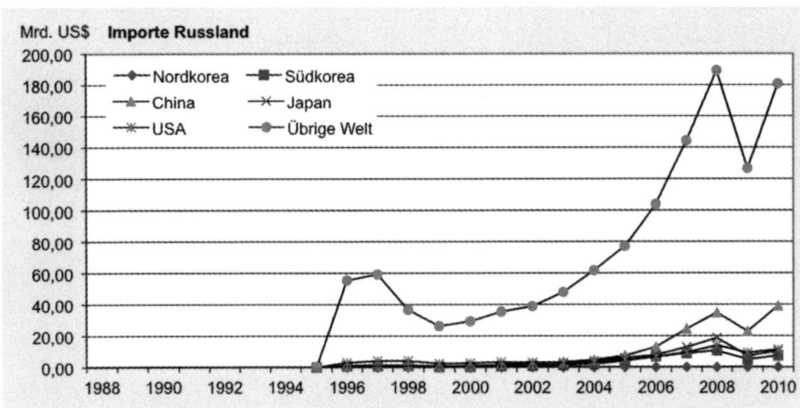

Russland: Entwicklung der Exporte und Importe seit 1988.

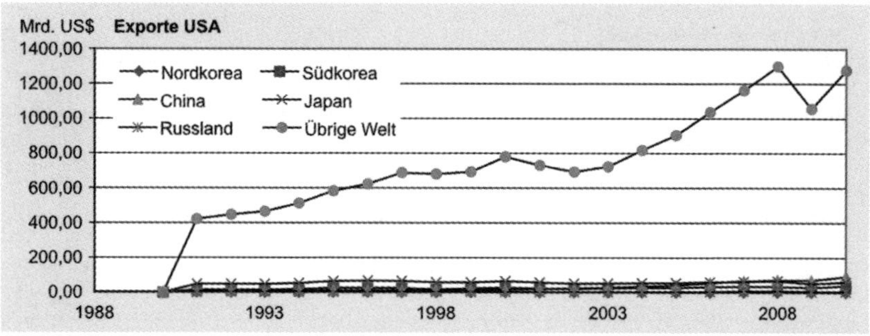

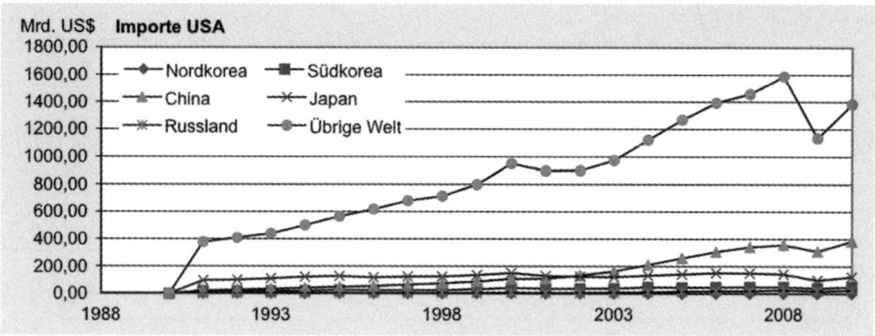

USA: Entwicklung der Exporte und Importe seit 1988.

Abbildungsnachweis

S. 32: Sechs-Nationen-Gespräch über Nordkoreas Atomprogramm © picture alliance/dpa/dpaweb

S. 70: Trauer um Kim Jong-il im Dezember 2011 © picture alliance/dpa

S. 123: Statue einer Zwangsprostituierten vor der japanischen Botschaft in Seoul © picture alliance/Kyodo

S. 146: Kampfpanzer XK2 © Desagwan – wikimedia.commons

S. 147: Südkoreanischer Hubschrauberträger Dokdo © Republic of Korea Navy

S. 148: Japanischer Hubschrauberträger Hyuga © wivern – wikimedia.commons

S. 175: Straßenszene in Pjöngjang © Helmut Uttenthaler

S. 176: Straßenszene in Seoul: Myeongdong © Isagem – wikimedia.commons

REGISTER